对外经济贸易大学课程思政系列教程
总 主 编　赵忠秀
副总主编　陈德球　杨　熙

金融工程课程思政设计与实践

冯建芬　余湄　聂晶　邓军　著

对外经济贸易大学出版社
中国·北京

图书在版编目（CIP）数据

金融工程课程思政设计与实践 / 冯建芬等著. —北京：对外经济贸易大学出版社，2024.11

对外经济贸易大学课程思政系列教程

ISBN 978-7-5663-2572-3

Ⅰ. ①金… Ⅱ. ①冯… Ⅲ. ①高等学校–思想政治教育–教学研究–中国 Ⅳ. ①G641

中国国家版本馆 CIP 数据核字（2024）第 018709 号

金融工程课程思政设计与实践

JINRONG GONGCHENG KECHENG SIZHENG SHEJI YU SHIJIAN

冯建芬　余湄　聂晶　邓军　**著**

责任编辑： 张俊娟

出版发行：对外经济贸易大学出版社
社　　址：北京市朝阳区惠新东街 10 号
网　　址：www.uibep.com
资源网址：www.uibepresources.com
邮政编码：100029
邮购电话：010－64492338
发行部电话：010－64492342
E-mail：uibep@126.com

成品尺寸：185mm×260mm
印　　张：18.5
字　　数：383 千字
ISBN 978-7-5663-2572-3
印　　刷：北京九州迅驰传媒文化有限公司
版　　次：2024 年 11 月北京第 1 版
印　　次：2024 年 11 月第 1 次印刷
定　　价：62.00 元

求学问道　经世济民

夏文斌

大学是学术文化的圣殿。大学之神圣是因为真理的神圣，是因为学问对启蒙人类、改造社会之作用的神圣。但要看到的是，大学校园的安静并不喻示着大学对社会发展无动于衷，更不意味着大学必须在象牙塔中做学问。人类社会历史的发展一次次证明，大学只有与社会不断互动，不断为社会输送人才，将解决现实问题作为自身的使命，才能真正顶天立地，才能促进社会不断发展进步。

中华人民共和国成立以来，特别是改革开放以来，正是由于德智体美劳全面发展，我们培养的人才才能够适应社会、引领社会，得到广大人民群众的认同。进入新时代，以习近平同志为核心的党中央多次强调立德树人是一流大学的根本任务，强调要扎根中国大地办大学，走出一条建设中国特色、世界一流大学的新路，这对当代中国高等教育的发展，特别对于我们培养什么人、怎样培养人、为谁培养人具有重要的指导意义。课程思政这一概念，正是为了强化立德树人而提出的，因为对于广大青年学生来说，一方面需要通过加强思想政治理论课学习树立马克思主义立场、观点和方法，坚定理想信念，不断增强为中华民族伟大复兴而读书的使命感，另一方面，还需要通过专业课的学习，掌握科学知识，深刻认识知识的价值，并运用所学知识报效祖国。既要学得好，更要干得好，而干得好，正来自学生对专业知识之价值的理解。我们经常说，某个同学热爱某个专业，其实不仅仅是对这一门深奥知识的热爱，更是对这一专业知识如何造福人类有着特定的兴趣。马克思在《青年在选择职业时的考虑》中说道："如果我们选择了最能为人类而工作的职业，那么，重担就不能把我们压倒，因为这是为大家作出的牺牲；那时我们所享受的就不是可怜的、有限的、自私的乐趣，我们的幸福将属于千百万人，……"

对于财经类高校而言，如何培养了解国情、经世济民的高素质人才，是我们必须面对并要解决好的重大命题。教育部印发的《高等学校课程思政建设指导纲要》明确提出，经济学、管理学、法学类专业课程，要在课程教学中坚持以马克思主义为指导，加快构建中国特色哲学社会科学学科体系、学术体系、话语体系。要帮助学生了解相关专业和行业领域的国家战略、法律法规和相关政策，引导学生深入社会实践、关注现实问题，培育学生经世济民、诚信服务、德法兼修的职业素养。为此，对外经济贸易大学作为财经类高校课程思政联盟秘书长单位，在不断推进课程思政建设，不断推进财经类高校课程思政相互学习、相互交流的同时，深切感受到需要进一步加强课程思政教材建设，因为课程思政尽管被各个高校所重视，但从人才培养的层面上来看，还需要不断完善，特别是如何丰富课程思政的内容，如何提升教师课程思政教学的能力和水平，如何让我们的老师站在科学前沿、立足中国大地，将课程思政讲得有声有色、有滋有味，我们还有一系列基础性工作要做。"工欲善其事，必先利其器"，将课程思政教材建设好，是我们可持续推进课程思政的重要一环。

作为对外经济贸易大学课程思政系列教程，我们要在顶层设计和研讨交流中，力求做到以下几点。

一是以严谨求实的态度把知识点讲透讲活。课程思政绝不意味着可以离开专业知识来空讲道理。只有聚焦知识核心问题，关注学术前沿领域，让学生站在知识的高原、巨人的肩膀上来审视知识的作用，课程思政的内在力量才能真正发挥。因此，我们丛书中关于财政学、金融学、经济法学、创业学、信息学等所讲的知识，都力求瞄准当今学科前沿，将最有核心竞争力的学术点抽取出来，让学生直接与大师对话。事实上，扎实的学科专业知识是课程思政的基础，如果我们的学生对所学的专业知识似懂非懂、不甚了了，又如何谈得上提炼和升华知识中的价值，如何义无反顾地参与到实践中去。当然，我们这里所讲的夯实知识基础，绝不是要学生去死记硬背知识概念和结论，而是要他们动态地结合实际，将所学的知识学深学活。

二是在知识和价值的深度挖掘中，培养学生的独立批判精神。大学教育不同于工厂生产机器产品，可以规模化成批量地生产，大学产品各不相同，尊重学生的兴趣爱好，不断启发他们带着问题去思考，这是大学的重要功能。从这个意义上来说，我们需要帮助学生带着问题去学习、带着研究去学习，无论是在课堂上还是在课外辅导中，一方面要善于调动学生学习的自主性，因为现在是信息化时代，学生能够通过各种手段和方式去学习了解一般性知识，教师不需要大包大揽，另一方面，知识点背后的“故事”以及知识的应用问题，这是当今课程思政的关键问题。只有将知识的价值运用讲深讲透，学生才能带着激情和思考去学习。

三是坚持理论联系实际，将知识转化为改造世界的能力和本领。马克思主义的真正力量就在于不仅能解释世界，更重要的是能指导人们改造世界。理论只有在实践中才能闪现光芒，实践只有在正确理论的引领下才能避免不犯或少犯错误。总之，课程思政不是干巴巴的说教，它是建立在理论与实践、知识与案例、历史与现实的多元互动中的。课程思政的温度来自土地的温度、阳光的温度。我们相信，经过课程思政训练和感染的学生，放下书本走出课堂，一定能开辟新的天地，开拓新的人生。

序言 Preface

2023 年春天，我在美丽的珞珈山收到对外经济贸易大学冯建芬老师来信，希望我能为其团队的思政建设课程写一篇序言。我心里很清楚，这对我来说是一个不小的挑战。但是，看了他们的课程内容和成果之后，我被他们的探索精神深深地感动了。因此，我欣然答应了他们，写下了这些发自内心的文字。

自 2002 年起，我和武汉大学金融工程课程团队就在提倡宏观金融工程教学，2012 年春天，我们就开始在中国的大地上实践。我们就是要通过金融工具与手段的创新设计与重新组合、金融结构的调整和金融制度的变革来解决宏观金融风险和经济发展问题。我们还提出并实践了产业金融工程和区域金融工程的概念，通过金融与产业和区域的对接来实现金融与实体经济的结合，使用金融杠杆推动产业和区域的转型与升级，从而推动我国经济实现跨越式发展。

在本书中，我很高兴看到对外经济贸易大学金融工程课程团队也在教学中进行了金融工程服务实体经济的人才培养转型，正在从学习西方侧重微观金融和商学院金融的金融工程转向服务产业发展、服务企业经营、服务乡村振兴，以经济发展为目标的宏观金融工程。

我很认可本书作者将“讲好中国故事，深谙中国国情”作为金融工程课程思政改革的核心，强化金融工程服务中国特色社会主义经济建设的作用。中国金融工程的发展首先是中国的，然后才是世界的。所谓“不扫一屋，何以扫天下？”，书中丰富的课程思政案例全面展现了金融工程的创新工具在服务我国企业经营方面的作用，也展现了金融工程创新思维在理解国家新能源汽车政策、解决股份制改革问题方面的作用。特别值得一提的是，书中除了备受大家关注的衍生品巨亏的负面案例外，增加了如何正确使用衍生品的正向引导案例，我认为在我国很多实体企业还不了解、不能够灵活使用衍生品的情况下，正向示范比负面警醒更重要。我也相信，随着我国金融机构服务实体经济理念的深化实施，随着风险管理子公司等更多风险管理专业机构为实体企业提供综合的风险解决方案，衍生品的正向作用会得到更充分的发挥。所以，我认为这是一次课程思政积极、正确的方向性探索。

同时，我也希望未来有更多的金融工程学者关注金融工程在宏观金融、产业金融、区域金融、县域金融或者企业经营中的创新和应用，真正建立具有中国气派和中国特色的金融工程学科，培养更多放眼世界、服务中国的金融工程拔尖创新人才！

最后，我要深深地感谢对外经济贸易大学金融学院的老师们长期以来对我的信任和鼓励，特别是这次冯建芬老师又代表大家请我作序来进行学习和交流。祝对外经济贸易大学在金融工程学科建设和课程建设等方面走在全国高校前列，更创辉煌！

叶永刚

二〇二三年四月二十一日

于湖北珞珈山

前言 Foreword

在我国，金融工程专业开始设立于2002年，“金融工程”作为金融工程专业核心必修课程已经历了20余年的建设。但由于我国金融衍生产品市场发展较晚，2015年上海证券交易所50ETF期权推出，这一年算是我国的金融工程元年，所以“金融工程”教材内容、教学案例、市场机制学习存在严重的西化问题，案例通常扩大衍生工具自身风险特征和负面影响，缺乏正向应用引导和服务实体经济导向。

幸运的是，2016年之后，我国场外期权市场和商品期权市场蓬勃发展，在大连商品交易所等金融服务机构的积极推动下，国内业界积极探索“保险+期货”、含权贸易等多种金融工程服务实体经济的模式。2021年3月，我国《中华人民共和国国民经济和社会发展第十四个五年规划和2035年远景目标纲要》正式发布，在金融业发展方面提出“构建金融有效服务实体经济的体制机制”。2023年10月，中央金融工作会议提出“坚持以人民为中心的价值取向，坚持把金融服务实体经济作为根本宗旨，坚持把防控风险作为金融工作的永恒主题”。金融工程学科不但提供了防控金融风险的风险管理技术，还提供了金融服务实体经济的创新途径，因此，培养服务新时代中国特色社会主义经济建设的金融工程人才对于有效支持我国金融体系脱虚向实的改革，守住不发生系统性风险的底线具有重要作用。

以此为契机，2015年以来，对外经济贸易大学金融工程课程组在学校和金融学院的大力支持下，与业界加强合作，深入调研中国金融市场，转变教学理念，改革教学目标和内容，在金融工程教学中逐渐融入服务我国实体经济的教学内容，形成了潜移默化开展课程思政的教学模式和考核机制，达到全过程思政的目标。目前，对外经济贸易大学“金融工程学”为国家一流线上线下混合课程、北京市优质本科课程、校级课程思政示范课程（本科）、北京市课程思政示范课程（研究生）。

本书以“金融工程”课程为例，介绍了其课程思政设计的全过程，希望为全国兄弟院校的相关课程提供全方位的课程思政教学设计参考，提升金融工程专业人才培养服务中国经济发展的针对性。

本书参编教师均为对外经济贸易大学金融工程课程组骨干教师，具体的编写分工如下：冯建芬负责总体章节设计以及最终统稿和审定；冯建芬和余湄负责第一章的内容撰写；冯建芬和聂晶负责第二章至第十四章教学设计和部分课程思政案例设计；邓军和余湄负责部分课程思政案例设计和第十五章的内容撰写。同时，傅淇、张艺蓝等同学参与了本书的案例资料整理工作。

我们对专业课课程思政的理解还在不断完善，也在通过各种建设方案开展进一步探索，因此书中难免有不足之处，还望读者批评指正。读者有任何完善建议，欢迎通过出版社进行意见反馈，在此先行感谢，您的关注是我们前进的动力。

冯建芬

二〇二三年十月于惠园

目录 Contents

第一章

金融工程课程思政教学的总体思路

第一节　金融工程的课程思政教学目标与建设思路

一、金融工程的课程思政教学目标

“金融工程”是金融工程专业核心必修课程，教学对象为金融工程专业本科高年级学生，一般是 3 学分共 48 学时。图 1－1 展示了该课程在金融工程专业本科培养方案必修课体系中的位置。可以看到，其以“应用随机过程”“固定收益证券分析”等相关课程作为先修课，并为专业高年级应用性课程教学奠定理论基础，它是专业培养中承上启下的重要一环，也是理论与实践并重的一门课程。

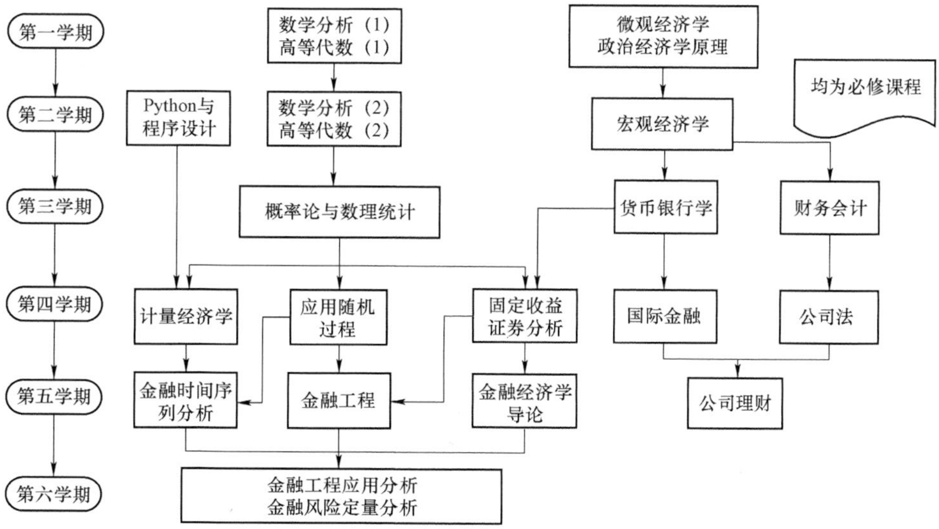

图 1－1　金融工程专业必修课程逻辑图[①]

① 本必修课程逻辑图基于对外经济贸易大学 2021 级金融工程专业本科培养方案绘制。

对外经济贸易大学以培养复合型、国际化人才为办学特色，要求学生具有职业素养和社会责任感，践行社会主义核心价值观，具有批判性思维和创新能力以及可持续发展能力。金融工程专业的育人目标与学校保持一致，“金融工程”围绕上述要求，订立了本科课程的教学目标。

课程学习以具备良好职业道德、培养社会责任感、树立正确的价值观和服务国家经济发展战略为价值引领，以自主学习、专业创新、服务社会作为能力培养方向，以金融工程核心理论、技术和思维方式作为知识学习重点，实现为党育人、为国育才的总体专业培养目标。具体而言，课程教学目标又分为价值目标、知识目标和能力目标。

（1）价值目标：树立社会主义核心价值观；具有正确的世界观、人生观、价值观；具备从事金融工程工作的良好职业道德；具有强烈的社会责任感；具备服务国家经济发展战略意识。

（2）知识目标：掌握衍生产品（也称“衍生工具”）的基本特点、交易机制和风险管理特征；掌握金融工程的定价原理及其在衍生产品估值中的应用；掌握结合无套利原理为衍生产品设计套利策略；掌握不同衍生产品套期保值策略的设计原则；掌握金融工程结构化创新的技术与方法。

（3）能力目标：具备可持续自主学习能力，能够自主学习国内外专业前沿研究成果；具备通过创新或者设计金融产品解决实际金融问题的专业创新能力；具备使用金融工程技术服务实体企业风险管理的社会服务能力；具备在金融市场中理性进行交易策略设计和实施的市场实践能力。

二、金融工程的课程思政元素

在课程教学目标中，价值目标和能力目标体现了本课程教学的课程思政要求，课程依据教育部《高等学校课程思政建设指导纲要》（教高〔2020〕3号）精神，紧紧围绕坚定学生理想信念，以爱党、爱国、爱社会主义、爱人民、爱集体为主线，围绕政治认同、家国情怀、文化素养、宪法法治意识、道德修养等重点整理了课程思政素材，设计了教学内容，对学生系统进行中国特色社会主义、社会主义核心价值观教育，职业道德规范教育和法治教育。在课程中融入的主要思政元素如下。

（1）习近平新时代中国特色社会主义思想。将习近平总书记有关坚定“四个自信”、全面深化改革、贯彻新发展理念、以人民为中心、建设具有强大凝聚力和引领力的社会主义意识形态、坚持总体国家安全观、构建人类命运共同体等思想，结合我国金融衍生产品创新、改革、发展和应用的历史和现状，有机融入课程教学和学生实践中。

（2）社会主义核心价值观。学生在掌握金融工程理论和技术能力的同时树立正确的世界观、人生观、价值观，注重对学生践行爱国、敬业、诚信、友善等社会主义核心价值观的引导。

（3）中华优秀传统文化教育。大力弘扬以爱国主义为核心的民族精神和以改革创新为核心的时代精神，教育引导学生深刻理解中华优秀传统文化中重民本、守诚信的思想精华和时代价值。

（4）深化职业理想和职业道德教育。在课程中融入中国金融市场的交易机制、法律法规、监管规则等，帮助学生了解金融行业的国家战略、法律法规和相关政策。通过期货期权市场模拟交易、虚拟仿真实验、金融工程案例研讨、业界讲座等方式引导学生深入社会实践、关注现实问题，培育学生经世济民、诚信服务、德法兼修的职业素养。增强专业人才的社会责任感，帮助学生树立正确的职业理想。

三、金融工程的课程思政素材

为将上述课程思政元素准确融入课程教学，课程团队收集整理了以下素材，保证课程教学内容的正确性、时效性、权威性，并强调课程的本土实践性。

（1）《习近平新时代中国特色社会主义思想三十讲》、《习近平新时代中国特色社会主义思想学习纲要》、习近平重要讲话单行本等有关习近平新时代中国特色社会主义思想的官方书籍和文件，以及习近平总书记发表的系列讲话。对于其中的精神和思想，结合中国金融市场的历史、发展、现状，进行具象化学习，让学生更深刻、更形象地结合专业理解习近平新时代中国特色社会主义思想的要义。

（2）国务院政府工作报告对于金融市场发展的阐述，党的十八大以来中央经济工作会议，《中华人民共和国国民经济和社会发展第十四个五年规划和 2035 年远景目标纲要》，党的二十大、党的十九届四中全会、党的十九届六中全会等会议文件。通过解读文件精神，让学生认识到金融工程的发展方向、专业实践重点和金融工程人才的社会责任。

（3）中国货币政策执行报告、中国金融市场运行报告、人民币国际化报告、中国金融期货交易所年度市场统计。中国人民银行每季度会发布中国货币政策执行报告、中国金融市场运行报告，并在其官网设置专门的人民币国际化板块；中国金融期货交易所每年发布年度市场运行情况。课程通过上述文件中发布的全国金融市场相关数据，向学生展示中国利率和汇率衍生产品市场发展的市场全貌和发展动态。通过人民币国际化报告汇总人民币双边互换的应用，让学生认识到金融工程工具在服务宏观政策方面的价值。

（4）上海证券交易所（简称“上交所”）、深圳证券交易所（简称“深交所”）、大连商品交易所（简称“大商所”）、郑州商品交易所（简称“郑商所”）、上海期货交易所（简称“上期所”）、中国金融期货交易所（简称“中金所”）、广州期货交易所（简称“广期所”）、中国外汇交易中心、中国证券登记结算有限责任公司（简称“中央结算公司”或“中债登”）等我国重要金融衍生产品交易相关场所的官方网站。通过这些网站获取最新的法律法规、市场动态、新产品推出等方面的信息，保证课程讲授中国故事的时效性，指导学生学习最新的市场规范，践行符合时代发展要求的职业道德规范。

（5）中粮期货公司、大连商品交易所、一德期货公司等我校战略合作机构。通过与合作机构深入学习和交流，邀请合作机构专家参与课程教学活动，为学生提供中国企业实践案例和行业从业规范指导；通过教师参加大连商品交易所高校教师衍生产品研修班，聆听业界专家的企业实践报告，了解我国证券、期货、风险管理子公司等机构为实体企业提供的最新服务业务和实践案例，了解我国实体企业运用期货、期权等工具的实际情况，为课程积累本土化正向应用案例，促进师生共同进步。

（6）指导“三农”工作的“中央一号文件”。了解金融，了解金融衍生工具在服务三农、发展绿色经济方面的作用，了解农业保险、“保险＋期货”模式的相关政策，让学生理解金融工程创新对于我国脱贫攻坚、乡村振兴、绿色经济发展的作用，并通过“中央一号文件”的概念启发学生理解何为中国共产党“以人民为中心”的根本立场。

（7）Wind资讯终端、国泰安虚拟交易所、聚源锐思金融研究数据库等金融权威数据终端和模拟交易平台。这些平台可用于学生金融实践，帮助学生实时了解金融市场动态，并可作为案例分析的数据来源。

（8）中国期货业协会官方微信公众号。从公众号中可获取衍生产品行业最新动态和规范，了解衍生产品服务实体经济新动向，收集最新应用案例和业界权威会议信息。

四、金融工程的课程思政建设思路

本课程的思政建设核心是“讲好中国故事，深谙中国国情”，为充分体现课程思政元素，有机融合课程思政素材，并达到润物细无声的课程思政效果，课程从教学内容、教学模式、课程考核等方面进行了全方位课程思政设计（见图1－2）。

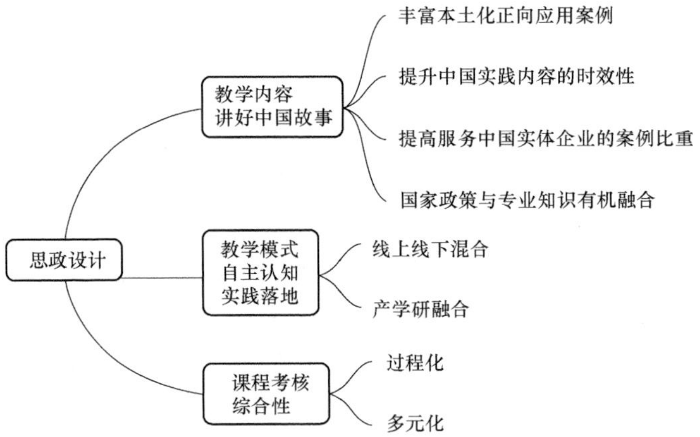

图1－2　课程思政设计

1. 教学内容的课程思政设计思路

在教学内容方面，通过丰富本土化正向应用案例，提升中国实践内容的时效性，提高服务中国实体企业的案例占比，体现脱虚向实的金融改革方向，将政策法规与专业知识有机结合，讲好中国故事，详细设计见第二章至第十四章相关内容。

（1）丰富本土化正向应用案例，提升课程教学内容的中国实践性。强化金融工程理论的中国实践，并增加中国实践的正面清单。我们认为，对于初步学习金融工程的本科生而言，不应该先告诉他们不能做什么，而应该告诉他们可以做什么，这样更容易让学生在正确的道路上开拓创新。因此，在课程教学中，结合课程组积累的课程思政素材，我们增加了更多的中国实践中的正向应用案例，包括“新能源汽车政策的金融工程分析”“期货如何改变企业运营模式”“从外汇期权发展看中国审慎风险管理”“货币互换与人民币国际化”“保险+期货中的期权设计”等，让学生不但掌握金融工程的基本工具和分析原理，还能够切身体会到知识在身边实践中的价值，提升学生的社会责任心和自豪感，增强对中国实践的正向认知。

（2）提升中国实践内容的时效性，引导学生关注当前国情社情民情。提升时效性的措施包括：一方面，结合实时行情，进行期货期权模拟交易；另一方面，追踪中国金融市场的动态，及时更新课程内容和课程案例。“金融工程”的课程思政建设是在对的时机遇到了对的场合：中国金融衍生产品市场自 2010 年以来快速发展，品种不断丰富；中国期货业协会、大连商品交易所等金融协会或机构积极探索衍生产品服务实体经济的新模式，并通过鼓励校企合作，加大培育服务中国经济的衍生产品人才的力度。这些变化丰富了课程的本土化案例资源。在此契机下，本课程紧密追踪我国金融衍生产品市场动态：一是为学生布置期货期权模拟交易任务，由业界专家全程指导学生的模拟交易实践，贯穿课程学习全过程，让学生深入了解中国市场交易机制和交易分析逻辑；二是通过课程微信群、慕课（Mooc）课程讨论区等线上交流渠道实时宣传课程相关市场的发展，每年更新课程内容，及时反映市场新变化。比如，2017 年上证 50ETF 期权合约条款为何变化？2018 年，中国原油期货推出的战略意义是什么？2020 年商品期货持仓量计算方式变化与我国商品市场国际开放进程的关系是什么？2020 年原油价格为负带来的影响如何分析？2021 年铜期权、黄金期权的条款变更说明了什么问题？每年我国推出了哪些新的衍生产品品种、开发了哪些新的应用渠道等？这些教学案例的实时更新提升了学生对中国实践前沿的认知。

（3）提高服务中国实体企业的案例比重，体现金融服务实体经济的供给侧改革方向。课程组通过增加校企合作、参与业界权威会议等方式，深入了解我国实体企业运用金融工程工具和技术的情况，并将其整理成课程案例，增加课程知识服务中国实体企业的案例比重。2017 年，中粮期货公司与对外经济贸易大学签署战略合作协议，课程教学团队承担主要联系人，将此次合作与“金融工程”课程思政改革深入融合，通过教师参加国际期货大会、大连商品交易所高校衍生产品师资培训、业界策略会、申请业界实践课题等方式，提升教师对我国金融衍生产品市场的国情认知，通过组织学生深入企业实践调研、聆听业界讲座等方式提升学生对企业应用的认知，在此基础上改革“金融工程”教学内容，强化专业知识服务我国实体经济、实体企业的目标，提升专业人才的职业道德和社会责任感。

（4）国家政策与专业知识有机融合。增加案例的课堂研讨环节，加强学生对习近平新时代中国特色社会主义思想的具象化理解。启发学生主动思考是加深学生对习近平新时代中国特色社会主义思想理解的有效途径。比如，结合“复利”的概念理解中国发展速度和中国复兴、结合“中央一号文件”对“保险+期货”助农模式的支持理解中国共产党以民为本的执政理念等。让学生通过案例研讨看到事情的本质，具象化理解党和国家的政策。

2. 教学模式的课程思政设计思路

在教学模式方面，遵循提升学生自主认知能力、让实践落地中国的原则，实施线上线下混合教学和产学研融合，详细设计见本章第二节。

（1）通过线上线下教学相结合的混合教学，提升学生自主学习、持续学习的能力。一方面，结合教学团队开发的“金融工程概论”慕课（Mooc）课程实施课程线上教学；另一方面，借助自主研发的实验软件和“期权交易虚拟仿真实验”的网络共享功能，实施线上实验教学、线下自主实验的课堂翻转。

（2）邀请业界专家参与授课环节，实施产学研的有机融合，让实践落地中国。课程根据教学进度嵌入业界讲座，在课程的仿真交易环节邀请专家对学生进行交易技术和交易合规问题指导，课后组织学生进行部门实践，选拔优秀学生参与相关课题合作。通过产学研的有机融合，提升实践落地性，帮助学生深刻了解交易合规问题、职业道德要求和专业价值。

3. 课程考核的课程思政设计思路

“分分分，学生的命根；考考考，教师的法宝。”说的就是学生对于学业成绩的重视程度和教师督促学生认真学习的手段，但机械的卷面考试虽然能够引起学生对学习的重视，却无法激发学生的学习兴趣，提升学生的主观能动性，传导更丰富的价值观。因此，本课程针对学生重视学业成绩的特点，通过创新多元化考核方式、注重记录过程学习成绩，嵌入对社会主义核心价值观的培养，详细设计见本章第三节。

第二节　金融工程教学模式的课程思政设计

遵循激发学生自主认知能力，让实践落地中国的原则，课程实施线上线下混合教学和产学研融合。线上线下混合教学，既能够提升学生的自主学习能力，启发学生的创新思维，又能够拓展课程的学习空间和时间，提升线下课堂的教学质量和效率。通过产学研融合，强化教学服务中国经济建设的内容，提升课程实践的落地性，培养学生的职业道德和职业规范。

一、线上线下混合教学模式设计与应用

为最大化线上和线下混合教学效果，我们将课程内容按照知识性、创新性、时效性、实践性的差异细分为6类，对每类内容以“理论服务实践”为核心，区分课前、课中、

课后，进行了针对性混合教学设计，以实现不同的课程思政目标，具体如表 1－1 所示。

表 1－1　　　　金融工程的线上线下教学模式设计

知识类型	内容梗概	教学方式	课前	课中	课后	课程思政目标
认知性内容	衍生产品市场发展与现状，产品交易机制，部分企业实践案例等	线上	自主学习指定的慕课内容	（1）结合 Wind 资讯终端等了解市场前沿动态；（2）智慧树见面课互动检验学习效果	智慧树平台线上测验巩固	提升学生自主学习能力，实现手脑联动，强化学生对思政案例的自主思考，引导学生主动了解中国市场
认知性内容	衍生产品市场发展与现状，产品交易机制，部分企业实践案例等	线下		研讨核心知识点	分析测试结果，诠释理解误区	及时纠偏，保证学生对案例和市场的正确认知，强化学生的专业责任感
强逻辑性内容	无套利定价、风险中性定价原理，衍生产品的特征、定价公式推演、套利策略设计和套保比率计算等	线上		（1）结合 Wind 资讯终端分析工具理论解释实际问题（2）智慧树见面课加强互动		借助 Wind 资讯终端分析工具，指导学生了解理论在我国市场实践中的应用
强逻辑性内容	无套利定价、风险中性定价原理，衍生产品的特征、定价公式推演、套利策略设计和套保比率计算等	线下	智慧树平台发布课件，提前预习	课堂板书与 PPT 结合讲授推理过程	（1）布置个人作业，检验核心原理的掌握情况；（2）布置经典文献阅读任务	提升学生的科学思辨能力和学术创新能力
实操性内容	期货仿真交易、期权仿真交易、基差策略实践、期权策略实践	线上	（1）为学生设置模拟交易账户信息；（2）学生结合操作手册熟悉软件交易操作	翻转课堂，结合 Wind 实时资讯和国泰安虚拟交易所数据	（1）进行为期 2 个月的线上仿真交易，实施交易策略；（2）完成小组实验任务和实验报告；（3）邀请业内专家微信群点评指导交易行为	实践出真知，让学生通过真实的交易操作具象化了解我国期权期货市场交易机制及其影响，促使学生主动拓宽视野，了解市场相关的动态信息，提升市场敏感性
实操性内容	期货仿真交易、期权仿真交易、基差策略实践、期权策略实践	线下	布置仿真交易任务	邀请专家讲解交易技术和交易合规问题		引导学生培养正确的职业道德和职业规范：指导学生进行有逻辑的交易操作，警惕盲目投机

续表

知识类型	内容梗概	教学方式	课前	课中	课后	课程思政目标
综合性实务应用内容	商品期货在企业实践中的应用：场外期权定价与实务	线上	智慧树平台发布讲座通知		智慧树平台或微信群进行讲座话题讨论，进行答疑解惑	线上讨论，及时解惑，引导学生树立正确的价值观和专业责任感
		线下		邀请业界专家开展实务讲座		通过业界丰富的实践经验，学生加深对专业实践的认知，了解专业职业规划和发展方向，正确认识专业价值，增强服务实体经济的意识
研究探索性内容	期权价格特征、希腊字母、二叉树模期权	线上	（1）按照自由组合+随机分组进行班级分组，2～3人成组；（2）智慧树平台发布课件，提前预习	（1）结合实验软件，具象化理论结论；（2）智慧树平台见面课互动	（1）学生自主根据线上实验操作指导，进行实验操作，提交实验报告；（2）教师通过智慧树讨论区、微信群实时答疑	通过小组任务提升学生的民主协商、团队协作、诚信为本的意识
		线下	布置小组实验报告任务	课堂板书与PPT结合进行理论推理，借助实验软件，学生自主动手操作	布置个人作业，举一反三；期末进行小组实验报告汇报	线下理论讲授为学生实践提供指导，强化学生理论指导实践的能力
时事追踪性内容	根据实时政策变化、事件发生添加的教学内容。如2020年商品期货交易规则更改、原油宝事件；2021年上海期货交易所期权条款更改；2022年青山镍事件等	线上	利用微信群发布课程内容相关时事信息，提出讨论问题	智慧树平台见面课互动	线上讨论区发表观点	线上交流提升时事动态信息传达的时效性，引导学生关注市场动态，增强对事件的专业敏感性
		线下		研讨深化对时事内容的解析	可研究性时事作为开放性研究课题，指导兴趣小组开展研究	线下深入讨论，对学生给予正确的价值观引导，并激发学生创新的积极性

（1）认知性内容：衍生产品的市场发展、期货的交易机制、期货在实体企业中的应用、互换的应用、期权的保险作用等。这类内容教学的目的是帮助学生开拓视野、加深市场认知、了解实体企业应用，属于普及型认知性教学内容。学生完全可以通过自主学

习掌握，并可以根据需要重复学习，我们利用慕课课程的灵动性优势，安排学生以线上自主学习为主，激发学生课前学习的兴趣；同时，为督促学生对内容进行主动思考，辅以线上测验和线下课堂研讨，线下结合金融资讯终端、各交易所官网信息，了解最新市场发展，解决慕课内容更新时滞问题。这样既可以提升学生的自主学习能力，实现手脑联动，强化学生对思政案例的自主思考，引导学生主动了解中国市场，还可以对学生认知及时纠偏，保证学生对案例和市场的正确认知，指导学生强化专业责任感。

（2）强逻辑性内容：定价理论、套利策略设计、套期保值比例计算等理论性强、公式推演要求高的内容。课前布置预习任务，课中进行线下讲授，并利用金融终端分析工具，强化理论服务实践，课后学生通过文献阅读提升自身的创新能力。

（3）实操性内容：对我国期货、期权市场交易机制和杠杆性的理解，结合交易机制头寸盈亏指标的计算等。这些内容如果在课堂上讲授则如空中楼阁，琐碎且无味，学生没有直观感受。因此，课程通过产学研融合，课前为每个学生配置交易账户，学习交易操作；课中学生在线上学习交易知识，结合资讯平台了解交易机制，线下邀请业界专家讲授交易技术和头寸风险管理经验，指导学生合规交易；课后通过为期 2 个月的过程交易让学生切身体会交易策略实施、交易机制运行的成效，并邀请业界专家通过微信群指导线上交易，避免学生盲目投机、无逻辑的交易等不理智交易行为，引导学生培养正确的交易心理、合理的交易逻辑和正确的职业道德规范。

（4）综合性实务应用内容：商品期货在企业实践中的应用，场外期权定价与实务等。这些内容一般在相关知识讲授完毕后，以综合应用性实务讲座的形式呈现，由业界专家结合丰富的实践经验现身说法，会更生动形象，对学生更有说服力，容易引发学生共鸣。这部分内容一般课前发布讲座信息，课中线下举办业界讲座，课后对学生的疑惑进行线上研讨，在合适的机会组织机构部门实践。通过产教融合，学生能够全面了解我国期货市场的发展历史和实体企业的需求，提升社会责任感，坚定“四个自信”，为学生职业规划指明方向，引导学生关注在实体企业就业、服务实体经济的导向。

（5）研究探索性内容：期权的价格特征，期权二叉树模型，期权希腊字母等。虽然课程讲授了普适性公式，但学生对期权的非线性到底以何种规律展现、不同价值状态的期权希腊字母变动有什么规律、如何去理解业界对希腊字母的应用、商品期货期权作为美式期权是否要考虑提前行权等内容无法通过公式得到形象具体的认知，但学生可以通过自主实验操作主动探索上述问题的解决方案。因此，我们课前在线上发布小组任务；课中在线下讲授理论，并结合实验软件和 SPOC 平台进行线上互动。课程配备了实验任务的线上指导手册和指导视频，课后可以组织学生线上学实验、线下做实验，自主探索新知。

（6）时事追踪性内容：根据实时政策变化、时事事件发生添加的教学内容。如 2018 年人民币计价原油期货在上海期货交易所上市引发原油定价权的讨论；2020 年 1 月 1 日我国商品期货市场为与国际市场接轨，更改持仓量和交易量计算规则；2020 年 4 月芝加哥商品交易所（CME）更改交易规则诱发中国银行原油宝事件；2021 年上海期货交易所将黄金期权、铜期权由欧式期权更改为美式期权；2022 年 3 月，伦敦金属交易所（LME）的青山镍事件等。这些事件与课程内容密切相关，且关系课程教学内容的正确性，同时也是学生使用专业知识分析实际问题的有利机会。因此，课程结合市场前沿动态，课前线上发布实时信息，及时提出研讨问题；课中师生研讨热门话题，并适时结合业界讲座和业界实训等方式加强学生对事件分析的参与感；课后寻找研究热点，提升学生的创新能力，激发学生对金融市场实时动态的关注，提升学生对我国市场前沿的认知。

二、产学研一体化模式的设计与应用

2017 年，国务院发布《国务院办公厅关于深化产教融合的若干意见》，要求“大力支持应用型本科和行业特色类高校建设，紧密围绕产业需求，强化实践教学，完善以应用型人才为主的培养体系”；2020 年，教育部发布《高等学校课程思政建设指导纲要》，强调专业实验实践课程要注重学思结合、知行统一，增强学生勇于探索的创新精神、善于解决问题的实践能力。响应上述课程思政建设方针，金融工程课程 2015 年以来探索了产学研一体化的教学模式，在实验、实践、案例教学环节进行了针对性设计和实施（见表 1－2）。

表 1－2　金融工程学课程产学研一体化的教学设计

教学类别	解决的问题	产学研结合设计	课程思政目标
实验教学	（1）实验指导无法重复； （2）学生实验报告质量参差不齐，格式不一； （3）多名平行班教师指导存在差异	1. 学研结合，基于“互联网+”实现实验资源共享 （1）制作基于 Excel VBA 的实验软件资源，降低实验计算机技术门槛； （2）选拔学生助研，进行软件完善、实验手册、实验指导视频、实验报告样例制作； （3）通过学校实验中心网站，进行实验资源网络共享，降低平行班授课老师指导成本。 2. 校企合作，师生共建，开发“多情景下的期权交易虚拟仿真实验”软件，在国家实验空间共享	（1）学思结合、知行统一，增强学生勇于探索的创新精神、善于解决问题的实践能力； （2）提升社会服务能力：强化服务实体经济导向，加深对国情民情的认知
实践教学	（1）增强课程内容的中国市场实践性和实操性； （2）授课教师缺乏市场实战经验，交易实操无法给予学生更符合职业道德和职业规范的指导	校企合作： （1）根据课程进度邀请业界专家进行专题讲座； （2）引进业界开放性课题，激发学生研究兴趣； （3）共享研究生实务课程信息和资料，拓展课程实务学习资源； （4）举办期货交易实训营； （5）业界指导学生交易实践； （6）选拔优秀学生进行业界实习； （7）业界课题合作	（1）提升学生对前沿国情、民情、市场行情的认知； （2）激发学生对中国问题的研究兴趣； （3）拓宽学生视野，提升学生学习的主观能动性； （4）培养学生的职业素养； （5）提升学生的实操能力和解决实际问题的能力

续表

教学类别	解决的问题	产学研结合设计	课程思政目标
案例教学	缺乏衍生产品如何有效服务实体经济的正面案例	（1）授课教师参与业界权威会议，主动了解业界前沿，更新案例内容； （2）布置案例分析任务，组织学生搜集整理案例，挖掘案例信息； （3）申报协同育人项目，加强与合作企业的课题合作、问题交流，挖掘案例实践价值	（1）提升教师的课程思政教学能力； （2）提升学生理论联系中国实际的能力； （3）通过校企协同育人，提升师生协作的社会服务能力

1.“金融工程”实验教学的产学研一体化设计

常见的“金融工程”实验教学通常在线下进行，需要借助一些软件如 Excel、Matlab 等，软件的操作、任务的布置都需要在课堂上由任课教师辅导。这种方式虽然增强了课程的互动性，但实验效果未必理想，可能存在如下问题。

（1）实验指导无法重复。教师需要在课堂上布置实验任务、介绍实验方法、演示实验操作，花费了很多时间，但学生接受程度不一，在实验过程中仍然需要不断地指导基本的软件操作问题。教师的操作由于现场演示，缺乏指导操作的可重复性，导致学生对软件的掌握程度不一，影响了实验效果。

（2）学生实验报告质量参差不齐，格式不一。部分实验报告展现出结论和实验结果不符的情况，学生为安全起见，结论写的是课上给出的一般情况下的理论结果，而实验过程中由于参数设置不同，会出现一些课上提到的不确定因素的影响，体现出学生对于理论知识缺乏变通性理解。

（3）实验教学方式无法完美复刻到其他老师的平行班级。由于一般的教学软件本身缺乏帮助信息，教学团队每个教师对实验教学技能的掌握存在差异，这些实验任务很难在所有平行班教学中推广。

针对传统实验教学中存在的上述问题，课程借助已经制作的 Excel 实验软件资源①，通过学生助研的方式进行基于“互联网 +”的软件完善与立体化实验手册制作的探索，实现了学研结合和资源共享，提升了学生的动手能力和科研能力，具体改革如下。

（1）指导学生助研课题工作，完成实验软件和手册的网络共享。本着双向选择的原则，课程组向参与课程实践的选课学生布置课程助研任务，学生自主选择是否参与，课程组结合课程实践中实验报告的撰写情况和学生的编程能力，选出助研的学生，分别为其布置软件编制完善任务、实验手册完善任务、实验指导视频录制任务和实验手册网络管理任务。这些工作既提升了学生的课程参与度和实践能力，也提升了课程实验教学的便利性和实验指导的可重复度，降低了实验教学推广的困难。

（2）升华实验平台——开发多情景下的期权交易虚拟仿真实验软件。2017 年以

① 金融工程实验软件访问网址：http://fe.uibe.edu.cn/qflab/zxzy/sykczl/index.htm。

来，我国商品期权开始陆续上市，截至2021年已经推出20个商品期权品种，商品期权在“保险+期货”的精准扶贫模式下获得广泛应用，该模式在2016年至2023年连续8年被写入中央1号文件，为了普及期权知识，促进金融工程实验教学模式在其他高校的推广应用，课程联合南京朗捷科技有限公司，共同开发了“多情景下的期权交易虚拟仿真实验”，并为软件配备了丰富的辅助资源，其实验操作更加人性化、更加便捷，该软件可以在国家实验空间访问①。

2.“金融工程”实践教学的产学研一体化设计

在实践教学方面，课程探索了根据课程进度邀请业界专家进行专题讲座、引进业界开放性课题、共享企业在我校开设的研究生实务课程的信息和资料、举办期货交易实训营、选拔优秀学生进行业界实习、业界课题合作等多种校企合作的方式。

（1）通过业界讲座增强授课的实践性。为了让所有平行班级都能够获得业界专家的指导，可以选择独立在课堂外进行，课程分别在结束期货部分的讲授和期权市场的介绍后，邀请多名业界专家就我国商品期货的交易策略、场外期权交易等开展课程讲座。让学生充分了解课程知识在实践中的应用，以及理论知识与市场实战的差异。

（2）通过引进业界开放性课题，加强产学研结合。教师可以通过交流，了解企业目前正在进行的课题或者项目，将其中涉及的与课程相关的问题作为选课学生的开放性研究选题，指导学生撰写选题论文，提升学生的实践创新能力。如中粮期货公司2017年进行鸡蛋期货的价格发现功能的研究，由于存储时间短的特征，鸡蛋的长期合约对现货缺乏套期保值功能，价差较大，教师即就该问题在课堂上给学生布置了开放性的加分任务。

（3）共享实务课程资源，提升本科生研究能力。由于本科培养的要求，企业的实务课程难以在本科开设学分课程，此时可以通过分享研究生层面的实务课程，增加学生对实务的深入了解，加深学生对理论知识应用的理解。如中粮期货公司在研究生层面为对外经济贸易大学独立开设了实务课程，教师把实务课程每一讲的讲授主题、讲授课件等资料分享给“金融工程”的选课学生，并开放研究生课程班级，增加学生深入了解衍生产品交易策略和在企业风险管理中应用的机会。

（4）举办实训营，提升课程实践的持续性。2018年3月，中国原油期货在上海期货交易所上市，以此为契机，金融工程课程组联合中粮期货公司举办了“原油期货实训营”，从学习过金融工程的学生中筛选代表参加实训，并通过颁发实训证明和优秀营员证书的方式激励学生，进一步提升了课程实践的持续性和课外延展性。

（5）组织选课学生参加校企合作课题研究，产学研结合提升研究能力。2017年7月，课程组联合中粮期货公司成功申请了中国期货业协会的第十二期联合研究计划课题“场外期权定价”。2022年，课程组联合中粮期货公司成功入围“大连商品交易所首届大学

① 多情景下的期权交易虚拟仿真软件使用地址：https://www.ilab-x.com/details/page?id=6808&isView=true.。

生实践案例大赛”，课程组选择完成金融工程学习的学生开展了课题的研究工作，这一工作既是课程内容的持续和升华，又提升了学生的学术研究能力。

因此，充分利用学校资源和校企合作资源做好课程的实践教学改革，既能增强课程的实践性和本土化，又能提高学校资源的利用率，提高学生对数据库资源的掌握程度和对实际市场的熟悉程度。

3.“金融工程”案例教学的产学研一体化设计

首先，借助校企合作，提升教师的课程思政教学能力，持续更新教学案例。课程通过与中粮期货公司、大连商品交易所的合作，通过业界专家讲座、参加国际期货大会、大连商品交易所高校衍生产品师资培训等方式加强与业界的交流，了解业界最新的实践案例，为教学案例的持续更新提供保证，为教师充分了解中国实践提供机会。

其次，增强学生对课程案例的参与度，组织学生助研搜集与整理案例。2008 年次贷危机中，我国很多跨国企业出现了衍生产品套保亏损事件，很多都与缺乏极端风险管理有关，这既对我国企业风险管理是一个警示，也为金融工程课程的案例教学提供了丰富的可研讨案例。另外，在 2015 年 50ETF 期权推出后，我国金融市场的投资交易策略、结构化理财产品品种都获得了极大丰富，而 2016 年以来中国期货业协会和大连商品交易所共同推进的如何利用期货等衍生产品促进经济“脱虚向实”的政策探索，如“保险＋期货”扶贫模式等更为金融工程服务实体经济提供了丰富的案例。为降低教师案例整理的负担，提升学生的分析能力和写作能力，可以通过布置案例分析任务，向毕业班学生布置与案例相关的实证毕业论文，开设指导学生案例研究方法的讨论班，丰富课程案例库。这样，课程不但支撑了数十篇本科毕业论文的写作，体现了课程教学内容的持续性影响和对学生研究创新能力的培养，也为课程提供了更细化的教学案例，实现了双赢。

第三节 金融工程课程考核的课程思政设计

结合课程教学的内容和模式，教学过程中学生参与的各个环节在课程考核中一一体现，让学生通过学习过程有所收获，而不只是关注期末的一锤定音，借此激发学生的专业兴趣，提升学生的主观能动性，培养社会主义核心价值观。具体的课程考核的课程思政设计如表 1－3 所示。

课程通过设置个人线上参与表现、个人作业、个人实践报告、线上测验、小组实验报告、市场交易实践、期中考试、期末考试等多种任务，多元化考察学生的个人知识掌握情况、团队协作能力、市场实践能力等综合能力。平时成绩占比 40%，体现了对学习过程评价的重视程度，其中小组实验报告注重培养学生的社会主义核心价值观，课程作业对于违反诚信问题设置了严格的惩罚措施。

表 1－3　　课程考核的课程思政设计

评价方式	评价细化分类	评价内容	评分标准	成绩占比	课程思政目标
平时成绩（40%）	线上学习参与度	（1）线上自主学习内容的学习情况； （2）课前预期任务的完成情况； （3）课中的线上签到，问答互动参与； （4）线上研讨参与等	依据翻转课堂平台记录的教学活动数据计分	5%	（1）督促学生提升自主学习能力； （2）激发学生创新思维
	线上测验	（1）线上自主学习内容的线上客观测验； （2）临时的课堂测验	依据翻转课堂平台如智慧树平台学生的测验成绩加权计算	5%	
	期货期权模拟交易	（1）2 个月的我国商品期货、金融期货的模拟交易； （2）1 个月的 50ETF 期权的模拟交易	根据模拟交易系统中的学生交易次数、账户收益标准差和交易收益率综合排名加权计算。其中，交易次数要求期货交易不少于 10 次开平仓，期权交易不少于 5 次开平仓	10%	（1）提升学生对中国市场交易制度的认知； （2）延长交易过程，培养学生职业素养； （3）促进学生对国情、社情、民情的主动关注
	个人线下作业	（1）每一章布置的线下纸质作业（10 次）； （2）个人期货基差策略实践报告； （3）个人期权虚拟仿真交易实验报告	（1）每次作业按照作业质量和诚信程度评定等级 A～D 不等； （2）所有作业通过等级分数换算后加权，获得个人作业成绩	10%	（1）通过策略设计提升学生逻辑分析能力和创新思维能力； （2）通过策略实践提升学生理论联系实际的能力； （3）通过期权虚拟仿真实验了解我国“保险＋期货”背景，增强学生的社会责任感
	实验报告	3 份小组实验报告	（1）根据成员分工情况确定成员得分； （2）实验报告撰写质量； （3）实验任务完成度	10%	（1）培养学生民主协商、和谐相处、合理分工的团队协作能力； （2）增强学生勇于探索的创新精神、善于解决问题的实践能力
期中成绩（20%）		课程前七章教学内容	闭卷笔试	20%	
期末成绩（40%）		课程八至十三章教学内容	闭卷笔试	40%	

续表

评价方式	评价细化分类	评价内容	评分标准	成绩占比	课程思政目标
减分项	迟交、补交	是否在规定时间之前按要求提交任务	相关作业成绩折合扣除10%		引导学生树立诚信的社会主义核心价值观
	抄袭	个人作业、实验报告是否存在抄袭等不诚信行为	相关作业成绩折合扣除100%		
	期中、期末考试作弊	期中考试、期末考试是否存在抄袭、作弊等不诚信行为	期中、期末成绩全部取消，记入个人档案，严重者取消学籍		
合计				100%	

参 考 文 献

［1］中共中央办公厅、国务院办公厅印发《加快推进教育现代化实施方案（2018—2022年）》.（2019－02－23）［2023－10－19］. https://www.gov.cn/zhengce/2019－02/23/content_5367988.htm.

［2］中共中央、国务院印发《中国教育现代化2035》.（2019－02－23）［2023－10－19］. https://www.gov.cn/zhengce/2019-02/23/content_5367987.htm.

［3］国务院办公厅关于深化产教融合的若干意见.（2017－12－19）［2023－10－19］. https://www.gov.cn/zhengce/content/2017-12/19/content_5248564.htm?trs=1.

［4］教育部关于印发《高等学校课程思政建设指导纲要》的通知（教高〔2020〕3号）.（2020－06－01）［2023－10－19］. http://www.moe.gov.cn/srcsite/A08/s7056/202006/t20200603_462437.html?eqid=cd33669e000498b80000000464264c2b.

［5］冯建芬，余湄，杜冬云，邓军. 金融工程学产学研结合的教学方法改革研究//对外经济贸易大学教务处. 创新与实践——本科人才培养与教育教学改革论文集2019. 北京：对外经济贸易大学出版社，2020.

［6］对外经济贸易大学金融工程课程组. “金融工程学”教学大纲. https://fe.uibe.edu.cn/qflab/docs/2024-05/d6fc112e8e184b999d8ff5ba091588ef.pdf.

第二章

金融工程引论

第一节　教学设计

一、总体设计

1. 基本信息

课程名称：金融工程

知 识 点：金融工程引论

授课时间：第 1 周（线下 45 分钟）

2. 学情分析

（1）选课学生主要来自金融工程专业、量化金融实验班本科大学三年级即大学第五学期的学生。按照两个方向的培养方案，学生已经提前学习了货币银行学、固定收益证券分析和应用随机过程，了解了股票、债券、基金等基本金融产品，以及债券定价、现金流折现、利率期限结构等固定收益（简称“固收”）概念，并具备了衍生产品定价的基本数学知识基础。

（2）学生学习了“C++程序设计”或“Python 与程序设计”，具备了一定的编程能力和动手能力，方便开展实验教学。

（3）衍生产品市场与现券市场在交易机制、应用理念上存在较大差异，需要学生熟悉金融工程的创新思维。

（4）学生缺乏对金融工程套利定价原理、风险中性定价原理的了解。

3. 教学思路

首先，课程为学生答疑解惑，通过丰富的案例和教学过程互动，让学生更形象、更深刻地理解“金融工程是什么”的问题；然后，解决“金融工程干什么”的问题，解答学生对于金融工程人才职业规划的疑问；最后，自然而然引出为了达成金融工程人才培养目标，从事金融工程相关工作，学生应该具备的知识技能。本章作为课程第一讲，不但告诉学生“金融工程”课程本身的教学内容，也使学生对于金融工程专业的课程体系、金融工程人才的职业规划有了一个系统的认知，从而激发学生学习专业课程的积极性和责任心。

除以上核心内容外，本章还会为学生说明课程的考核方式、学习要求、学习平台、参考资料等相关事宜。

4. 主要内容

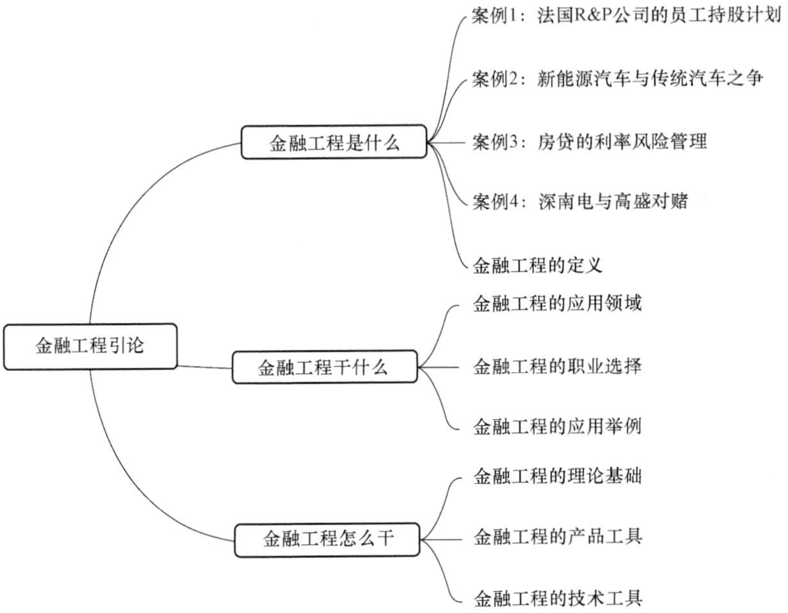

二、教学目标

1. 思政目标

（1）推进习近平新时代中国特色社会主义思想进课堂；

（2）了解中国企业需求，掌握科学思维方法；

（3）培养金融工程人才的职业规划能力。

2. 知识目标

要求记忆的内容：

（1）金融工程的定义；

（2）金融工程的应用领域；

（3）金融工程的实施工具：理论工具、产品工具、技术工具。

需要理解的内容：

（1）金融工程与金融产品创新、金融风险管理间的相互关系；

（2）金融工程解决问题的方式与传统方式的差异：转移风险、担保增信、杠杆增益等。

能够应用的内容：

（1）运用金融工程的思维理解国家政策的合理性和社会现象；

（2）运用金融工程创新产品的结构化方式判断市场上的产品是否具备衍生产品的特征。

3. 能力目标

（1）锻炼看待问题的辩证思维能力；

（2）举一反三的自主学习能力。

三、教学重点和难点

1. 教学重点

金融工程的定义和作用。

2. 教学重点突出方法：线上互动与线下讲授结合，案例研讨，启发教学，情景教学

（1）线上线下相结合：借助SPOC平台的“抢答”功能，让学生主动发表自己的看法，通过“投票”功能，进行学生观点调查，了解学生对事件的不同看法，然后根据投票结果询问学生持有某一观点的理由，进行针对性指导。

（2）案例研讨：首先引用正向和反向两方面案例引出金融工程的定义，之后进一步通过案例展示金融工程的更多应用。在案例讲授中，提出研讨问题，让学生发挥主观能动性，积极思考金融工程方案相对于传统方式在金融风险管理上的差异和优势，更形象、更生动地感受到金融工程的作用。

（3）启发教学和情景教学：针对开放式讨论中学生没有考虑到的方面，通过情景假设、随机追问等方式，启发学生挖掘案例中更多的信息，引导学生全面看待问题。同时，引导学生进行换位思考，基于当时的市场行情，将自己作为企业经营人，理性分析企业行为的动机以及这种动机下应该采取的风险管理措施。

3. 教学难点

理解金融工程人才为何需要掌握金融、数学和信息技术等多学科技能。

4. 教学难点的解决方法：举例法，提问法，归纳总结法

（1）举例法：列举大通银行的指数存单、我国光大证券“乌龙指”案例，展示金融工程的创新成果和应用风险。

（2）提问法：针对案例中金融产品从设计到推出，以及从发行者到投资者需要考虑的因素，启发学生实现金融产品创新需要完成的工作，以及这些工作需要的知识和技术。针对“乌龙指”案例，挖掘其发生的深层次原因，说明我国金融机构自主开发交易系统的重要性和开发系统需要金融工程人才具备的技能。

（3）归纳总结法：结合案例分析和问题结论，归纳出金融工程人才需要具备的知识基础和技术能力，以及金融工程人才未来的就业领域。

四、课程思政实施过程

（1）针对现有学术研究中针对新能源汽车和传统汽车碳排放量大小不一的争论，

从金融工程角度，以发展的眼光理解新能源汽车相比传统汽车在低碳经济发展中的作用，具象化我国可持续发展的理念。具体而言，首先从短期看，从风险分散化角度理解，即使短期内新能源汽车产业链碳排放量高，但其产业链存在地域分散性，可以在短期内改善局部的空气质量；其次从长期看，从科技发展速度、产业链各环节减排技术独立性角度解释新能源汽车碳排放衰减速度会远高于传统汽车，更契合我国可持续发展理念。

（2）结合深圳南山热电股份有限公司（简称“深南电”）与高盛对赌的案例，启发学生换位思考。从深南电角度，结合合约签订时的市场背景，理解深南电的签约动机和签约的心理合理性；并分析案例潜在的风险点和风险管理方案；最后结合我国对中国企业的海外投资在风险管理方面的制度约束，让学生了解我国跨国公司在国外进行风险管理存在的困境，启发学生认识到我国提高商品国际话语权，丰富和发展国内衍生产品市场的必要性。

（3）结合光大证券“乌龙指”案例，说明由于我国量化投资和程序化交易是在股指期货推出之后开始的，其初始的系统购买自国外，然后由国外技术人员结合我国交易机制改进而成，由于交易机制的差异，可能存在量化交易系统的程序黑箱，而这也是导致风险监控系统失控的原因，由此引导学生理解金融工程人才的社会责任，了解为何“金融工具＋技术”才是金融工程，为何金融工程人才需要金融学、数学和计算机信息技术“三条腿”走路，并解释金融工程专业培养方案的课程体系构成。

（4）结合 *Financial Engineering：The Evolution of a Profession* 一书中业界专家绘制的金融工程人才就业规划图表，让学生了解金融工程人才的职业规划。

五、具体教学过程

教学步骤	教学内容	学生活动	设计意图
（13 分钟） （1）教师介绍案例； （2）教师提出互动问题，SPOC 线上互动，设置抢答题目； （3）学生就两种持股计划的差异发表看法；	**金融工程引论** 1 金融工程是什么 **案例 1 法国 R&P 公司的员工持股计划** 教师首先介绍案例背景、案例的初始做法和美国信孚银行的金融工程方案。 案例初始做法：1993 年 1 月，当该公司部分私有化时，法国政府给予员工 10% 的折扣来购买公司股票，公司除了允许在 12 个月之内付款之外，还额外给予了 15% 的折扣。尽管如此，只有不到 20% 的员工参与购买，分配给员工的配额也只认购了 75%。1993 年底，该公司在全面私有化时发现难以进一步推进员工持股。	（1）通过 SPOC“抢答”功能，与学生交流分析两种方案的差异； （2）学生针对教师提出的进一步的情景假设发表自己的观点，让学生主动思考金融工程方案的优势和损益特征	通过案例的学习，让学生学会站在员工的角度看待不同方案的风险和收益，体会金融工程与传统解决方案的更深层次的差异，学习辩证思维和换位思考

续表

教学步骤	教学内容	学生活动	设计意图
（4）教师针对学生观点进行适当拓展，提出情景分析：第二个方案中如果提出者是公司本身会怎样？	美国信孚银行的金融工程方案：员工持股者在未来的4.5年内获得25%的最低收益保证加上2/3的股票超额收益；作为交换，在此期间持股者不可出售股票，但拥有投票权，4.5年后可自由处置股票		
（3分钟） 教师介绍目前新能源汽车和传统汽车碳排放量孰大孰小的问题，新能源汽车是否起到碳减排作用的博弈观点，引导学生从金融工程思维，从风险分散、边际增量、事件概率的独立性等专业角度，运用科学发展的观点解读新能源汽车相对于传统汽车的优势	**案例2 新能源汽车与传统汽车之争** 争议：有研究表明新能源汽车可以降低碳排放量20%，但也有研究表明新能源汽车反而增加碳排放量。 理解政策——金融工程视角： 即使短期内碳排放量增加，因为排放分散化，短期空气质量改善明显——风险分散和转移（类似将500克盐放入一杯水与将500克盐放入一片湖的比较）。 从长期看，新能源汽车减排速度更快，因为减排渠道多元化（电网减排，电能运输损耗降低，汽车电能运用效率提升，电池使用期限延长，科技发展速度大于石油减排技能提升速度）——隐含期权多且相互独立	与教师共同分析，共同思考对争议问题的理解，学习金融工程思维	**思政点：** （1）推进习近平新时代中国特色社会主义思想进课堂，理解我国发展新能源汽车的政策； （2）学习科学发展观，用发展的眼光看待问题
（5分钟） 以2015—2017年我国房价变动和利率变动为背景，引出传统手段无法解决的利率风险管理问题，进一步介绍金融工程的两个解决方案和我国相应工具的发展	**案例3 房贷的利率风险管理** 案例情景：在北京买房，现在是2016年3月，你已经在2015年7月成功获得银行的按揭贷款，当时基准利率是4.85%，在2015年10月24日，贷款基准利率已经降到4.35%的历史低位，但进入2016年后，房地产价格开始暴涨，现在你担心什么？如何规避你担心的风险？ 经过讨论，学生会发现：如果国家提高贷款利率，你无法享受目前的低利率政策，传统手段无法规避这一风险。 那么金融工程给出什么样的解决方案呢？ 方案一：利用利率互换，我国2006年在银行间的市场上已经推出； 方案二：利用利率下限，我国在2020年3月已经推出	学生讨论案例问题的解决方案，教师对于不符合实际情况的解决方案进行纠正，引导学生进一步思考	（1）让学生了解我国房价和利率变动的国情和历史； （2）让学生认识到金融工程创新产品正是为了解决用传统手段无法解决的风险管理问题而推出的，即创新产品、对冲风险； （3）让学生了解我国相应产品的发展情况，做到知国情民情

续表

<table>
<tr><th>教学步骤</th><th>教学内容</th><th>学生活动</th><th>设计意图</th></tr>
<tr><td>（10 分钟）
（1）教师介绍案例的前因后果、案例的涉事方和案例设计的合约条款；
（2）让学生根据合约条款绘制深南电的偿付损益图；
（3）线上互动研讨，学生对合约发表观点；
（4）结合实际数据和后续进展讨论事件的经验和启示</td><td>案例 4 深南电与高盛对赌
以中国企业深南电与高盛集团在新加坡的子公司杰润公司对赌巨亏的案例为例，学习辩证地看问题，既看到金融工程的优势，也看到金融创新产品的风险，并结合当时的市场情景，通过换位思考了解当时企业签约的合理性以及投机性。
最后指出案例中需要解决的问题与金融工程的关系，激发学生的学习兴趣：
在此事件中，你认为深南电到底在哪里出了问题？
（1）名义上是套期保值，是否实现了套期保值？
（2）合约条款是不是公平的？
（3）如何应对极端行情？
在此引出金融工程的定义，以及对定义的解读：
金融工程是综合运用各种工程技术方法（主要有数学建模、数值计算、网络图解、仿真模拟等），设计、开发和实施具有创新意义的金融工具和金融手段，并且对金融问题构造创造性的结构化的解决方案的一门科学。
为各种金融问题提供创造性的解决方案——金融工程的根本目的。
设计、定价与风险管理——金融工程的主要任务。
基础资产与金融衍生产品——金融工程的主要产品工具。
现代金融学理论、工程方法与信息技术——金融工程的主要技术支持。</td><td>（1）图形绘制：让学生自行根据条款绘制图形，了解产品损益结构；
（2）线上互动研讨，通过 SPOC 平台“投票”，了解学生如果站在深南电立场是否会签约的观点，并选择部分学生表达自己的观点和依据；
（3）结合 2008—2010 年合约期间的数据，再次组织学生发表观点和依据；
（4）结合后续事件进展，再次引发学生对后期赔付的思考</td><td>（1）通过借助案例逐步推进的互动思考，启发学生结合市场背景辩证地思考问题，认识到换位思考的重要性；
（2）通过后期赔付额和实际盈亏额的对比让学生了解场外违约的代价，说明诚信的重要性和极端风险管理的重要性；
（3）让学生了解课程的价值，激发学生的学习兴趣；
（4）引出金融工程定义。
思政点：
（1）了解中国国情；
（2）了解中国企业需求；
（3）学会从历史角度看问题</td></tr>
<tr><td>（8 分钟）
（1）结合金融工程的定义介绍金融工程的应用领域和金融工程的职业规划；
（2）举例子：举例说明金融工程的应用领域，以及相关职业的工作内容；
（3）案例分析：针对案例 5，简要分析其设计特点和损益结构；针对案例 6，探讨其产生风险的技术原因——系统照搬国外、黑箱操作风险大，引出从事金融工程工作的技术要求</td><td>2 金融工程干什么
2.1 金融工程的应用领域
介绍金融工程的应用领域和可以解决的实际问题。
2.2 金融工程的职业选择
2.3 金融工程的应用举例
案例 5 金融产品的结构化设计——美国大通银行的结构化存单
对于该案例，解析金融工程分别针对产品发行者和投资者可以解决的问题。
案例 6 金融工程的技术需求——光大证券“乌龙指”
结合案例引出金融工程人才的要求</td><td>聆听教师讲授，共同思考案例启示</td><td>思政点：
（1）引导学生了解专业职业规划；
（2）提升学生的专业人才社会责任感</td></tr>
</table>

续表

教学步骤	教学内容	学生活动	设计意图
（5 分钟） 教师首先介绍学生在本科会学到的金融工程理论和理论的典型应用；其次介绍金融工程的产品工具和技术工具以及金融工程人才需要具备的跨学科技能	3 金融工程怎么干 3.1 金融工程的理论基础 3.2 金融工程的产品工具 3.3 金融工程的技术工具	聆听教师讲授，了解金融工程人才需要掌握的理论和跨学科技能	让学生了解金融工程人才的技能需求
（1 分钟） 小结	（1）总结本章内容； （2）提出本章学习要求	聆听教师讲授，了解本章学习要求	让学生了解本章学习要求

本章参考资料：

Tanya Beder, Cara M Marshall. Financial Engineering: The Evolution of a Profession. Hoboken, New Jersey: John Wiley & Sons, Inc., 2011.

第二节 典型课程思政教学案例

【案例 1】新能源汽车与传统汽车之争

【案例摘要】习近平总书记指出，“绿水青山就是金山银山”。我国为推动构建人类命运共同体，一直在大力推进生态文明建设，其中大力推动新能源汽车产业发展就是其中一项举措，但现有研究对于新能源汽车与传统汽车的碳排放量孰大孰小尚存在争议，如何理解这一争议？如何理解在存在争议的情况下我国仍然在大力推广新能源汽车应用？本案例作为金融工程引论的一部分，针对这一争论问题给出金融工程视角的理解，借此拓展学生专业应用视野，让学生了解金融工程不单单是一种技术方法，也是思维方式的转变，不但可以解决微观问题，也可以新视角解决宏观问题。

【教学目标】

1. 价值目标

（1）理解新能源汽车为何符合习近平总书记倡导的绿色发展理念；

（2）了解金融工程理论学习的价值，提升专业认知度；

（3）理解科学发展观，学习用发展的眼光认识问题。

2. 知识目标

（1）了解金融工程的风险管理方式——风险分散和风险转移；

（2）了解金融工程的理论基础——概率论的应用。

3. 能力目标

（1）锻炼活用专业知识服务实际需求的能力；

（2）用发展的眼光看待问题的辩证思维能力。

【案例知识点】

理解金融工程是什么。

【案例适用课程】

适用于金融工程课程。

【案例详情】

1. 引言

有研究表明，新能源汽车可以有效降低碳排放量，考虑到电力来源不同，在瑞典和法国，新能源汽车的平均碳排放量比汽油汽车低 70%，在英国大约低 30%；但也有研究表明，考虑到新能源汽车产业链的全过程，包括新能源汽车的生产与拆解、电池的生产与报废处理、电力发电与运输等，新能源汽车相对于传统汽车总排放当量反而增加了，因此新能源汽车拯救地球是空话。对这一问题，我们如何看待？

2. 从金融工程视角理解新能源汽车发展

如果我们了解金融工程的理论，从金融工程的视角更容易解释上述存在争议的观点。

首先，从静态角度和短期风险分散看，不可否认，现在如果发电还停留在煤炭发电阶段，新能源汽车短期内有可能确实比传统汽车总耗能更大。但从风险分散和转移的角度看，即使短期内总的碳排放量在增加，由于发电公司、电池制造和处理公司、新能源汽车运营城市等完全可以分散在不同的地区，这就带来排放区域的分散化，短期内对局部地区空气污染的改善明显，而对其他地区空气质量影响甚微。

其次，从动态发展角度，即从长期看，无论是我国还是国际上其他国家，都在致力于探索开发洁净能源，比如瑞典和法国，之所以新能源汽车的平均碳排放量比汽油汽车低 70%，就是因为其大部分电力来自可再生能源和核能。由此我们就可以理解，相对于传统汽车减排过度依赖石油等传统化石能源减排技术的提升而言，新能源汽车减排速度会更快，因为它的减排渠道是多元化的：它可以通过洁净能源改革发电原料从而降低碳排放量，也可以通过材料研发降低电能运输损耗从而降低碳排放量，还可以通过提升电能运用效率、延长电池使用期限、提高电池回收利用技术等降低碳排放量。因此，一方面，新能源汽车减排更依赖新科技的发展速度，而有目共睹的是科技发展速度远远高于传统能源行业减排的速度；另一方面，新能源汽车的几个减排渠道完全可以并行发展，因为三者之间并不存在相互掣肘的关系，用概率的语言解释，就是减排渠道之间相互独立。

因此，总体而言，新能源汽车在碳减排方面具有更多的隐含期权，而这些期权之间相互独立，可以并行执行，因此其短期可能存在劣势，但长期完全符合我们的绿色发展理念。

3. 案例小结

通过这一案例，大家可以看到，我们采用金融工程的辩证思维更容易理解新能源汽车的优势和潜力，从可持续发展的视角更容易理解我国推动新能源汽车应用的政策。

4. 案例参考资料

［1］福布斯：新能源汽车碳排放与传统汽车无异 拯救地球是空话.（2016－04－21）［2023－10－21］. https://newenergy.in-en.com/html/newenergy- 2266915.shtml.

［2］电动汽车碳排放比传统汽车高？权威研究打脸这些迷之想法.（2020－03－24）［2023－10－21］. https://nev.ofweek. com/2020－03/ART－71011－8420－30432842.html.

【案例 2】金融工程创新讨论——法国 R&P 公司的员工持股计划

【案例摘要】芬纳蒂曾对“金融工程”一词这样定义：金融工程包括新型工具与金融手段的设计、开发和实施，以及对金融问题给予创造性的解决。金融工具的运用过程也是进行风险管理的过程，投资者在追求最大利益的同时也会希望风险是最小的。在金融工程中，多样化投资是分散风险的方式之一，而风险转移也是风险管理的重要方式之一。本案例以法国 R&P 公司为实现私有化而实行的员工持股计划为例，分析了在这一计划中体现的金融工程创新，即风险转移和第三方信用担保。学生通过此案例了解金融工程在服务实体经济中的作用，激发创新思维，提高实践能力。

【教学目标】

1. 价值目标

（1）引导学生认识金融工程在服务实体经济中的作用以及应用；

（2）启发学生进行金融创新，培养学生金融创新的职业品格。

2. 知识目标

（1）了解金融工程创新的具体实施过程；

（2）学习不同于传统风险管理的管理方式，理解第三方信用担保的内涵和在实体经济中的应用；

（3）帮助学生更深入地了解金融工程的内涵。

3. 能力目标

（1）具备在实践中结合企业自身情况，合理借助金融工具甚至能够进行工具创新以实现风险管理的能力；

（2）具备根据实际情况进行风险管理，实现风险和收益均衡的能力；

（3）具备应用金融工程知识服务实体经济的能力。

【案例知识点】

（1）风险转移和第三方担保增信的实现；

（2）金融工具风险管理的创新。

【案例适用课程】

适用于金融工程和衍生金融工具课程。

【案例详情】

金融工程的核心在于对新型产品的设计，比如金融工具的创新或复合，其实质在于提高金融市场的效率。企业在自身治理过程中经常会选择使用一些金融产品，或为了管理风险，或为了降低经营成本，如果使用得当，可以实现企业和金融机构的双赢。下面以 1993 年法国 R&P 公司的员工持股计划为案例，分析该公司在私有化过程中所运用到的金融工具以及实现的金融工程创新，探究风险管理方式的多样化。

1. 案例简介

1993 年 1 月，法国政府在对 R&P 公司实施部分私有化时遇到了挫折。按照法国政府的设想，R&P 公司将部分股权出售给员工，一方面可以保护员工的利益，另一方面也可以使他们保持工作积极性，但是员工们对此却反应冷淡。政府和公司决定给予员工 10% 的折扣来购买公司股票，且公司除了允许在 12 个月之内付款之外，还额外给予 15% 的折扣，但只有不到 20% 的员工参与购买，分配给员工的配额也只认购了 75%。这使该公司的管理层对员工未来的工作积极性和人力资源流动情况深感忧虑，而政府和公司又不愿意提供更大的折扣、承担更多的成本来吸引员工购买股权。

到了 1993 年底，该公司在全面私有化时发现难以进一步推进员工持股工作。此次股票的发行数量为 1.03 亿股，其中员工为 880 万股。公司的发行目标是使公司持有未售出股票的成本低以及补贴给员工的折扣尽可能少。因此，该公司与政府就三种替代方案（见表 2－1）进行了谈判。

表 2－1　　三种替代方案

	方案一	方案二	方案三
折扣	20%	20%	无
送股	每购买 25 股送 1 股，超过 25 股每购买 5 股送 1 股	无	每购买 5 股送 1 股
延期支付	（1）发行初始支付折扣价的 30%，6 个月后支付 30%，第一年结束时支付余额。 （2）33 个月内分期月供。 （3）立即支付 50%，三年后再支付 50%	（1）第一年末缴纳 20%，第二年末缴纳 20%，第三年末缴纳余额。 （2）33 个月内每月还款	立即支付
行政费用	公司支付	员工支付	员工支付

如果接下来发行的股票被员工超额认购，那么政府和企业就此已经达成共识：优先考虑根据替代方案一进行购买。但他们仍担心激励措施力度不够，员工会不愿承

担持有股票的风险，并因此需要更大的折扣优惠，而政府和公司不愿再提供更大的折扣。

后来，美国信孚银行提出了一个金融工程解决方案：在20%折扣的基础上，不免费送股，但增加抵押贷款融资优惠，即无权获得免费股票的这些员工可以通过银行贷款获得融资，从而能够加杠杆购买股票。他们每用自己的钱购买1股股票，银行就会借给他们足够的资金来购买额外的9股股票（总共最多500股）。作为贷款的抵押品，这些员工将把10股股票全部存入银行。从形式上讲，这些股票将通过一个免税的联合信托账户持有，该账户被称为“企业共同投资基金”。在接下来的4.5年，也就是这个替代方案的持股期，员工将不能出售股份，除非在特殊情况下。在此期间，股票的股息和税收抵免也将存入此“企业共同投资基金”，在4.5年的期限结束之前，员工将无法使用这些资金。不过员工也不需要向融资股票的银行支付任何现金利息，他们将保留股份的投票权，直至期满后偿还贷款。此外，员工也被给予了两份保证：第一，保证员工持有的股票在未来的4.5年内获得25%的收益率；第二，员工可以获得未来股票在二级市场上价格上涨带来的超额收益的2/3，另外1/3归信孚银行所有。作为交换，在此期间持股者不可出售股票，但拥有投票权，并且在4.5年后可自由处置股票。

员工可以获得的具体收益率为$25\% + 2/3 \times \max(R_{4.5} - 25\%, 0)$，如图2-1所示。

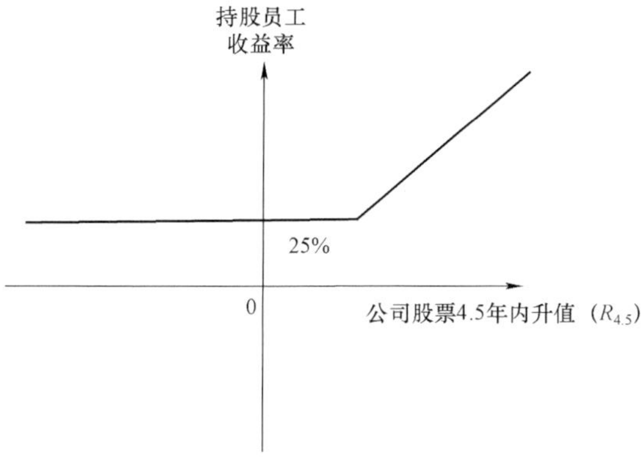

图2-1　持股员工收益率（单位：%）

2. 案例讨论

该案例美国信孚银行的方案和R&P公司的折扣销售有何不同？

（1）将折扣改为未来保底收益，迎合了投资者的心理偏好，同时政府和公司也没有承担更高的成本，三方的需求均得到了满足。

（2）增加美国信孚银行作为收益的第三方担保，降低了公司本身的信用风险对于公司员工收益的影响，同时美国信孚银行拥有更专业的风险管理团队，起到了信用风险转移和信用增信的效果。

3. 案例小结

风险转移是金融工程进行风险管理创新的重要方式之一，很多衍生品的创新如利率互换、货币互换、信用违约互换、期权等都具有风险转移的作用，而第三方担保也是目前常用的信用增信方式，被广泛应用于债务融资中，如我国的资产证券化、地方债、担保公司债等大部分都存在第三方担保条款，产业链金融、供应链金融其实也是通过龙头企业增信来提升中小企业的融资能力。金融工程的这种解决问题的方式是仅靠投资分散化做不到的，活用金融工程的创新思维往往可以为金融问题的解决开辟出新的路径。

4. 案例参考资料

［1］冯建芬，邓军，聂晶，余湄，周荣喜，谢海滨，对外经济贸易大学“金融工程概论”慕课. https://www.icourse163.org/course/UIBE－1206446827？from＝searchPage，2019.

［2］Collat Donald S, Tufano P. The Privatization of Rhone-Poulenc—1993.［2024－09－29］1994. Working paper. https://store.hbr.org/product/privatization-of-rhone-poulenc-1993/295049?sku=295049-HCB-ENG.

【案例 3】馅饼与陷阱——深南电与高盛对赌

【案例摘要】公司选择金融衍生产品的初衷一般都是套期保值，但有时会不可避免地陷入投机陷阱，脱离了避险本意。那么，企业在进行套期保值的时候应该注意什么？应该怎样选择套期保值产品呢？对赌协议作为一种期权合约，为公司财务提供了衍生工具选择，使用得当可以有效避免风险，使用不当则会面临巨大风险。本案例以深南电（全称为“深圳南山热电股份有限公司”）与高盛全资子公司杰润之间的一份对赌协议为例，分析这份对赌协议的风险所在，探讨企业套期保值的注意事项。通过总结此案例的教训，引导学生进一步认识套期保值的内涵，提高学生的风险防范意识。

【教学目标】

1. 价值目标

引导学生关注金融活动，增强风险防范意识，培养职业行为习惯。

2. 知识目标

（1）了解期权合约在企业管理风险中的具体实施过程；

（2）认识期权合约在套期保值策略中的利与弊；

（3）帮助学生了解对赌协议即期权合约的具体内容和行使条件；

（4）帮助学生认识到套期保值的内涵，区别投机行为。

3. 能力目标

（1）具备在现实经济活动中，结合实际需求选择合适的套期保值工具的实践能力；

（2）具备在分析实际套期保值案例时对期权合约的设计合理性以及可能存在的风险进行客观分析的能力；

（3）具备在现实套期保值过程中的风险防范能力。

【案例知识点】

（1）期权合约的风险和收益；

（2）套期保值产品的选择。

【案例适用课程】

适用于金融工程和衍生金融工具课程。

【案例详情】

企业利用如期权合约这样的金融衍生产品一方面可以实现套期保值，另一方面也容易促使投机行为的产生，尤其是像场外交易这种产品，它没有标准的合约，受到的监管程度低，往往是交易双方私下的协定，这就使其中一方很容易脱离套期保值的初衷，谋求投机利润，结果遭遇了风险，面临巨额损失。下面以深南电与高盛之间的对赌为案例，分析造成最终结果的原因，并探究如何进行套期保值，提高风险管理意识。

1. 案例简介

2008 年 10 月 17 日，中国证券监督委员会向深南电公司下发《关于责令深圳南山热电股份有限公司限期整改的通知》，指出深南电在 2008 年 3 月 12 日与美国高盛集团有限公司全资子公司杰润（新加坡）(J.Aron）私营公司（下称“杰润”）签订的期权合约未按规定履行决策程序，未按规定及时履行信息披露义务及涉嫌违反国家法律、法规的强制性规定，并以此要求深南电限期整改。与此同时，油价已跌至 70 美元/桶以下，按照此前双方签订的合约，若此时油价继续下跌，深南电将必须开始向杰润支付巨额资金。11 月 6 日及 10 日，高盛杰润与深南电分别声称对方违约，以各自不同的原因终止原先的确认书及交易。2009 年 12 月 29 日，深南电发布重大事项进展公告。该公告称，自合约终止后，高盛杰润来函表示双方并未达成和解，要求公司立即支付因公司违约而给高盛杰润造成的损失 7 996.29 万美元以及产生的 373.70 万美元的利息，共计 8 369.99 万美元，可分 13 期免息付款，仅支付 7 996.29 万美元，折合人民币 5.72 亿元。这笔巨额费用超出了深南电前三季度净利润的 2 倍多。深南电面临巨额亏损的境地，还要缘于与高盛杰润签订的期权合约。

（1）对赌内容。这份期权合约包含两份确认书：

第一份确认书（2008 年 3 月 3 日—2008 年 12 月 31 日）：

① 当原油浮动价（每个决定期限内纽约商品交易所当月轻质原油期货合约的收市结算价的算术平均数）高于 63.5 美元/桶时，深南电每月可获 30 万美元的收益（20 万桶 × 1.5 美元/桶）

② 当浮动价低于 63.5 美元/桶，且高于 62 美元/桶时，深南电每月可得（浮动价 – 62 美元/桶）× 20 万桶的收益；

③ 当浮动价低于 62 美元/桶时，深南电每月则需向杰润公司支付与（62 美元/桶 – 浮动价）× 40 万桶等额的美元。

第二份确认书（2009 年 1 月 1 日—2010 年 12 月 30 日）表明杰润在 2008 年 12 月

30 日 18 点前，有是否执行该期权的选择。

① 当原油浮动价高于 66.5 美元/桶时，公司每月可获 34 万美元的收益（20 万桶×1.7 美元/桶）；

② 浮动价高于 64.8 美元/桶，低于 66.5 美元/桶时，深南电每月可获（浮动价－64.8 美元/桶）×20 万桶的收益；浮动价低于 64.8 美元/桶时，深南电每月需要向杰润支付与（64.8 美元/桶－浮动价）×40 万桶等额的美元。

（2）对赌结果。2008 年 7 月中旬，国际油价到达了 147.18 美元/桶的历史高点，之后急转直下。10 月下旬，国际油价已经逼近了深南电与高盛杰润的协议价格 62 美元/桶，而深南电前三个季度的利润总共才 800 多万美元。2008 年 10 月，深圳证监局认定深南电与高盛杰润在签订期权对赌协议时未及时披露信息，涉嫌违法，下令其取消石油对赌协议。2008 年 11 月 6 日，纽约商业交易所（NYMEX）原油的价格由开盘时的 65.02 美元/桶跌至收盘时的 60.77 美元/桶，执行价 62 美元/桶的盈亏平衡点被攻破。11 月 6 日，高盛杰润公告表示，深南电 2008 年 10 月 21 日的公告及 10 月 29 日会议中的表态均表明公司有意不履行第一份确认书和第二份确认书项下的交易，由此认为深南电违约并宣布终止交易，交易项下的所有义务予以解除。4 天后，深南电复函高盛杰润，表示公司从未作出无意继续履行交易的表示，并认为高盛杰润拒绝支付第一份确认书项下 10 月份应付公司款项及明确终止交易的来函，构成违约行为，宣布终止交易，确认书和交易项下的所有义务被解除。同时，深南电主张鉴于第二份确认书被高盛杰润终止时，高盛杰润未行使要求深南电履行第二份确认书的选择权，这表明高盛杰润已放弃或丧失了该选择权，因此，第二份确认书对公司已不再具有任何约束力。

2. 案例讨论

（1）分析两份确认书所确定的两份期权的损益情况（见图 2－2），在确认书中是否存在明显的陷阱？

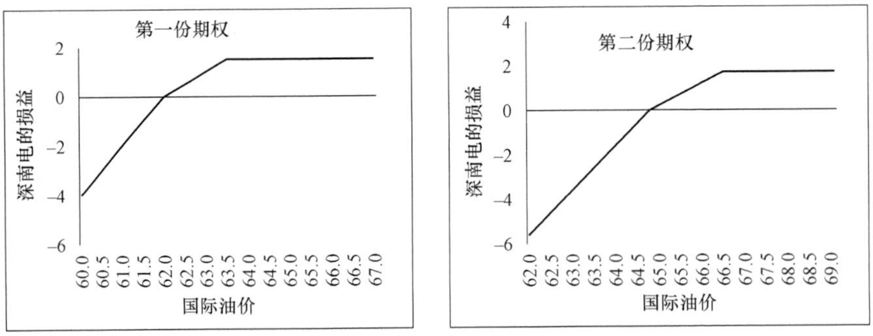

图 2－2　深南电的损益概况（单位：美元/桶）

在两份期权损益中可以发现，对于深南电来说，该期权的收益是有限的，在油价上涨到 63.5 美元/桶后，深南电能得到的仅为 1.5 美元/桶，极为有限，但当油价下降至 62 美元/桶以下时，损失可以增至石油价值为 0 时的－62 美元/桶。显然，深南电缺乏止损机制。更大的问题在于第二份期权，第二份期权看似与第一份没有太大差别，但实际上，这份期权是否生效取决于高盛杰润，是建立在第一份期权上的复合期权。相当于在签订第一份期权的同时，深南电“免费赠送”了高盛杰润一份期权合约，高盛杰润由此付出的就是第一份期权相对当时石油价格 108 美元/桶较低的执行价。如果在 2008 年 12 月 30 日，石油价格下降至执行价附近并有继续下跌的可能时，高盛杰润就会选择让第二份合约生效，很显然只有原油价格朝着对高盛杰润有利的方向走时，这份期权才可以执行。

（2）你认为深南电是出于什么原因与高盛杰润签订了合约？

深南电起初的动机就是套期保值，但是由于对利益的追寻以及对风险认识不足，变成了一种投机行为。据深南电 2007 年年报数据，当年综合发电量 53 亿千瓦时，据分析，深南电燃油发电每千瓦消耗原油大约 200 克，据此推算，全年发电量需要耗油 784 万桶，即使扣除 10.5 亿千瓦时的天然气发电量，也需要耗油 629 万桶。而深南电和高盛杰润签订的期权合约最大头寸每年 480 万桶，完全涵盖公司正常原油需求。其年报也提到公司要通过套期保值来控制燃油成本，这么来看，最初的动机就是套期保值。高盛杰润极具诱惑力的条款使得深南电走上了投机之路。套期保值的本意只是为了控制价格上涨的风险，而通过期货、期权等衍生产品将成本控制在一定范围内，可以起到规避风险的作用。然而，深南电看到这份协议后，却想通过期权得到收益。从期权损益情况来看，这份期权收益有限但风险无限，这已经违背了套期保值最初的目的。深南电只是主观预计油价不会跌到 62 美元/桶，因此想从期权中获取高于执行价的收益，而牺牲了对风险的控制。

（3）对于套期保值，你有什么认识和启发？

① 套期保值是为了控制风险，而非赚钱盈利，企业在套期保值过程中要加强风险控制。企业进行套期保值时应当时刻以规避风险为主要目的，而不能因为贪婪以及过度自信选择不合适的衍生工具放大风险。企业应建立良好的风控体系，合理准确评估资产的风险及收益。

② 尽量选择简单的衍生工具以及标准化的合约。套期保值的意义就在于规避风险，在价格上涨时买入期货或者看涨期权锁定成本，在价格下降时卖出期货或者买入看跌期权锁定收益。标准化的场内合约更加公平，能减少信息不对称的情况，能够通过逐日盯市以及监管降低违约风险。复杂衍生产品难以测量其中的风险和价值，容易对其判断不足导致损失。选择简单衍生工具能够减少由于对合约及衍生工具认识不足造成的选择失误，更准确地把握风险和收益。

③ 预测标的资产价格需要结合国际形势的现状。在本案例中，2008 年正值美国次贷危机逐渐暴露之时，在未来形势不明确时，深南电签订 10 个月的合约过于冒险。显然，如果未来危机爆发，资金会从资本市场流向石油等大宗商品市场，石油价格波动将会更加频繁。的确，次贷危机爆发后，石油产出国由于财政紧张而加大石油供给，

但是经过次贷危机后，各国都大伤元气，经济出现衰退，石油需求下降，导致了石油价格暴跌。高盛杰润可能看到次贷危机带来的不确定性而与深南电对赌，深南电却未曾关注这一点。

3. 案例小结

企业在选择金融衍生产品进行风险管理以达到套期保值目的时，应该具有风险防范意识，对金融衍生工具的杠杆性、复杂性和风险性有充足的认识。若达不到专业要求，应尽量选择简单且标准化的合约，不能盲目追求投机利润，应充分衡量风险与收益。

4. 案例参考资料

［1］冯建芬，邓军，聂晶，余湄，周荣喜，谢海滨．对外经济贸易大学“金融工程概论”慕课．https://www.icourse163.org/course/UIBE－1206446827？ from＝searchPage，2019.

［2］刘洪渭，张玉明，等．深南电对赌高盛案例．2011．http://www.cmcc-dlut.cn/Cases/Detail/71.

【案例 4】光大证券“乌龙指”

【案例摘要】不具备过硬技术和风险监控系统的程序化交易在提高交易效率的同时也提高了交易风险，由于操作风险和风险监控系统紊乱，2013 年 8 月的光大证券程序化交易引致了巨额成交订单，引发我国股票市场震荡，导致了市场操作的违规行为。本案例详细分析这一事件的过程，以引导学生理解金融工程人才的社会责任，了解金融工程人才的知识和能力要求。

【教学目标】

1. 价值目标

（1）帮助学生提升金融工程职业素养；

（2）提升学生进行金融市场实践的风险管理意识。

2. 知识目标

（1）了解程序化交易的概念；

（2）了解操作风险和内幕交易的概念；

（3）了解成为金融工程人才的知识和技能要求。

3. 能力目标

（1）对各种金融工程工具的使用具备未雨绸缪的风险认知；

（2）对于具有黑箱隐患的外来系统或平台具备风险识别能力。

【案例知识点】

（1）程序化交易与风险监控；

（2）操作风险与内幕交易。

【案例适用课程】

适用于金融工程课程。

【案例详情】

2013 年 8 月 16 日，上证综指发生惊天波动，在短短的几十秒内，多只大盘权重股股价被拉升至涨停，上证综指突然间涨幅达到 5.96%，后又迅速回落，原因竟然只是光大证券公司程序化交易系统出了问题，具体情况如何呢？

1. 案例简介

2013 年 8 月 16 日，光大证券公司策略投资部按计划开展 ETF 套利交易①，部门核定的交易员当日现货交易额度为 8 000 万元，并在交易开始前由审核人员进行了 8 000 万元的额度设定。

上午 9 点 41 分，交易员分析判断 180ETF 出现套利机会，及时通过套利策略订单生成系统发出第一组买入 180ETF 成分股的订单（即 177 笔委托，委托金额合计不超过 200 万元）。

10 点 13 分，交易员发出第二组买入部分 180ETF 成分股的订单（即 102 笔委托，委托金额合计不超过 150 万元）。

11 点 02 分，交易员发出第三组买入 180ETF 成分股的订单（即 177 笔委托，委托金额合计不超过 200 万元）。

这三组订单从理论上而言不超过 550 万元，而上海证券交易所一天的交易量可以达到近千亿元，但就是这不足 550 万元的订单，导致中国石化率先大幅上涨，工商银行秒触涨停，光大银行、中国银行、金地集团等上证 50 指数 33 只股票秒封涨停。

到 11 点 06 分，上证综指亦开始飙升，在不到 1 分钟时间内，飙升逾 100 点，最高冲至 2 198.85 点。沪深 300 指数成分股中，总共 71 只股票瞬间触及涨停，涨停个股多为金融、交运设备、公用事业，其中 22 只金融股触及涨停。

11 点 07 分，光大证券交易员通过系统监控模块发现成交金额异常，同时，接到上海证券交易所的问询电话，迅速批量撤单，并终止套利策略订单生成系统的运行，同时启动核查流程并报告部门领导。

截至 11 点 30 分收盘，此次套利交易股票成交金额约为 72.7 亿元，为了对冲股票持仓风险，光大证券开始卖出股指期货 IF1309 空头合约，累计用于对冲而卖出的股指期货 IF1309 空头合约共 253 张。下午卖出 IF1309、IF1312 空头合约分别为 6 727 张和 150 张，全天用于对冲而新增的股指期货空头合约总计为 7 130 张。

经初步核查，本次事件发生的原因主要是光大证券套利策略系统出现了问题，3 000 万股错写成 3 000 万手，造成系统程序紊乱。所使用的策略交易系统以 234 亿元的巨量资金申购 180ETF 成分股，实际成交 72.7 亿元，这意味着几个小时 3 组交易订单成交了

① ETF 套利交易是指利用 ETF 基金和 ETF 成分股之间的一买一卖进行套利的交易活动。

一天市场总交易量的近 10%，而提交的订单量超过一天市场总交易量的 1/4！

针对此次事件，中国证监会予以处罚：定性为内幕交易，相关决策责任人终身禁入证券市场，并没收光大证券非法所得 8 721 万元，并处以 5 倍罚款，共计 52 328 万元。

2. 案例讨论

（1）光大证券为何通过程序化交易系统进行 ETF 套利交易呢？

解析：很多套利活动需要大量的资金买卖来完成，用大的资金基数博取小的套利空间内的绝对现金收益，因此手动操作必然存在成交时间长、大额交易带来市场冲击成本高的特点。而程序化交易可以针对总的订单需求进行自动拆单操作，将大额交易拆分成小额订单，并通过市价指令自动提交订单，既可以隐藏交易动机和套利行为，还可以提升成交效率，这也是程序化交易兴起的原因。当然，程序化交易在流动性强的市场可以提升市场的流动性和市场效率，在流动性差的市场或者程序化系统不完善时也可能带来市场的异常波动，此次光大证券的案例就是代表。

（2）为何交易前系统明明设置了 8 000 万元的交易额度，最后却能够提交 324 亿元的订单？

解析：很显然，由于操作失误，交易员误将 3 000 万股写为 3 000 万手，导致实际提交订单金额从不足 550 万元提升至 5.5 亿元，而 5.5 亿元很显然超出了 8 000 万元的交易额度，这是典型的对系统参数认识不足，操作不当造成的操作风险。操作风险是导火索，系统漏洞则是直接原因，因为虽然设置了交易限额，但系统没有预警，说明光大证券的程序化交易系统本身存在风险管控的漏洞，而未知的程序漏洞就是一个黑箱错误，自然之后的操作也就不会按照既定的目标运行，也就产生了程序紊乱。这类似于计算机编程无意间编制了死循环的程序，本意希望其运行 1 000 遍，但死循环是没有退出机制的无限循环，实际可能运行上亿次，直至计算机内存不足宕机。而之所以产生这样的风险管理漏洞，是因为我国股指期货在 2010 年才上市，因此程序化交易就是在 2010 年之后出现的新事物，很多国内机构直接引进了国外的程序化交易系统，然后针对国内的交易机制加以调整，因此系统程序对于公司技术部门而言也是黑箱，调整过程中可能出现的漏洞（Bug）就存在未知性，因此使得风险管理系统形同虚设。所以，我们说金融工程仅仅有金融工具是不够的，金融工具 + 技术才是金融工程人才必备的素质，是否可以开发出行之有效的、适用于我国市场的程序化交易系统则是金融工程人才的责任之一。

（3）光大证券股指期货的头寸方向和数量是如何确定的？

解析：光大证券进行 180ETF 套利很明显是买入成分股，因此导致几十只大盘股涨停，而在后续未成交订单撤单后，这些成分股就没有了那么大的买方压力，价格必然回归合理区间，因此光大证券的建仓成本较高，而在股价下跌时，指数必然下跌，因此，此时做空股指期货可以在指数下跌时获利，因此光大证券卖出了沪深 300 股指期货 7 130 手，按照当日沪深 300 股指期货当月合约收盘价 2 330 点计算，合计 $2\,330 \times 7\,130 \times 300 \approx 49.8$ 亿元。当然这里还有一些问题，比如为何光大证券能够一天交易那么多手股指期货头寸，准确的套期保值比率是如何计算的，这都是后续课程会讲到的内容。

（4）明明是程序化交易系统紊乱导致的交易行为，为何被定义为内幕交易呢？

其实并不是光大证券“乌龙指”事件中股票交易行为被定为内幕交易。何为内幕交易？我国《证券法》第五十三条第一款规定：“证券交易内幕信息的知情人和非法获取内幕信息的人，在内幕信息公开前，不得买卖该公司的证券，或者泄漏该信息，或者建议他人买卖该证券。”中国证监会相关人士表示：“事发后至午市收盘前 25 分钟内，光大的对冲交易不认定为内幕交易，因为这段时间内是由交易员完成的。但公司查明原因后经集体决策，午盘开盘后至其公开披露已查清原因前的这段时间，继续所做的卖空交易，属于内幕交易。”

根据上述分析，其上午的程序化交易行为和对冲行为并非内幕交易，但在下午开市前，在信息没有披露的情况下继续卖空交易，代表使用了其掌握而公众未知的信息进行交易获利，因此被定义为内幕交易。由此可见，任何交易行为必须在了解交易规则的情况下进行。

3. 案例小结

光大证券“乌龙指”事件说明，光大证券除了对操作风险疏于管理外，程序化交易系统本身的技术故障导致的风控缺失也是重要的因素，所以金融工程不是创新足够丰富的工具就够了，金融工具的创新思维和金融量化技术都是金融工程人才必备的技能，因此我们经常说金融工程是“金融理论＋数学＋计算机技术”的交叉性学科。

4. 案例参考资料

8·16 光大证券乌龙指事件，百度百科。https://baike.baidu.com/item/8%C2%B716%E5%85%89%E5%A4%A7%E8%AF%81%E5%88%B8%E4%B9%8C%E9%BE%99%E6%8C%87%E4%BA%8B%E4%BB%B6/9509216?fr=ge_ala。

第三章

金融衍生产品市场发展简介

第一节　教 学 设 计

一、总体设计

1. 基本信息

课程名称：金融工程

知 识 点：金融衍生产品市场发展简介

授课时间：第 1 周（线下 90 分钟）

2. 学情分析

（1）在上一章，学生已经了解了金融工程的定义、作用和工具，本章首先详细介绍金融工程的产品工具。

（2）学生已经在其他先修课程中学习了基础现券资产如股票、债券、基金、外汇、指数等，但对于金融工程的核心工具——衍生工具知之甚少。

（3）金融工程的定价理论和风险管理工具重点围绕衍生工具展开，故本章产品工具着重在衍生工具，介绍衍生工具的定义、特点、市场功能、基本分类以及各类之间的区别和联系，并介绍衍生工具的世界发展和在我国境内发展的动因和现状。

3. 教学思路

金融衍生产品是金融工程的重要工具和量化对象，后续章节会针对本章介绍的远期、期货、期权和互换分别就市场、交易机制、定价、交易策略以及套期保值应用等展开学习，因此本章首先对金融衍生产品及其市场发展进行总体介绍，让学生了解金融衍生产品的定义、分类、共同特征、市场参与者以及市场功能，并进一步从风险管理需求角度，结合丰富的案例和数据资料从全球和我国两个层面学习金融衍生产品发展的历史，让学生知世情国情，纠正学生对金融衍生产品的认知偏差，端正学习态度，激发其学习积极性。

教学将采取线上、线下相结合的方式进行。对于金融衍生产品的定义与特点在线下授课完成，通过课堂互动讨论，加深学生对于重点概念和重点知识的理解，对于衍生产品的世界发展历史部分，结合“金融工程概论”慕课完成，增加讲授内容的生动性和鲜活性，而对于衍生产品的国内发展部分则线上线下结合，结合我国最新的发展情况，更新教学内容，保证教学内容的时效性。

4. 主要内容

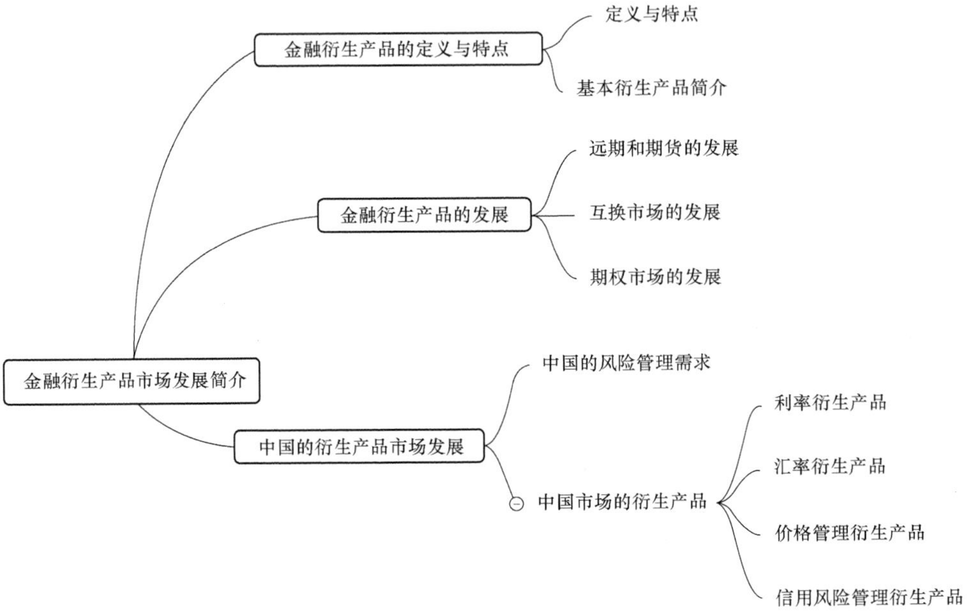

二、教学目标

1. 思政目标

（1）了解我国风险管理需求的国情民情；

（2）了解中国衍生产品市场发展的国情；

（3）用发展的眼光正确认识我国衍生产品市场，坚定“四个自信”；

（4）了解我国衍生产品市场相关政策。

2. 知识目标

要求记忆的内容：

（1）金融衍生工具的定义；

（2）金融衍生工具的分类；

（3）基本的衍生工具定义；

（4）我国衍生产品的推出情况及交易场所。

需要理解的内容：

（1）金融衍生工具的特点：远期交易、杠杆性、可交易性、零和博弈、无发行方；

（2）衍生工具市场各类参与者的特征和在市场中的作用；

（3）金融衍生工具的价格发现作用。

能够应用的内容：

（1）能够运用金融衍生工具作用解释金融衍生工具的特点和存在的合理性；

（2）能够向非专业人士客观解释衍生产品的正确运用方式，推动衍生产品的合理使用；

（3）能够结合四类基本衍生工具的区别和联系，判别市场中衍生产品的种类；

（4）能够用发展的眼光正确认识我国衍生产品市场的发展。

3. 能力目标

（1）提升学生看待问题的辩证思维能力；

（2）提升学生自主学习能力；

（3）提升学生独立思考和辨伪存真能力。

三、教学重点和难点

1. 教学重点

（1）金融衍生工具定义和特点；

（2）我国衍生产品市场现状；

（3）四类基本衍生工具的定义、区别和联系。

2. 教学重点突出方法：线上学习与线下讲授结合，举例法，对比分析法，数据分析法，借助金融资讯等权威平台摆事实讲道理

（1）线上学习与线下讲授相结合：课前布置线上教学视频学习任务，课后进行线上章节知识检测，课中进行核心知识点的研讨和实践教学。

（2）举例法：针对“远期交易”等学生不容易理解的知识点，通过列举生活实例，让概念更形象、更具体。

（3）对比分析法：与股票、债券等学生已经了解的现券交易进行对比分析，更清晰地理解衍生工具无发行方和零和博弈的特点；对四类衍生工具结合定义进行对比分析，探讨四者的联系与区别。

（4）数据分析法：使用我国真实的利率、汇率、股价、商品价格以及债券违约等历史数据绘制统计图形，形象地展示我国企业、机构以及个体投资者面临的风险加大的市场环境。

（5）摆事实讲道理：使用金融资讯终端让学生自主查询我国已经推出的场内交易衍生品种，指导学生登录中国外汇交易中心、大连商品交易所等官方网站，查阅我国的场外衍生产品及其交易情况，用市场事实说话，增强教学内容的时效性和权威性。

3. 教学难点

（1）如何理解衍生工具的价格发现作用；

（2）如何正确理解不同参与者的市场作用；

（3）理解衍生工具为何都具有高杠杆特征。

4. 教学难点的解决方法：情景分析法，文献论证法，对比分析法，案例分析法，归纳总结法

（1）情景分析法：针对重大事件爆发引起的期货和现货市场异动，分析如何理解“期货下跌引起现货下跌”的错误观点，借此解释何为“价格发现”。

（2）文献论证法：结合公开发表的文献的观点进一步佐证价格发现作用的真实含义。

（3）对比分析法：结合四类参与者的定义和任务，对比分析四者对市场运行的不同作用。

（4）案例分析法：以美国大农业生产、期货交易机制变化为例，展示期货、远期发展给企业运营带来的改变。

（5）归纳总结法：结合案例分析和问题结论，归纳出不同衍生工具发展的意义。

四、课程思政实施过程

（1）通过金融资讯终端、中国货币网、中国人民银行网站下载数据，绘制真实数据图表，展现我国定期存款利率调整历史、SHIBOR 隔夜拆借利率变动数据、人民币汇率变动数据、股票指数波动数据、我国两次大豆危机事件、国际原油价格为负事件、债券违约数据、银行违约事件等，让学生了解我国面临的利率风险、汇率风险、价格风险和信用风险的历史发展，并结合我国的利率市场化政策发展进程、汇率制度改革历史、银行资本政策、刚性兑付政策变动等国家政策改革进程，引导学生从风险管理视角理解我国衍生产品市场发展的需求以及现状，理解衍生产品发展的必要性和重要性。

（2）进一步结合金融资讯终端、中国货币网、中国人民银行网站的实时资源，对应上述利率风险、汇率风险、价格风险和信用风险，展现我国场内外衍生工具市场的最新发展和政策进展，并通过包商银行破产案例，让学生了解我国的存款保险制度为银行破产起到的储户保护作用，由此通过风险与管理工具的对应让学生能够真实感受到风险管理是我国推出衍生工具的主要目标，并通过最新进展展现我国衍生工具市场的繁荣发展趋势，让学生用发展的眼光正确认识我国衍生产品市场，坚定“四个自信”。

五、具体教学过程

教学步骤	教学内容	学生活动	设计意图
（20分钟） 本部分内容在线下课堂进行讲授，并结合线上平台进行师生互动。 (1) 对比“衍生”的化学概念引出金融概念； (2) 结合定义解释衍生工具常见的共性要素； (3) 根据不同分类标准介绍衍生工具的分类； (4) 解释什么是场内交易，什么是场外交易，我国有哪些衍生产品的场内交易场所，并提醒学生在实践中选择正规交易所的重要性； (5) 举例介绍衍生产品的基本特点； (6) 对比分析套利者、投机者、套保者和做市商等不同参与者的含义和市场作用以及四者的关联性； (7) 结合已有研究研讨衍生产品的市场功能，尤其是对价格发现功能的理解	**金融衍生产品市场发展简介** 1 金融衍生产品的定义与特点 学习：金融衍生产品的定义；以我国黄大豆 2 号期货为例介绍衍生产品的合约要素；从产品形态、标的资产种类、交易场所三个方面介绍衍生产品的分类；结合预订酒店和预订机票的差异学习衍生产品的特点；金融衍生产品市场的四类参与者及其市场作用；金融衍生产品的市场功能	(1) 聆听教师讲授，主动跟随思考； (2) 对于衍生工具具有的“远期交易”特点，针对“订酒店”和“订机票”哪种是远期交易，通过线上“投票”发表观点，并进行课堂交流； (3) 针对教师提问“我国有哪些场内交易场所”进行抢答； (4) 针对衍生工具为何具有高杠杆性，结合购买保险与资产投资的交易者心理差异进行分析和理解	(1) 先总后分，让学生从总体上了解衍生产品； (2) 通过金融衍生产品与基础金融产品、保险产品的对比，深刻理解金融衍生产品的特点； (3) 通过提问，考查学生对于我国金融市场和金融衍生产品市场的了解程度，提升学生对国情的认知； (4) 结合学生生活的实际案例进行互动和分析，让学生更生动具体地理解“远期交易”的特征
（5分钟） 通过对比分析法，分别介绍远期、期货、互换、期权的定义，风险管理特点，发展的动机和四者间的关联性	按顺序介绍：远期合约的定义、实践作用、到期损益、优势和不足；通过远期合约的不足引出期货如何改进远期的不足，进而介绍期货的定义、分类和风险管理特点；针对远期和期货只能管理一个时间点风险的特点引出互换，介绍互换的定义和风险管理特点；总结远期、期货、互换共同的不足——线性风险管理，引出期权，介绍期权的定义和特点	(1) 聆听教师讲授，主动跟随思考； (2) 结合教师提示，绘制远期合约到期损益公式和损益图	让学生从整体角度了解四种基本衍生产品的关联和差异

续表

教学步骤	教学内容	学生活动	设计意图
（3 分钟） （1）线上 Mooc 教学，教师在课堂上布置线上学习任务，并指明本部分内容的教学重点和教学目标，并针对线上学习任务布置线上测验任务，督促学生在规定日期前完成学习； （2）学生在完成任务前有任何疑问，教师通过课程微信群进行实时答疑	2 衍生工具的发展 2.1 远期与期货的发展 结合美国农产品远期的发展历史和期货发展历史，介绍远期和期货的世界发展，并结合交易流程说明发展远期和期货带来的生产模式改变。 2.2 互换市场的发展 结合 20 世纪 70 年代外汇管制背景，通过跨国公司融资的示例展示互换发展的作用，并学习平行贷款、背靠背贷款的差异及其互换的关系。 2.3 期权市场的发展 结合荷兰郁金香事件、美国期权发展史等案例介绍期权市场发展	通过 SPOC 平台“金融工程学”翻转课堂，学习教师指定的教学视频和课件资料，完成本部分内容的线上测验	（1）提升学生的自主学习能力和持续学习能力； （2）打造专业金课，提升课堂内容的含金量，最大化发挥课堂教学和线上教学的作用
（15 分钟） （1）教师以经济全球化给我国实体经济带来的不确定性增加为背景，引出我国面临的各个风险的内容； （2）结合我国企业和金融机构面临的利率波动、汇率波动、价格波动、债券违约风险、银行破产风险等数据，了解我国的风险管理需求，用真实数据、我国政策改革历史和时事报道等让学生真实感受到身边的风险冲击	3 中国的衍生产品市场发展 3.1 中国的风险管理需求 （1）结合我国定期存款利率变动、SHIBOR 隔夜拆借利率变动展现利率风险，然后介绍我国利率市场化的时间线，借此说明 2015 年 10 月之后不再更新定存基准的原因，然后结合业界报告展示利率市场化给银行带来的盈利挑战； （2）结合我国 2005 年汇率改革，展示我国 2005 年至今的汇率波动情况，并结合新闻报道展示汇率波动对进出口企业的影响； （3）结合我国两次大豆危机事件的不同结局、2020 年原油价格为负事件了解企业和国家面临的价格风险和风险管理的必要性； （4）结合“11 超日债”“15 雨润 CP001”“14 富贵鸟”违约以及 2014 年以来我国债券违约统计数据，展示刚性兑付被打破后投资者面临的债券违约风险，结合包商银行破产了解银行的违约风险	聆听教师讲授，对于较为轰动的事件发表看法，与教师互动，提升学习积极性和主动思考能力	**思政点：** （1）通过真实的案例、丰富的客观数据、震撼的实时报道，让学生了解我国实体经济、金融市场、实体企业面临的风险和挑战，认识在我国发展衍生工具的必要性和重要性，理解衍生产品时代到来的原因； （2）了解我国的利率市场化政策、汇率改革政策等
（45 分钟） （1）教师分别针对利率风险、汇率风险、价格风险、信用风险介绍我国衍生工具的推出进程和发展历史；	3.2 中国市场的衍生产品 （1）结合我国利率市场化进程，展现我国利率衍生产品的推出时间线和利率衍生产品交易量与各产品市场占比数据，提出问题：为何利率互换推出后交易量迅速主导市场？ （2）结合我国汇率改革政策，展现我国外汇衍生产品的推出时间线和汇率衍生产品交易量和各产品市场占比数据，提出问题：为何货币互换推出后交易量也能够迅速主导市场？	聆听教师讲授，并在实验室使用金融资讯终端，登录各交易所网站，了解我国的衍生工具，参与讨论和思考如下问题： （1）我国最新又推出了哪些产品？ （2）为何互换交易量远大于远期？	（1）让学生结合国家政策了解我国衍生产品市场发展情况； （2）让学生了解最新市场动态和产品的精准定义；

续表

教学步骤	教学内容	学生活动	设计意图
（2）在此过程中教师提出问题，指导学生结合数据平台如金融资讯终端、各交易所官网、中国外汇交易中心等，了解我国衍生产品市场的最新进展	（3）结合大连商品交易所、郑州商品交易所、上海期货交易所和中金所数据，展示我国推出的价格风险管理工具：商品期货、金融期货、商品互换等。 （4）结合我国政策，展示我国信用衍生产品的发展历史，并结合包商银行破产清算的进展展示存款保险的作用	（3）人民币外币互换，人民币外币货币互换区别是什么？ （4）为何商品期权发展速度远大于金融期权	（3）摆事实讲道理：引导学生了解国家农业政策以及期货扶贫政策，了解商品期权繁荣的原因
（2 分钟） 小结	（1）总结本章课程内容； （2）总结本章学习要求； （3）布置课下作业、预习任务和线上测验任务	聆听教师讲授，了解本章学习要求	让学生了解本章的学习要求

本章参考资料：
（1）课程课件；
（2）“金融工程概论”慕课（Mooc）；
（3）王晋忠. 衍生金融工具. 北京：高等教育出版社，2019；
（4）金融资讯终端，大连商品交易所、郑州商品交易所、上海期货交易所、中金所等交易所官网；
（5）中国货币网（中国外汇交易中心网站）。

第二节　典型课程思政教学案例

【案例 1】让中国企业“学乖”的大豆危机

【案例摘要】企业时常会面临上游或下游价格波动带来的风险。在相关价格波动较为剧烈时，往往会带来严重的后果——企业破产甚至危及产业发展和国家粮食安全。本案例通过对比 2004 年与 2008 年我国的两次大豆危机，探讨了发展衍生产品市场，用国际通用手段应对国际炒家市场投机和价格危机的重要性和必要性，启发学生理解我国衍生产品市场发展的重要性和必要性，提升学生的专业责任感。

【教学目标】

1. 价值目标

（1）帮助学生认识衍生产品市场发展的作用，提升专业认同感；

（2）提升学生的专业责任感；

（3）引导学生关注金融活动，培养学生风险防范的职业意识。

2. 知识目标

（1）了解我国大豆产业没落的历史原因；

（2）了解大豆期货的作用；

（3）理解现货与期货的差异。

3. 能力目标

（1）具备在现实经济活动中洞悉案例真相的逻辑思维能力；

（2）锻炼透过现象看本质的宏观分析能力。

【案例知识点】

（1）现货库存持仓的风险性；

（2）套期保值的作用。

【案例适用课程】

适用于金融工程、衍生金融工具和金融风险管理课程。

【案例详情】

在日常的经营管理过程中，企业会面临原材料或产品价格的不确定性带来的风险。价格发生大幅波动，如暴涨或暴跌，带来的后果不容小觑，此时风险管理的手段便显得尤为重要，使用期货或者期权进行套期保值便是有效的手段之一。下面以2004年我国大豆产业为例，分析中国大豆产业被外资侵蚀的原因，并与2008年的类似事件进行对比，理解我国发展衍生产品市场的重要性，了解衍生产品的基本功能与应用，提高学生的风险管理意识。

1. 案例简介

中国是大豆原产国，种植大豆有接近5 000年的历史。至1981年左右，中国的大豆产量一直比较稳定，当时大豆还不是炼油主原料，国内可以实现自给自足。到了20世纪90年代，饮食观念的变化使得植物油逐渐取代动物油，豆油成为中国第一大植物油品种，再加上我国城乡居民肉禽蛋奶鱼等动物源食品摄取量大幅增加，带来了豆粕饲料加工的扩张。1993年，我国开放了国内油料市场，由于供给不能满足需求，油价迅速上升，使得大豆加工产业效益可观，从而刺激了榨油工业的发展，进一步刺激了对大豆的需求。2003年，我国大豆加工能力达到了6 000万吨，而国产大豆只有1 000万吨，开始广泛依赖进口，其中大部分都是进口自美国。

当时，阿彻丹尼尔斯米德兰（ADM）、邦吉（Bunge）、嘉吉（Cargill）和路易达孚（Louis Dreyfus）被称为国际四大粮商，这四家被简称为“ABCD”的国际粮商，控制着全世界80%的粮食交易量，阿彻丹尼尔斯米德兰、邦吉、嘉吉都是美国企业，而路易达孚也有美国的深度参与，因此美国牢牢掌握着全球大豆的定价权，美国芝加哥商品交易所（CME）决定着全球大豆价格的走向。

随着中国对大豆的需求量越来越高，为了在中国市场占有大豆产业链统治地位，2004年美国向中国发起了大豆战争，国内企业自此“失去了”大豆产业链的掌控权。

（1）2004年大豆危机：大豆价格的恶意操纵。

2003年8月，美国农业部突然以天气为由，将大豆库存调低到了20年的最低点。此时，距离美国大豆现货上市时间还有不到1个月，这意味着其大豆产量将会降低，而时间因素又让我国大豆产业暂时找不到其他进口来源，导致大豆价格猛涨。2003 年 8 月，在美国农业部发布消息之前，中国境内大豆价格为 2 300 元人民币/吨；到了 2004 年 3 月，中国境内价格为 4 400 元人民币/吨，价格翻了近 1 倍，创下了大豆在过去 30 年中的价格最高纪录！

大豆价格的暴涨让国内油商很紧张，2004 年 3 月，美国农业部宣布当年的大豆不会增产，由此导致了中国国内油商的恐慌。再加上当时国际炒家们的疯狂炒作，扬言大豆很有可能突破 5 000 元人民币/吨甚至 6 000 元人民币/吨。为保证有充足的大豆维持运转，中国国内油商开始出海抢购大豆。2004 年 3 月和 4 月，中国油商集资出海，在 4 300 元人民币/吨的历史高位，抢购了接近 800 万吨大豆。

然而，在之后不到 1 个月时间内，美国农业部又突然宣布大豆增产，调高了大豆库存。国际炒家此时立即开始反手在期货市场做空抛售大豆。不到 2 个月，大豆就暴跌到了 2 200 元人民币/吨，大豆还未到港，中国油商就从利润微薄变成了巨额亏损。面对这种价格差异，部分油商不得不选择违约，放弃这些高价抢购的订单，赔偿金额接近 100 亿元人民币！除此之外，以“ABCD”为首的四大粮商还趁机起诉中国油商毁约，提起了高达 60 亿美元折合 400 多亿元人民币的额外索赔；并以此为借口，联合其他国际粮商封锁中国企业，禁止对中国油商出口大豆。

（2）2004 年大豆斗争结果：中国大豆产业被外资侵蚀。

这次大豆事件让国内的大豆加工全行业亏损，中国 70% 的榨油企业倒闭，美国趁机收购这些倒闭企业，并参股其他压榨企业，导致外资大豆压榨企业产量占据了中国市场的 85%，拥有了对中国大豆市场绝对的控制权。

不但如此，2004 年大豆斗争的惨败，还使得我国大豆种植面积萎缩，中国大豆种植农户根本无利可图，需要依靠国家政策扶持才能勉强维持下去，直接危及我国的粮食安全。

（3）幸存：2008 年第二次大豆危机。

2004 年受到重创的主要原因是我们对于现货订单缺乏必要的风险管控措施，因此，1993 年我国在大连商品交易所上市黄大豆 1 号期货（标的为国产非转基因大豆）后，2000 年 7 月上市了豆粕期货，2004 年 12 月底，上市了黄大豆 2 号期货（标的主要是进口的转基因大豆），2006 年 1 月上市了豆油期货，企业开始学习使用期货管理风险。

2008 年，在国际金融危机冲击下，美国 CME 大豆期货价格由 7 月初的 1 654 美分/蒲式耳下跌至 10 月中旬的 825 美分/蒲式耳，短期跌幅达 50%。受美盘价格巨幅下挫影响，我国黄大豆 2 号期货价格从 7 月初的 5 855 元人民币/吨下跌至 10 月中旬的 3 081 元人民币/吨，跌幅为 47%，同期现货市场大豆跌幅相近。市场机构测算，在大豆价格波动最为激烈的 9 月至 10 月中旬，如从美国进口一船大豆，每船大豆按 6 万吨计，船一靠岸即亏损 7 200 万元人民币。根据商务部的统计，2008 年 9 月我国大豆进口量为 410 万吨，行业理论损失近百亿元人民币。但此时的行业中的企业普遍在采购大豆的同时通过国内期货市场卖出豆粕、豆油避险或套利，使行业躲过了这场灾难。

据市场机构统计，仅 10 月份，参与期货避险的前 20 家大豆经营企业期货头寸盈利额达到 10.41 亿元人民币，弥补了相应的现货损失。实际上，据业内人士估算，尽管当时大豆价格跌幅惨烈，但在期货市场的保护下，当年大豆压榨行业的损失至 10 月底不超过 14 亿元人民币。

2. 案例讨论

（1）对比 2004 年和 2008 年的结果，思考衍生产品对我国企业稳健经营的重要性。

近年来，饲料、养殖企业的涌现体现出期货市场功能对产业的影响和作用不断深入。从 2004 年和 2008 年两次大豆危机的对比不难发现，我国大豆产业企业对期货市场的认识在不断深入，衍生产品市场已经成为企业风险管理的有效工具。利用好衍生产品市场，可以避免价格暴涨带来的采购成本过快上升、价格暴跌造成的库存价格损失，更大意义上说可以为维护国家粮食安全提供风险管控工具。

（2）从压榨企业角度思考当大豆价格波动时如何通过期货等衍生产品进行风险管理。

压榨企业是以大豆为原材料的企业，传统签订的是一口价订单，即大豆的远期合约，因此一旦大豆价格下跌，订单会导致成本增加，但如果大豆价格下跌，其下游产品豆粕和豆油的价格也会下跌，此时豆粕期货和豆油期货空头就可以获益，因此压榨企业可以在签订大豆订单后，卖出豆粕和豆油期货，如果未来豆粕和豆油价格上涨，可以通过期货及时平仓止损，如果价格下跌，则可以通过期货获益弥补产成品的销售收入减少。2008 年的案例中，企业正是通过这种方式进行的风险规避。

（3）在该案例中，期货除了套期保值外，还能起到什么作用？

期货还有价格发现的作用，为现货市场提供更加透明的价格参考，更快捷地反映市场信息对价格变动的影响。所以，很多现货订单都会参考期货价格确定协议价格。2004 年，国际炒家做多期货，哄抬价格，导致中国高价接盘现货，之后其在期货市场反手做空，打压现货价格，使得中国企业高成本买入原材料，低价出售产成品，产生巨亏。

3. 案例小结

由此可见，在商品金融化的国际大背景下，实体企业仅靠辛苦劳作是不够的，有效的价格风险管理才是其稳健经营的重要保障，这就需要合理运用期货等衍生产品，同时大力发展期货市场，并提升其国际影响力，这有助于我国争取商品的定价权，维护国家粮食安全，保护我国企业不再被国际炒家任意宰割。

4. 案例参考资料

［1］文熙社. 回顾中国“大豆危机”，最大损失是什么？我们的餐桌安全吗？（2022－03－23）［2023－11－01］. https://baijiahao.baidu.com/s?id=1728068545357738228&wfr=spider&for=pc.

［2］饥荒也能人为制造，美国如何控制粮食霸权？.（2022－02－25）［2023－11－01］. https://www.163.com/dy/article/H122DPI10543IFPF.html.

［3］于德良. 两次大豆危机让企业“学乖”.（2015－11－10）［2023－11－02］. http://www.p5w.net/futures/zhzx/201511/t20151110_1254591.htm.

【案例 2】中国衍生产品市场发展原因与现状

【案例摘要】知世情国情民情，才能客观认识中国特色社会主义建设取得的伟大成就。经济全球化既为我国带来了发展机遇，也带来了更多经济发展的不确定因素，本案例通过我国金融市场的真实数据，让学生了解到我国面临的利率风险、汇率风险、价格风险和信用风险的历史发展，并结合我国的利率市场化政策发展进程、汇率制度改革历史、银行监管政策、刚性兑付政策变动等国家政策的改革进程，引导学生从风险管理视角理解我国衍生产品发展的必要性和重要性，进一步结合我国金融市场实时资源，展现我国场内外衍生工具市场的最新发展和政策进展，帮助学生用发展的眼光正确认识我国的衍生产品市场，坚定“四个自信”。

【教学目标】

1. 价值目标

（1）了解中国衍生产品市场发展及风险管理需求的国情民情；

（2）用发展的眼光正确认识我国衍生产品市场，坚定“四个自信”；

（3）了解我国衍生产品市场相关政策，培养遵纪守法的职业品格。

2. 知识目标

（1）了解金融衍生工具的定义；

（2）理解金融衍生工具的特点；

（3）理解金融衍生工具的作用；

（4）了解我国的衍生产品品种与发展情况。

3. 能力目标

（1）提升学生看待问题的辩证思维能力；

（2）提升学生自主学习能力；

（3）提升学生独立思考和辨伪存真能力。

【案例知识点】

（1）衍生产品创新与风险管理的关系；

（2）我国衍生产品发展背景与现状。

【案例适用课程】

适用于金融工程和衍生金融工具课程。

【案例详情】

1. 引言

中国的衍生产品市场发展仍然是基于风险管理的需求。经济全球化使得我国经济环境的不确定性增加，比如：我国的利率、汇率的市场化使得市场风险在加大；国家的货币财政政策的变化速度也在加快；中国市场面临国际化的竞争；企业的重构、合并、组织结构的变化在加快。在这种风险增加的情况下，客户也对产品的服务提出了更高的期望。

2. 中国的风险管理需求

（1）利率变化。图 3－1 展示了我国 2013—2016 年 1 月的 SHIBOR 隔夜拆借利率。

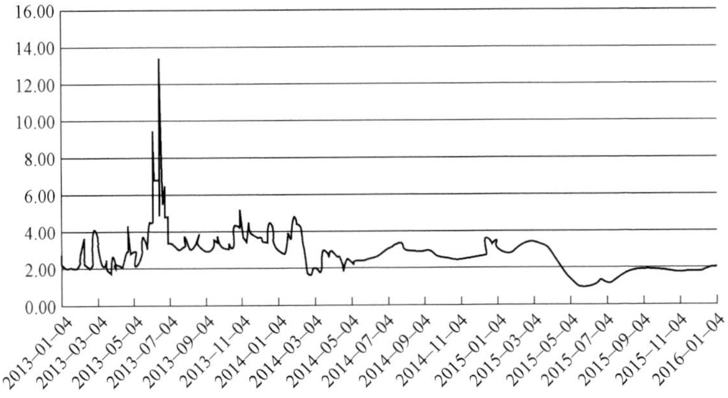

图 3－1　2013—2016 年 1 月 SHIBOR 隔夜拆借利率（单位：%）

资料来源：Wind 资讯终端。

从图 3－1 中能够很明显地看到，在 2013 年的 5—6 月有一条异军突起的线。这条线就是因为当时市场上的资金紧张带来的利率水平的突然提高，在这个点上银行与银行之间拆借一晚上的利率水平在年化的情况下达到了 14%。而图 3－2 展现了 2016—2019 年 5 月的 SHIBOR 隔夜拆借利率，利率水平虽然没有太大的波动，但在 2018 年的后半年到 2019 年 5 月之间，波动幅度有很明显的增加。

另外，观察我国定期存款利率的调整频率（见图 3－3），我国的 1 年期定期存款利率在 2006 年之前的变动频率很低，在 1999—2006 年总共调整了 3 次，但自 2006 年之后，我国股市进入了一个牛市通道，为抑制股票市场过热，以 1 年期定期存款利率为代表的利率水平在 2006—2007 年连续进行了 8 次调整，之后随着次贷危机、房地产市场过热等市场环境变化也进行了一系列的调整，调整频率明显高于历史其他时期，体现了我国利率风险的增加。

但为何 2015 年 6 月之后，定期存款利率不再公布了呢？这要从我国的利率市场化政策说起，表 3－1 汇总了我国利率市场化的进程。

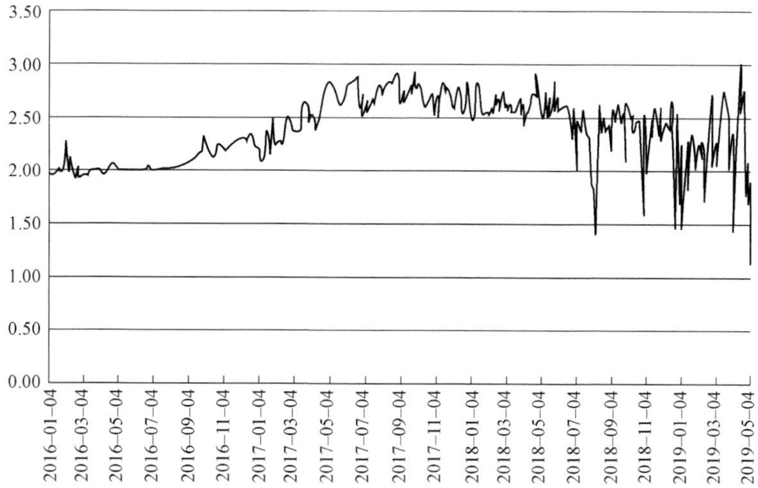

图 3-2　2016—2019 年 5 月 SHIBOR 隔夜拆借利率（单位：%）

资料来源：Wind 资讯终端。

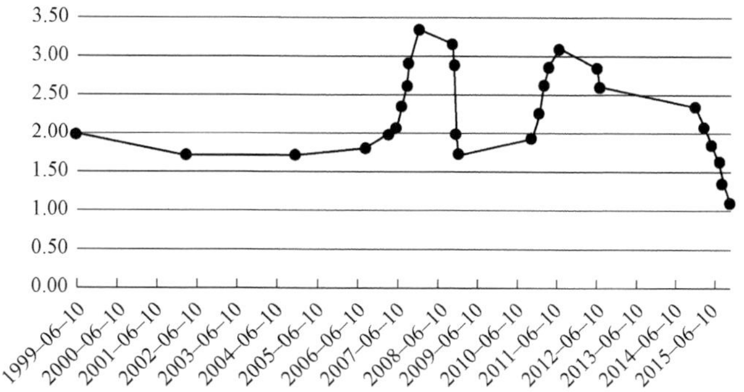

图 3-3　1999—2015 年 1 年期定期存款利率（单位：%）

资料来源：Wind 资讯终端。

由表 3-1 可以看出，利率波动频率的增加跟我国利率市场化的进程基本一致。我国的利率市场化从 1996 年的 6 月 1 日开放银行间同业拆借利率开始一直到 2015 年的 10 月 23 日取消存款利率浮动上限，从政策层面上我国的利率市场化进程就基本完成了。由于存款利率、贷款利率取消了限制，因此在 2015 年 10 月之后，我国也就不再以存贷款基准利率变动作为货币政策变动的信号。

表 3-1　　中国利率市场化进程

日期	事件
1996 年 6 月 1 日	放开银行间同业拆借利率
1997 年 6 月 6 日	银行间债券回购利率放开
1998 年、1999 年	连续三次扩大贷款利率浮动幅度
2004 年 1 月 1 日	再次扩大贷款利率浮动区间

续表

日期	事件
2012 年 6 月 18 日	进一步扩大存贷利率浮动区间
2013 年 7 月 20 日	全面放开贷款利率管制
2014 年 11 月 22 日	存款利率浮动上限扩大为 1.2 倍
2015 年 2 月 28 日	存款利率浮动上限扩大为 1.3 倍
2015 年 5 月 11 日	存款利率可上浮 1.5 倍
2015 年 10 月 23 日	取消存款利率浮动上限

利率市场化对于以息差作为主要收入来源的银行有什么影响呢？由于利率的市场化，银行的存贷款利率会通过市场的供需形成。银行为了吸储势必会提高存款利率，而为了吸引贷款客户势必会降低贷款利率，由此带来一个存贷利差的缩窄。存贷利差的缩窄会降低银行传统业务的利润。

这一点我们可以通过一些新闻报道看出来。2015 年 3 月 27 日，四大国有银行发布了 2014 年的年报。年报显示，中国农业银行、中国银行的利润增速是在 8% 左右，中国建设银行的增速是 6.14%，而中国工商银行增速只有 5.1%，5.1% 的增速相较于 2013 年的利润水平近乎腰斩。对于这种腰斩的原因，时任中国工商银行董事长姜建清认为，利率市场化是导致增速下滑的三个主要原因之一。

（2）汇率变化。图 3－4 显示了 2000—2019 年 1 月美元兑人民币汇率的变化。

我国的汇率改革是在 2005 年完成的。在 2005 年之前我国是一种钉住美元的固定汇率制度，而在 2005 年之后转变成了参考一揽子货币的汇率制度。

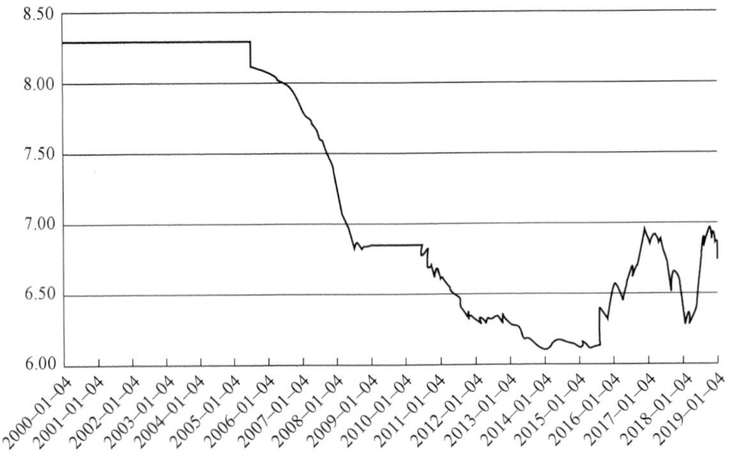

图 3－4　2000—2019 年 1 月美元兑人民币汇率变化

资料来源：Wind 资讯终端。

在这种汇率制度下，美元兑人民币的汇率就出现了浮动。2014 年之前的波动基本上类似于一种单边的人民币升值渠道，但是 2014 年之后，这种升值的渠道就被打破了，更多的是汇率的不确定性，也就是说在这之后不知道人民币在下一刻到底会升值还是会贬值。

汇率的变化对进出口企业的影响非常大。中国经济网 2013 年 5 月 17 日的一篇报道[①]指出，汇率的频繁波动对出口企业的影响很大。这种负面影响主要体现在三个方面：第一是“有单不敢接”的现象更为突出，出口的订单多为短单多批，这种方式就不利于企业的长期运营；第二是企业出口的利润空间进一步缩窄，其中 77.5% 的企业在 2013 年前四个月的利润出现了明显下滑；第三是一些中小企业表示经营难以为继，所以当时很多纺织企业倒闭也跟汇率的变动不无关系。

2018 年 10 月 16 日的一篇报道[②]指出，受人民币走弱和高油价假设的影响，摩根士丹利下调了中国的三大航空公司的价格目标。机构研报显示，因为人民币的贬值，中国三大航空公司第三季度的利润都可能计入超过 20 亿元人民币的净财务成本，也就是说其利润会下降 16%～33%。

为什么航企会受到重创？原因在于航空公司的飞机以及航油都是依赖进口的，在进口的时候需要支付外币，而在平时的营运过程中获得人民币。所以，当人民币贬值的时候，通过人民币换成外币去支付，购买飞机或者是航油的成本就会增加。所以，人民币汇率下滑会使得航空公司的财务费用大增。有统计表明，人民币兑美元每升值 1%，航空公司就可以享有数以亿元计的汇兑收益。这种风险是对称的，人民币如果贬值，就会给航空公司带来数以亿计的汇兑损失。因此，我们可以总结一句话，即“成也萧何，败也萧何”！

（3）价格变化。价格变化既有商品价格的变化，也有金融资产价格的变化。

金融资产以股票为例，我国的股票市场 2013—2015 年从“熊冠全球”到“雄冠全球”，实现了再循环。

比如，在 2013 年全球股市整体上涨 21.3% 时，我国股市的表现是什么样子？我国股市在 2013 年的跌幅是 7%。而在 2014 年时，股市涨幅达到了 52%，为全球第二。到了 2015 年时，我国的股市涨幅达到 154%。但是在 2015 年 6 月，我国股市产生了异动，单日最大跌幅达到了 9.41%，已经超过了 2007—2008 年次贷危机期间我国的最大跌幅，这种跌幅一直持续到 2016 年 1 月，整个月跌幅为 22.65%。由此可见我国价格变化的剧烈性。

（4）债券价格风险加剧。股票市场的价格波动是大家都能够理解的，而债券在我国经常是被看成风险的避风港。在刚性兑付的时代，基本上大家在购买债券时不会关心这

---

① 中国经济网 2013 年 5 月 17 日报道：http://district.ce.cn/newarea/roll/201305/17/t20130517_751601.shtml.

② 东方财富网 https://caifuhao.eastmoney.com/news/20181016103416341625310。

只债券到底是由谁发行的，更多的是关心哪只债券的收益率会更高，因为在这种刚性兑付的规则下，哪只债券都不可能违约。

但是，这种刚性兑付的规则目前已经被打破了。比如，“11 超日债”2014 年成为我国首只违约的公募债，它的价格从 100 多元直接降到了 80 元（见图 3－5）；而“15 雨润 CP001”是雨润集团在 2015 年发行的 1 年期短融债，这只债券在将近到期的时候从 100 元直接跌到了 60 元（见图 3－5），这种跌幅不是一种偶然的现象，这个价格持续了将近两个月的时间，在到期之前恢复到了原价，可惜的是到期债券仍然违约了。

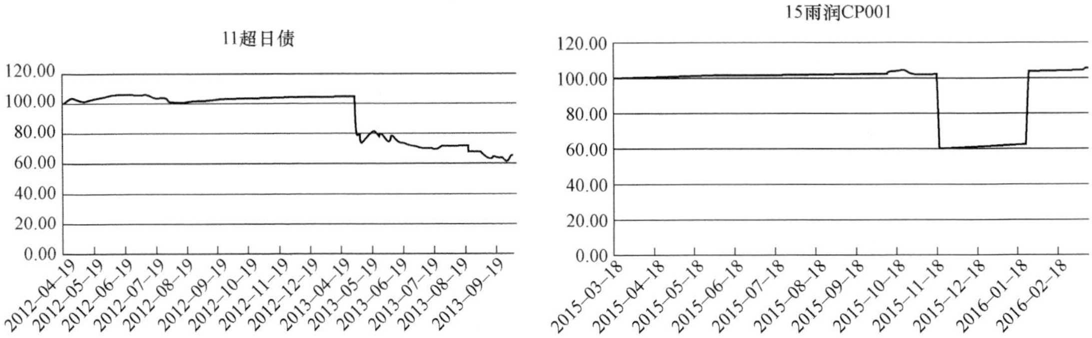

图 3－5 “11 超日债”与“15 雨润 CP001”收盘价格（单位：元）

还有更剧烈的价格变动，比如“14 富贵鸟”在 2018 年的 2 月 28 日净价还是 103.8 元（见图 3－6），但是在第二天就降到了 17 元，最终在 2021 年 5 月 12 日以 13 元退市。中间还有一次利好消息，称其价格从 8 元多涨到了 20 多元，价格翻倍。但是，站在 103 元高点的投资者会作何感想呢？

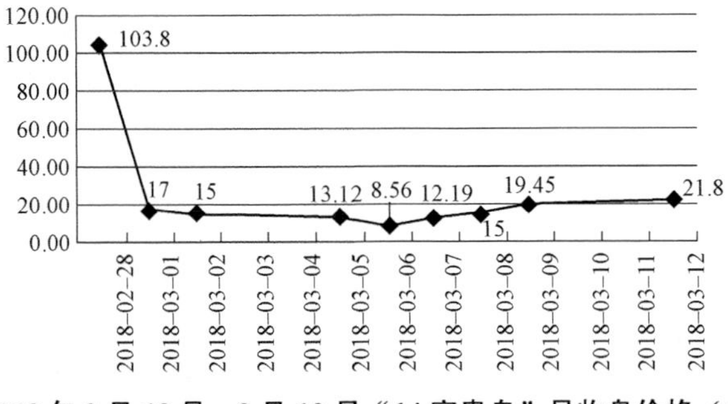

图 3－6 2018 年 2 月 18 日—3 月 12 日“14 富贵鸟”日收盘价格（单位：元）

我国市场上债券违约的现象频频出现，从图 3－7 中可以看到，我国在 2014 年之后违约债券的数量逐年攀升，到 2016 年时全年违约了 56 只债券，而在 2018 年时达到了 125 只，涉及违约主体 52 个，违约总金额高达 1 209.61 亿元，同比增长 358%，2019 年更是达到了 188 只。同时，还可以看到，不但违约债券的数量在增加，违约金额也在逐年增加。从违约规模看，单只违约债券的规模在增大。这也说明违约风险的影响范围在扩大。

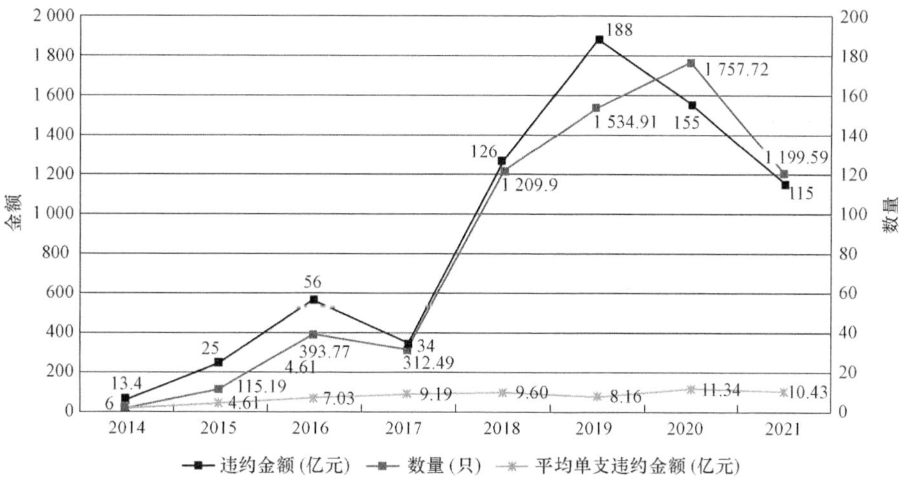

图 3－7　2014—2021 年债券违约数量与金额（截至 2021 年 9 月）

（5）银行的信用风险。除了债券的违约风险以外，银行在我国应该是一个最安全的地方，但是银行的信用风险也是在增加的。2019 年 5 月 24 日，中国人民银行、中国银行保险监督管理委员会联合发布公告①，鉴于包商银行股份有限公司出现严重的信用风险，为了保护存款人和其他客户的合法权益，中国银行保险监督管理委员会决定自 2019 年的 5 月 24 日起对包商银行实行接管，接管期限为一年。2021 年 2 月 7 日，北京市第一中级人民法院正式裁定包商银行破产，这个案例所揭示出来的就是中小银行的信用风险已经开始显现，这也体现出银行信用风险管理的重要性。

因此，无论喜欢与否，我们都必须承认这样的事实，上述的风险我们没办法通过传统的渠道规避，我国已经进入金融衍生产品的时代。

3. 中国市场的衍生产品发展现状

2005 年，尤其是 2010 年以来，我国衍生产品市场有了长足的发展。

（1）利率风险管理工具。我国的利率衍生产品是从 2005 年开始推出的（见表 3－2），首先推出的是债券远期，然后在 2006 年推出利率互换，在 2007 年推出远期利率协议（FRA）。2013 年 9 月，国债期货作为场内的交易产品重新登上了我国的历史舞台，2015 年 4 月，为了提升场外远期类利率衍生产品的活跃度，银行间市场开始进行标准化的利率衍生产品交易，2020 年 3 月进一步推出了利率期权。

表 3－2　　　　中国利率衍生产品推出时间表

品种	推出时间
债券远期	2005 年 5 月
利率互换	2006 年 2 月

① http://www.pbc.gov.cn/goutongjiaoliu/113456/113469/3834025/index.html。

续表

品种	推出时间
远期利率协议（FRA）	2007 年 10 月
国债期货	2013 年 9 月
标准化利率衍生产品	2015 年 4 月
利率期权	2020 年 3 月

具体的利率衍生产品的市场占比情况可以通过图 3－8 观察。

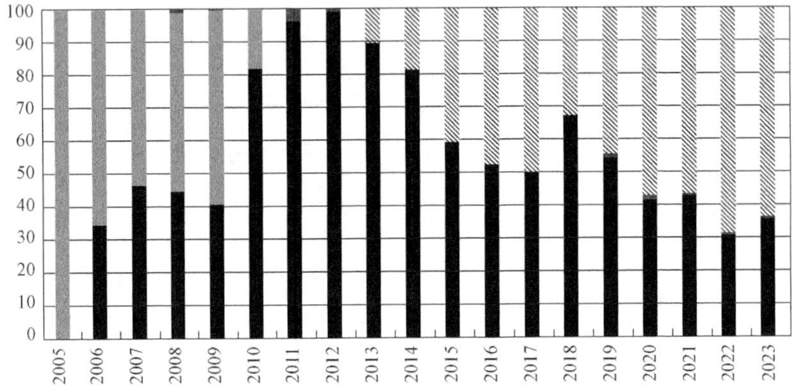

图 3－8　2005—2023 年利率衍生产品交易量市场占比（单位：%）

资料来源：根据中国人民银行货币政策执行报告和中金所年度市场统计整理。

通过图 3－8 可以看到，在 2006 年推出利率互换之后，利率互换迅速占领了利率衍生产品市场，成为市场上的一个主导品种，而很有意思的是，远期利率协议在 2007 年推出，但是自推出之后，它的市场占比很少。另外，从利率衍生产品整个市场的交易规模（见图 3－9）可以看到，从 2005 年首推到 2023 年，利率衍生产品的市场规模在逐年

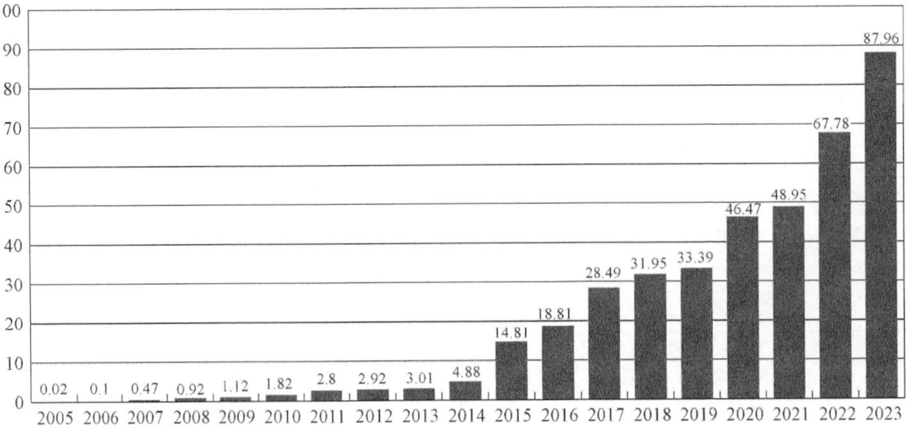

图 3－9　2005—2023 年利率衍生产品交易量（单位：万亿元）

资料来源：根据中国人民银行货币政策执行报告，中金所年度市场统计整理。

增加，从 2005 年的 178 亿元增长到 2023 年的 87.96 万亿元，市场规模扩大了上千倍。这也代表了市场对于利率风险管理的需求在增加。

另外，利率期权作为我国的新生事物，自推出以来，市场运行平稳（见表 3－3），其在 2020—2023 年分别累计成交 907 亿元、756 亿元、718 亿元、1 607 亿元，交易标的也从 LPR（贷款市场报价利率）扩展为 LPR 和 FDR（银行间回购定盘利率）两个品种。

表 3－3　　2020—2023 年利率期权的市场发展

	2020 年	2021 年	2022 年	2023 年
交易标的	LPR	LPR，FDR	LPR，FDR	LPR，FDR
总交易笔数	484	390	525	1 007
总交易金额/亿元	907.5	756.21	718	1 606.8
利率互换期权交易金额/亿元	143.5	15.6	17	20
利率上/下限交易金额/亿元	764	740.61	701	1 586.8

资料来源：中国人民银行货币政策执行报告。

（2）汇率风险管理工具。我国的外汇衍生产品是在 2005 年进行汇改之后逐步推出的（见表 3－4）。首先推出的仍然是远期合约产品，即外汇远期。2006 年推出人民币外汇掉期，2007 年推出人民币外汇货币掉期，2011 年在银行间市场推出外汇期权的交易，2011 年 12 月进一步推出人民币的外汇组合期权交易，这也是我国首推的一种将几个期权组合在一起进行交易的期权产品。

表 3－4　　中国外汇衍生产品推出时间表

品种	推出时间
外汇远期	2005 年 8 月
人民币外汇掉期	2006 年 4 月
人民币外汇货币掉期	2007 年 12 月
人民币外汇期权	2011 年 2 月
人民币外汇组合期权	2011 年 12 月

具体的各个产品在市场上的占比可以通过图 3－10 观察。可以看到，从 2006 年推出外汇掉期之后，掉期产品也同样是迅速占领了市场，而外汇远期的市场交易量仍然是在萎缩的。所以，大家也可以去思考一下：到底存在什么样的差异使得外汇远期与掉期产品在市场的表现截然不同。

图 3－11 显示了 2006—2023 年我国外汇衍生产品整个市场的交易量。从 2006 年

到 2023 年，外汇衍生产品市场的规模增加了上百倍，体现了市场对外汇风险管理工具的需求。

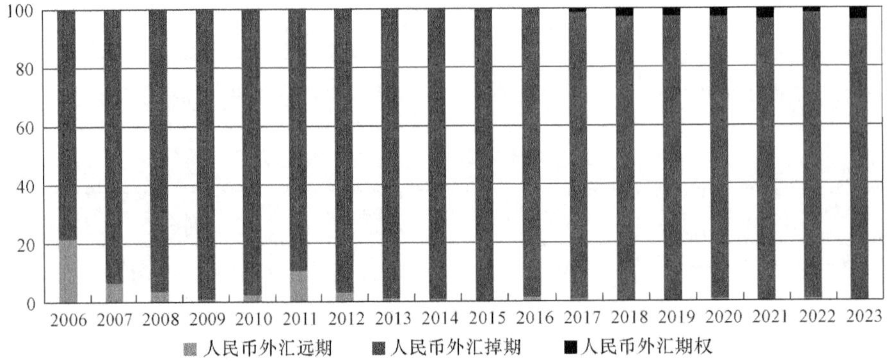

图 3–10　2006—2023 年人民币外汇远期、外汇掉期与外汇期权的交易量占比（单位：%）

资料来源：中国人民银行货币政策执行报告。

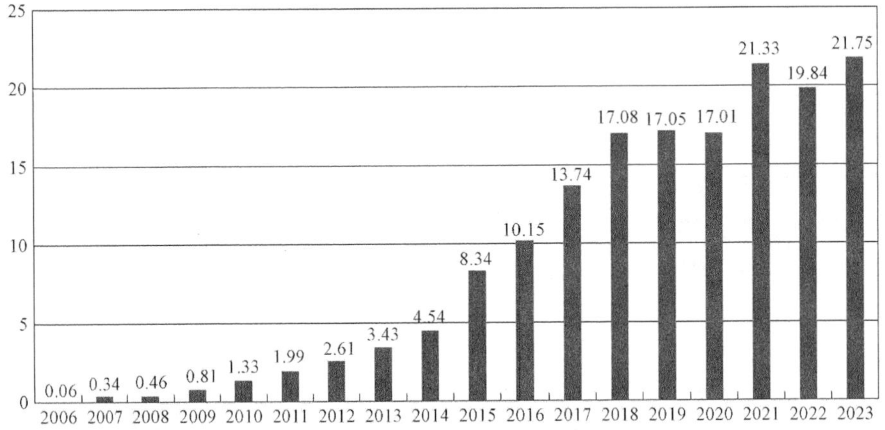

图 3–11　2006—2023 年中国外汇衍生产品交易量（单位：万亿美元）

资料来源：中国人民银行货币政策执行报告。

（3）价格风险管理工具。在价格风险管理工具方面，我国已经推出远期、期货、互换和期权全系列衍生产品。

期货分为商品期货和金融期货。商品期货是以具体的商品为标的的期货品种。截止到 2023 年 12 月，我国在上海期货交易所（简称“上期所”）、大连商品交易所（简称“大商所”）、郑州商品交易所（简称“郑商所”）以及广州期货交易所（简称“广期所”）共推出 72 个品种（见表 3–5）。值得一提的是，我国的原油期货是在 2018 年 3 月推出的，这也是全球首个以人民币计价的原油品种。郑州商品交易所推出的苹果期货和红枣期货也是全球首个鲜果品种。所以，如果要购买苹果或者是鸡蛋等日用品，除了到市场上了解价格还可以观察期货行情。

表 3-5　　我国商品期货的品种（截至 2023 年）

序号	商品期货（截至 2023 年）			广州期货交易所
	大连商品交易所	郑州商品交易所	上海期货交易所	
1	玉米	白糖	铜	工业硅
2	玉米淀粉	棉花	铝	铌酸锂
3	黄大豆 1 号	棉纱	锌	
4	黄大豆 2 号	普麦	铅	
5	豆粕	强麦	镍	
6	豆油	早籼稻	锡	
7	棕榈油	晚籼稻	螺纹钢	
8	纤维板	苹果	线材	
9	胶合板	粳稻	热轧卷板	
10	鸡蛋	菜籽粕	不锈钢	
11	粳米	油菜籽	原油	
12	聚乙烯	菜籽油	燃料油	
13	聚氯乙烯	红枣	沥青	
14	聚丙烯	动力煤	天然橡胶	
15	焦炭	PTA	20 号胶	
16	焦煤	甲醇	纸浆	
17	铁矿石	玻璃	黄金	
18	乙二醇	硅铁	白银	
19	苯乙烯	锰硅	低燃料油	
20	LPG	尿素	国际铜	
21	生猪	纯碱	原油 TAS	
22		涤纶短纤	氧化铝	
23		花生	丁二烯橡胶	
24		烧碱	集运指数期货	
25		对二甲苯		
合计数量	21	25	24	2

我国的金融期货都是在中国金融期货交易所（简称“中金所”）进行交易的。首先，在股指期货方面，我国在 2010 年 4 月首次推出沪深 300 股指期货，2015 年 4 月又推出上证 50 股指期货和中证 500 股指期货，2022 年 7 月推出中证 1000 股指期货。这样，我国大盘股组合和中小盘股组合都有了风险管理工具。其次，在国债期货方面，我国在 2013 年 9 月首先推出 5 年期国债期货，然后在 2015 年 3 月推出 10 年期的国债期货，紧接着在 2018 年 8 月推出 2 年期国债期货，2023 年 4 月推出 30 年期国债期货。2 年期国债期货体现了短期利率风险的变动，而 5 年期国债期货就体现了中期的利率风险变动，10 年期和 30 年期国债期货就体现了我国的长期利率风险变动。所以，从目前推出的情况来看，我国短、中、长期的利率风险都存在相应的风险管理工具，对应了整个利率曲线的变动。

外汇期货虽然在 2014 年就进行了仿真交易，但目前还没有真正推出。

在四个衍生产品中很重要也最复杂的一个工具就是期权。期权在我国的推出比较晚。2015 年 2 月 9 日在上海证券交易所（简称“上交所”）上市的 50ETF 期权是我国历史上首个在交易所内上市的期权产品。因此，50ETF 期权的上市在我国的金融衍生产品市场上具有里程碑式的意义。截至 2023 年，我国已经推出了 12 个金融期权品种，不但涵盖了所有股指期货标的，还增加了创业板 ETF 期权。表 3－6 列出了我国上市的场内金融期权品种。

表 3－6　　我国上市的场内金融期权品种（截至 2023 年）

序号	交易所	期权品种	行权方式	期权标的	上市时间
1	上交所	华夏上证 50ETF 期权	欧式	现货	2015－02－09
2	上交所	华泰柏瑞沪深 300ETF 期权	欧式	现货	2019－12－23
3	上交所	南方中证 500ETF 期权	欧式	现货	2022－09－19
4	上交所	华夏上证科创板 50ETF 期权	欧式	现货	2023－06－05
5	上交所	易方达上证科创板 50ETF 期权	欧式	现货	2023－06－05
6	深交所	嘉实沪深 300ETF 期权	欧式	现货	2019－12－23
7	深交所	嘉实中证 500ETF 期权	欧式	现货	2022－09－19
8	深交所	易方达创业板 ETF 期权	欧式	现货	2022－09－19
9	深交所	易方达深证 100ETF 期权	欧式	现货	2022－12－12
10	中金所	沪深 300 股指期权	欧式	现货指数	2019－12－23
11	中金所	中证 1000 股指期权	欧式	现货指数	2022－07－22
12	中金所	上证 50 股指期权	欧式	现货指数	2022－12－19

商品期权虽然在 2017 年才开始在我国境内交易所上市，但其推出的步伐明显比金融期权快很多，截至 2023 年，已经推出 40 个期权品种（见表 3－7），这些期权产品的

推出与近些年来期权在脱贫攻坚和乡村振兴中的作用是分不开的。

另外，还可以看到，期权产品推出趋于产业链的完整性，如油脂油料方面，期权产品有大豆、豆粕、豆油、棕榈油、菜籽油等，既包括豆类上下游全品种，又包含了食用油全部基本油品。而液化石油气（LPG）期货和期权在2020年同一日上市也意味着期货和期权组合进行商品风险管理的时代已经到来。

表3－7　　我国场内交易的商品期权（截至2023年）

交易所	期权品种（上市日期）	备注
大连商品交易所（13个品种）	豆粕期权（2017－03－31）；玉米期权（2019－01－28）；铁矿石期权（2019－12－09）；LPG期权（2020－03－31）；塑料期权（2020－07－06）；聚丙烯期权（2020－07－06）；PVC期权（2020－07－06）；棕榈油期权（2021－06－18）；豆油期权（2022－08－08）；豆一期权（2022－08－08）；豆二期权（2022－08－08）；乙二醇期权（2023－05－15）；苯乙烯期权（2023－05－15）	标的均为相应商品期货，期权类型均为美式期权
郑州商品交易所（16个品种）	白糖期权（2017－04－19）；棉花期权（2019－01－28）；PTA期权（2019－12－16）；甲醇期权（2019－12－16）；菜籽粕期权（2020－01－16）；动力煤期权（2020－06－30）；菜油期权（2022－08－26）；花生期权（2022－08－26）；对二甲苯期权（2023－09－15）；烧碱期权（2023－09－15）；纯碱期权（2023－10－20）；锰硅期权（2023－10－20）；短纤期权（2023－10－20）；硅铁期权（2023－10－20）；苹果期权（2023－10－20）；尿素期权（2023－10－20）	标的均为相应商品期货，期权类型均为美式期权
上海期货交易所（含上海国际能源交易中心，9个品种）	铜期权（2018－09－21）；天胶期权（2019－01－28）；黄金期权（2019－12－20）；铝期权（2020－08－10）；锌期权（2020－08－10）；原油期权（2021－06－21）；螺纹钢期权（2022－12－26）；白银期权（2022－12－26）；丁二烯橡胶期权（2023－07－28）	标的均为相应商品期货； 铜期权和黄金期权在2021年11月16日前上市的合约为欧式期权，之后上市合约改为美式期权，其他期权均为美式期权
广州期货交易所（2个品种）	工业硅期权（2022－12－22）；碳酸锂期权（2023－07－24）	标的均为相应商品期货，期权类型均为美式期权

除了场内期权之外，我国更多的期权品种其实是在场外，我国在2014年就开始探索场外期权市场，目前所有的商品期货、个股、股指的期权产品都是可以在场外进行协商交易的，2023年年底，场外期权名义本金总规模已超过1.7万亿元。

另一个价格风险的管理工具就是互换。商品互换在2018年的12月份在大商所已经开始推出，股权互换则可以追溯到2014年。截至2023年8月，股权互换达到9 000多亿元，而商品互换的存量规模达900多亿元。

（4）信用风险管理工具。管理信用风险的工具我国在2010年时开始推出，当时推出的产品叫信用风险缓释合约（CRMA）或者是信用风险缓释凭证（CRMW），也被称为第一版的中国信用违约互换(CDS),这一版的产品是以某一个债务作为标的来发行的。

真正意义上和全球接轨的一个产品——信用违约互换在2016年9月开始上市,同时推出的还有信用关联凭证(CLN)。表3-8给出了CRMW截至2023年的成交情况,2018年，为稳定和促进民企债务融资，中国人民银行鼓励企业债通过附加信用风险缓释工具（CRM）增信发行，这促使了CRMW的井喷，使得2018年信用风险缓释合约成交了63亿元，信用违约互换成交了19亿元。

表3-8　我国信用风险缓释凭证（CRMW）的交易情况

年份	CRMW交易情况		CDS交易情况 成交金额/亿元
	数量	实际发行金额/亿元	
2010	8	6.9	
2011	1	0.5	
2012	0	0	
2013	0	0	
2014	0	0	
2015	0	0	
2016	1	8	3
2017	0	0	7
2018	53	63.05	19
2019	94	101.9	2.8
2020	86	112.4	12
2021	181	248.28	17.4
2022	239	279	24
2023	249	347	25

资料来源：Wind资讯终端；中国人民银行金融市场运行报告。

当然，除了这两个工具以外，我国在2015年允许民间资本投资银行之后就推出了存款保险制度，为客户存到银行里面的存款进行保险，防止银行倒闭时客户受损。存款保险制度作用已初现端倪。2019年5月24日，包商银行因出现严重信用风险，被中国人民银行、中国银保监会联合接管。2020年11月23日，包商银行正式进入破产程序。其储户存款由存款保险基金和中国人民银行提供资金，先行对个人存款和绝大多数机构债权予以全额保障。对大额机构债权提供了平均90%的保障。同时，存款保险基金向蒙商银行、徽商银行提供资金支持，分担包商银行的资产减值损失，促成了蒙商银行、徽商银行顺利收购承接相关业务并平稳运行。

除此以外，还有一种方式就是资产证券化，这种业务正在我国如火如荼地开展，通过资产证券化，企业可以提高固定资产的流动性。比如，一家航空公司要购买一架飞机，我们知道购买飞机需要很多资金，这时航空公司就可以把飞机作为抵押来发行债券，这种债券可能就是资产证券化的产品。通过发行债券，航空公司就可以提前回收购买飞机的这部分资金，未来的偿本付息就通过飞机在实际运营中产生的收入进行对付，因此资产证券化可以提高固定资产的流动性。同时，万一飞机失事了，失事之后未来的营业收入可能就没有了，这个时候的损失可能就由资产证券化的持有者去承担，因此它也有一定的剥离信用风险的作用。资产证券如果是企业发行的我们一般称为企业 ABS，如果是银行这类金融机构发行的我们通常称为 CLO，两个都是资产证券化的产品。资产证券化之后，有一部分产品的信用级别不是特别高，这时还可以通过再证券化的方式进一步管理信用风险。截止到 2021 年，我国的资产证券化产品存量达到 2 955 项，其中银行债权 556 项共 1.75 万亿元，企业债权 2 351 项共 2.03 万亿元。从图 3－12 中可以看到 CLO 和企业 ABS 的发行情况，包括发行的规模和数量。

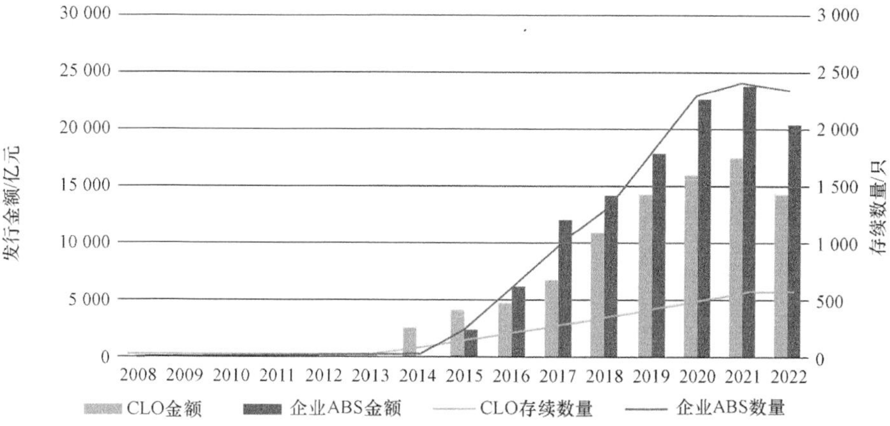

图 3－12　2008—2022 年 CLO 与企业 ABS 发行情况

资料来源：Wind 资讯终端。

通过图 3－12 可以看到，企业 ABS 的发行规模从 2016 年开始超过银行，然后逐渐扩大。CLO 的抵押资产包括汽车贷款、企业贷款还有个人住房抵押贷款，其中个人住房抵押贷款是其主要的一种抵押资产。所以，通过资产证券化方式，银行可以提前回收个人住房抵押贷款即按揭贷款。企业 ABS 的抵押资产比较多的就是应收账款、商业房产和租赁租金，此外还有近年兴起的类 REITs 产品和供应链账款。

4. 结语

随着我国金融市场创新步伐的加快，相信会有更多的金融产品推出，满足企业、金融机构以及个体投资者多元化的风险管理需求。

5. 案例思考题

（1）结合案例中我国利率衍生产品市场各产品的占比情况（见图 3－8），思考：为什么利率互换在上市之后能够迅速替代债券远期占据利率衍生产品的主导地位？为什么远期利率协议（FRA）上市之后一直缺乏交易活跃度，难以受到投资者的欢迎？类似的还有外汇掉期和外汇远期的情况（见图3－10）。

（2）访问各交易所、中国人民银行网站，更新案例中的数据，了解我国衍生市场的最新进展。

6. 案例参考资料

冯建芬，邓军，聂晶，余湄，周荣喜，谢海滨. 对外经济贸易大学“金融工程概论”慕课. https://www.icourse163.org/course/UIBE－1206446827?from＝searchPage，2019.

第四章

远期和期货市场

第一节　教学设计

一、总体设计

1. 基本信息

课程名称：金融工程

知 识 点：远期和期货市场

授课时间：第2～3周（线下235分钟，线上180分钟）

2. 学情分析

（1）在之前两章，学生已经了解了金融工程的定义、金融衍生产品的定义和分类，本章详细介绍远期和期货市场中的产品。

（2）学生已经在其他先修课程中学习了基础现券资产如股票、债券、基金、外汇、指数等，但对于金融工程的核心工具——衍生工具知之甚少。

（3）金融工程的定价理论和风险管理工具重点围绕衍生工具展开。

故本章产品工具着重让学生理解：远期合约和期货合约，包括远期利率协议的定义、交易条款和交割额计算公式，计息基准的种类，期货的标准化内容；期货保证金交易的相关概念，包括初始保证金、维持保证金、追加保证金、强制平仓、盯市结算，盯市结算的保证金余额计算；期货头寸了结的三种方式，即提前平仓、到期交割、期转现；期货提前平仓的持仓收益计算；期货到期交割的方式和交割额计算，包括实物交割、现金交割等；期货交易的相关概念，包括持仓量、交易量、开仓、平仓、对手盘解读；我国股指期货的条款和交易机制；利率期货的分类、报价及交易中的相关概念，包括短期利率期货、中长期国债期货、净价、全价、转换因子、可交割债、最便宜交割债、卖方选择权、隐含回购利率等；我国商品期货、股指期货、国债期货的品种和条款差异。

3. 教学思路

本章教学将采取线上、线下相结合的方式进行。首先，通过线下授课讲授远期合约，借助讲授、课堂互动讨论、案例分析等方式，让学生对于远期合约的定义、到期损益特征、风险管理特征、远期利率协议的重点概念有所理解。其次，对于期货市场及其交易机制的内容在线上“金融工程概论”慕课（Mooc）完成，让学生了解期货市场合约的标准化、保证金交易、期货头寸的了结方式、保证金制度以及远期与期货的区别与联系。最后，通过线上模拟交易实践，让学生将理论运用于实践中，更好地体验我国期货市场的交易规则，感受交易风险，了解交易合规的影响。

4. 主要内容

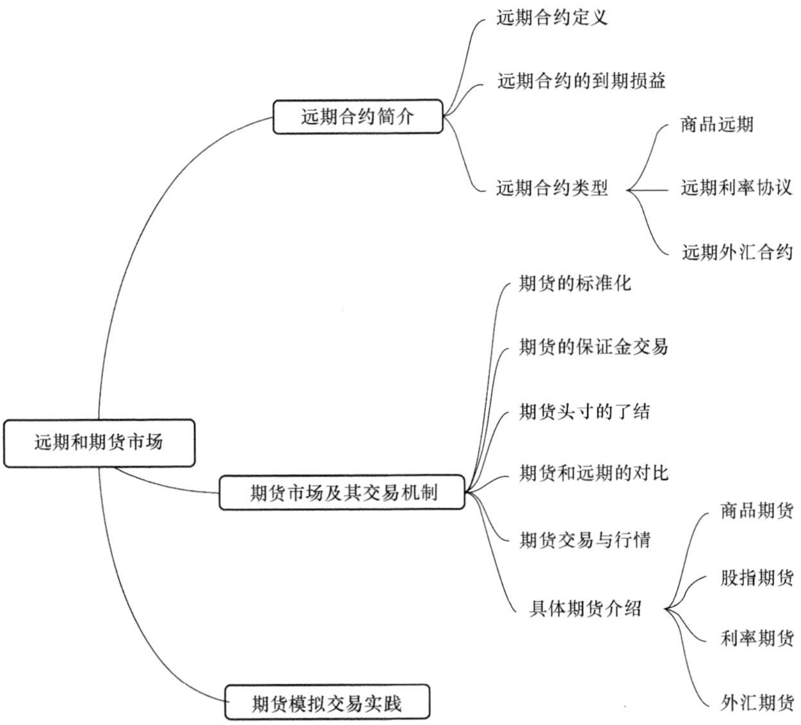

二、教学目标

1. 思政目标

（1）了解相关专业和行业领域的国家战略、法律法规和相关政策；

（2）训练产品设计服务实际需求的科学思维方法；

（3）了解我国期货市场交易规则和交易风险的国情；

（4）了解我国金融期货创新历史，增强创新精神、创造意识和创业能力；

（5）了解金融机构如期货公司的职能划分，提升职业规划能力。

2. 知识目标

要求记忆的内容：

（1）远期利率协议的定义、交易条款和交割额计算公式；

（2）计息基准的种类；

（3）期货的标准化内容；

（4）期货保证金交易的相关概念：初始保证金、维持保证金、追加保证金、强制平仓、盯市结算；

（5）盯市结算的保证金余额计算；

（6）期货头寸了结的三种方式：提前平仓、到期交割、期转现；

（7）期货提前平仓的持仓收益计算；

（8）期货到期交割的方式和交割额计算：实物交割、现金交割；

（9）期货交易的相关概念：持仓量、交易量、开仓、平仓、对手盘解读；

（10）我国股指期货的条款和交易机制；

（11）利率期货的分类、报价及交易中的相关概念；

（12）我国商品期货、股指期货、国债期货的品种和条款差异。

需要理解的内容：

（1）远期利率协议为何在借款初期结算金额；

（2）远期利率协议结算方式如何体现衍生产品的杠杆性和低成本；

（3）期货通过哪些手段改进了远期合约的不足；

（4）期货的标准化为企业运营带来的好处；

（5）期货的标准化条款设计与标的资产特征的关系；

（6）期货的杠杆性与保证金制度的关系；

（7）保证金比率变动会受哪些因素影响；

（8）期转现与到期交割、提前平仓的区别和联系；

（9）盯市结算对期货的风险管理方式是否存在影响；

（10）盯市结算的目的是什么；

（11）如何根据期货价格走势和保证金制度计算期货保证金账户余额变动；

（12）如何理解保证金对期货收益率计算的影响；

（13）提前平仓机制如何使得期货市场规模可能远大于现货市场规模；

（14）股指期货为何只能进行现金交割；

（15）如何理解期货价格在到期日会收敛到现货价格；

（16）如何理解期货卖方具有的交割选择权；

（17）商品期货与金融期货在分析时有哪些差异；

（18）如何理解欧洲美元期货的报价方式和结算方式；

（19）国债期货为何以名义国债为标的，又采取实物交割方式；

（20）国债和国债期货为何采用净价报价、全价结算；
（21）转换因子的作用是什么，如何理解计算原理；
（22）最便宜可交割债券有哪些选择方法，如何实施；
（23）如何理解隐含回购利率的计算公式；
（24）我国国债期货的卖方选择权和美国有何不同；
（25）国债期货价格如何反映利率期限结构特征。

能够应用的内容：

（1）应用章节知识掌握期货模拟交易的账户金额变动情况；
（2）应用转换因子公式解释中国金融期货交易所的转换因子计算方法；
（3）应用隐含回购利率法选择每个国债期货的最便宜交割债，理解金融资讯终端最便宜可交割债券（简称“最廉券”）监控器的指标计算原理；
（4）能够分析我国20世纪90年代推出的国债期货与2013年推出的国债期货的差异；
（5）能够结合标的资产特征，分析期货品种条款设计的合理性；
（6）能够分析期货模拟交易时期货品种选择和交易方向选择的逻辑。

3. 能力目标

（1）提升学生的市场实践能力；
（2）提升学生的自主学习能力；
（3）提升学生的逻辑思维能力；
（4）提升学生的产品创新能力。

三、教学重点和难点

1. 教学重点

（1）远期利率协议交割机制和交割额的计算；
（2）不同期货的标准化差异；
（3）期货的保证金交易与杠杆性；
（4）股指期货的交易机制；
（5）国债期货的交易机制和相关概念。

2. 教学重点突出方法：线上学习与线下讲授结合，逻辑推演，举例子，案例教学，理论与实践相结合，交易实践

（1）线上学习与线下讲授相结合：针对期货的标准化、保证金交易，课前布置线上教学视频学习任务，课后线上进行章节知识检测，课中进行核心知识点的研讨和实践教学。

（2）逻辑推演：对远期利率协议交割额计算公式、国债期货转换因子计算公式、隐含回购利率计算公式等进行线下板书推理，加深理解过程。

（3）举例子：对公式的应用进行举例说明；结合示例说明保证金账户余额动态变化

的全过程以及杠杆性的体现。

（4）案例教学：以华联三鑫投机巨亏为例说明期货投机的风险性。

（5）理论与实践相结合：以中金所转换因子计算公式和金融资讯终端国债期货最廉券监控器的指标计算为例，说明计算公式在实践中的应用，用实践强化理论。

（6）交易实践：利用国泰安虚拟交易所指导学生进行期货线上交易，真实体验期货交易过程、保证金变动过程和投机风险。

3. 教学难点

（1）如何理解期货价格到期日会收敛到现货价格；

（2）如何理解盯市结算制度对期货风险管理作用的影响；

（3）如何理解可交割债的转换因子在期货有效期为常数；

（4）如何计算期货的持有期收益率；

（5）理解国债期货设置名义债为标的资产的好处；

（6）理解欧洲美元期货的报价机制。

4. 教学难点的解决方法：反证，逻辑推演，举例子，对比分析，问题研讨

（1）反证：假设期货价格到期日不收敛，市场将存在套利策略，由此推出在无套利假设下，期货价格在到期日会收敛到现货价格。

（2）逻辑推演：结合债券报价习惯和期货盯市结算习惯，对欧洲美元期货的盯市结算额进行计算，说明欧洲美元期货采取百分比报价的合理性，以及其给欧洲美元期货盯市结算带来的便利。

（3）举例子：结合学生熟知的收益率计算公式，计算期货的持有期收益率，说明保证金对收益率的放大作用。

（4）对比分析：对比 20 世纪 90 年代我国推出的国债期货和 2013 年推出的国债期货条款，说明设置名义债的好处。

（5）问题研讨：对于盯市结算和转换因子，抛出问题，组织学生进行线上“投票”，了解学生观点，并通过研讨了解学生的理由，有针对性地指出其理解存在的误区，加深学生对问题的理解。

四、课程思政实施过程

（1）结合我国银行间市场 FRA 的应急申请单，让学生了解以 FRA 产品为代表的场外衍生产品所有合约条款双方协商的特征；结合我国黄大豆 1 号期货合约内容，了解什么是期货的标准化，如何从实体经济需求的角度理解标准化条款的具体设定；标准化又为企业经营带来了哪些新的经营模式，培养学生从多个角度看问题的辩证思维和灵活变通的专业知识应用技能。

（2）通过讨论沪深 300 股指期货为何采用现金交割，2013 年推出的 5 年期国债期货为何采用名义债作为标的，又如何解决实物交割的问题，以及 2018 年我国推出的以人民币计价的原油期货为何到期期限比其他期货都要长等，结合不同期货标准化条款的设计背景，让学生理解产品创新需要考虑的因素和如何做到产品设计逻辑的合理性。其中，特别对以人民币计价的原油期货推出的意义进行讨论，引导学生理解我国推出国际化期货品种的战略意义，增强金融工程人才的使命感和责任感。

（3）通过中美保证金制度的对比，了解我国使用保证金比例设定保证金金额的合理性；以我国豆一期货为例，说明保证金制度的实施过程，并展现保证金交易带来的杠杆性；通过解读国内四大期货交易所的交易制度，了解我国期货市场的交易规则、交易风险，做到知国情民情。

（4）结合我国华联三鑫事件以及我国 20 世纪 90 年代推出的外汇期货、股指期货、国债期货的不同交易历史和失败原因，了解期货的投机风险，强化学生的逻辑分析能力，帮助学生理解创新需要考虑的条件，增强学生的创新精神、创造意识和创业能力。结合“327 国债事件”，比较我国 20 世纪 90 年代推出的国债期货和 2013 年推出的国债期货的制度设计差异，让学生具象化理解重启的国债期货制度设计的合理性，理解使用名义债的作用，让学生了解我国国债期货发展的历史，培养学生在产品创新中需要具备的风险管理意识。

（5）以业界对商品期货分析时考虑的分析维度为例，对比商品期货和金融期货的市场分析差异，让学生了解期货公司为何对不同商品产业链设置分析员岗位，理解期货公司职能分工的逻辑性，增强学生的职业素养。

（6）结合我国已经推出的国债期货品种 2 年期、5 年期和 10 年期条款的动态演化过程，以及金融资讯终端和数值实验，引导学生理解名义国债设计、净价报价规则、转换因子、最便宜可交割债券等的作用、内在逻辑和设计合理性，并能够理解中金所相关计算公式的来源，学习如何综合应用固定收益证券分析、数学分析的课程知识和金融工程知识解读国家政策，解决我国实际问题。

（7）布置期货线上模拟交易任务，进行为期 2 个月的模拟实训，由业界专家指导交易，开展期货交易实践，体验我国期货市场的交易规则，感受交易风险，了解交易合规的影响。

五、具体教学过程

教学步骤	教学内容	学生活动	设计意图
（线下 5 分钟） 本部分内容在线下课堂进行讲授，并结合线上平台进行师生互动。 （1）解释什么是远期合约，远期合约的主要特征包括什么；	**远期和期货市场** 1 远期合约简介 1.1 远期合约定义 学习：远期合约的定义；合约中约定的资产；合约的出售方；合约的协议价格；约定的数量或者规模；合约的到期日和交割日。	（1）聆听教师讲授，主动跟随思考；	（1）先总后分，让学生从总体上了解远期合约的基本特点；

续表

教学步骤	教学内容	学生活动	设计意图
（2）解释如何理解远期合约的到期损益； （3）通过绘制远期合约损益图加深学生对远期合约损益特征的理解； （4）举例说明远期合约的作用，远期合约能解决什么样的问题	1.2 远期合约的到期损益 学习：一单位标的资产远期合约多头损益和一单位资产远期合约空头损益的内涵以及公式；远期合约的损益图，举例说明远期合约能够降低汇率风险	（2）针对远期合约的基本特征进行课堂交流； （3）学生针对教师的提问“远期合约能做什么”进行抢答	（2）通过提问，考查学生对于远期合约如何抵抗风险的认知程度； （3）结合案例进行互动和分析，让学生更生动具体地理解“远期合约”的特征
（线下 5 分钟） 通过对比分析法，分别介绍远期合约的类型，包括利率远期、外汇远期和商品远期，接着介绍远期利率协议（FRA）的定义	1.3 远期合约的类型 简单介绍利率远期、外汇远期和商品远期合约；详细介绍远期利率协议（FRA）的定义	（1）聆听教师讲授，主动跟随思考远期合约的分析； （2）引导学生思考远期合约分类标准	让学生从整体角度了解三种远期合约；让学生掌握FRA 的定义
（线下 10 分钟） （1）首先举一个远期合约的例子，求算远期利率； （2）介绍 FRA 的基本特征和概念	1.3 远期合约的类型 学习 FRA 的基本概念，包括延展期、协议期限、合约期限、买方和卖方、协议利率、参考利率、买卖报价等	聆听教师讲授，主动跟随思考 FRA 的组成部分、关键概念	让学生了解 FRA 的组成
（线下 30 分钟） （1）结合合约条款分析交割的合理性和交割额计算公式； （2）结合合约要素确定日期、说明结算日（借款初期）、交割的合理性； （3）结合债券定价理论，说明折现的必要性； （4）通过启发式提问，说明折现率的选择； （5）枚举法：解释计息基准及其应用； （6）情景分析：假设情景通过逻辑推演，说明利息差交易不影响 FRA 风险管理的特点	1.3 远期合约的类型 学习：FRA 交割金额的公式；常用的计息基准有哪些	（1）认真聆听教师对于 FRA 交割的讲授，该部分涉及计算，内容较为复杂，学生应认真听讲，理清每一个步骤； （2）针对案例，学生需要根据已知条件计算合约结算日的结算金额； （3）启发式提问，引导学生思考如何选择折现率	（1）让学生了解FRA交割的时候应该如何计算交割金额； （2）学生可以根据已知信息计算FRA的交割金额； （3）让学生了解常见计息基准的表示方法
（线下 5 分钟） 我国的 FRA 合约	1.3 远期合约的类型 学习：我国第一笔 FRA 的交易情况，我国 FRA 应急申请单的内容；本节内容小结	在中国外汇交易中心下载 FRA 应急合约，结合应急条款真实感受远期合约的场外交易特点	让学生了解我国 FRA 应急申请单

续表

教学步骤	教学内容	学生活动	设计意图
（线下 20 分钟，线上 90 分钟） （1）期货改进远期的方式； （2）期货的标准化； （3）期货的保证金交易； （4）期货头寸的了结； （5）期货与远期的区别与联系； （6）期货的交易与行情	2 期货市场及其交易机制 2.1 期货的标准化 学习：期货的定义；期货哪些条约需要标准化；黄大豆 1 号期货合约的内容和交割过程；不同期货产品的差异，如股指期货、商品期货、原油期货、国债期货。 2.2 期货的保证金交易 学习：保证金的三个制度；保证金规定在中国和美国间的差异；保证金的类别；保证金账户变动和盯市的结算；盯市结算计算公式；盯市结算的影响；期货保证金如何计算；强行平仓制度。 2.3 期货头寸的了结 学习：提前平仓的平台操作、提前平仓的损益计算以及提前平仓产生的影响；期货的交割制度；分析一个股指期货交割案例；期货转现货；期货与实物交割、提前平仓的差异。 2.4 期货和远期的对比 学习期货和远期合约的差异。 2.5 期货交易与行情 学习：期货交易的三个阶段，即开仓、持仓和平仓；期货交易程序；期货交易指令；期货交易规则；合约期限如何选择	（1）学生需要线上自主学习相关教学视频； （2）参与 SPOC 平台线上讨论关于“我国交易量计算方式 2020 年有什么变化、有何影响”这个问题； （3）学生需要参加课后线上检测：检验记忆知识的掌握； （4）向学生发布课后纸质作业，考察学生的计算能力和分析能力	**思政点：** （1）训练科学的思维方式，强化科学思维方法的训练和科学伦理的教育； （2）让学生了解我国期货市场的交易规则、交易风险； （3）了解我国金融期货创新历史，增强创新精神、创造意识和创造能力
（线下 10 分钟） （1）介绍商品期货的定义； （2）案例分析：结合期货公司分析经验说明商品期货交易考虑因素的特殊性	2.6 具体期货介绍 学习商品期货的定义及其基本面	聆听教师讲授，了解本节学习要求	**思政点：** 引导学生理解职业规范，提升学生的职业素养
（线下 10 分钟） （1）结合沪深 300 股指期货介绍股指期货的盯市结算和交割机制； （2）借助交割机制，反证推演期货价格收敛现货价格	2.6 具体期货介绍 学习：股指期货合约的价值是如何计算的；股指期货的交割机制	学生认真聆听教师授课内容	帮助学生理解股指期货合约的内容，丰富学生对期货合约种类的理解

续表

教学步骤	教学内容	学生活动	设计意图
（线下 **45** 分钟） （1）说明欧洲美元期货也是以债务工具为标的的，说明采用百分比报价的合理性； （2）结合债券百元期货报价规则，解读欧洲美元期货条款； （3）根据报价与利率间的关系，对比分析与 FRA 的关系； （4）结合百分制报价说明其盯市结算与其他期货的共性特征，并举例为证； （5）进一步给出交割额计算的百分比方法	2.6 具体期货介绍 学习：欧洲美元期货的定义、特征；欧洲美元期货合约条款内容；欧洲美元期货是如何报价的；欧洲美元期货合约价值的计算；欧洲美元期货的盯市结算；最小变动计算；交割额计算	（1）学生需要提前预习本节内容，认真聆听教师的讲授内容、对课上举出的计算案例进行分析； （2）讨论欧洲美元期货与 FRA 有何区别与联系	
（线下 **90** 分钟） （1）从债券定价出发介绍净价与全价的区别； （2）结合实验情景和金融资讯终端净价、全价走势图，说明净价报价的意义； （3）推演转换因子的计算过程； （4）结合公式分析转换因子的特征； （5）对比中美转换因子的差异； （6）逻辑分析 CTD 的由来； （7）解释 CTD 到期日和到期前的选择方法，引出隐含回购利率与无套利定价的概念	2.6 具体期货介绍 学习：我国国债期货的发展情况；中长期国债期货报价方式；我国国债期货合约细则；转换因子的作用；转换因子的计算公式；以中国为例，到期日前 CTD 的初步选择；国债期货的交割与空头选择权；中国国债期货的交割选择权；卖方期权对国债期货的影响。 结合金融资讯终端解释 CTD 选择的实践方法。 结合中美交易制度对比分析卖方选择权的差异	（1）线上教学互动：学生投票调查对转换因子的理解； （2）讨论为何债券习惯使用净价报价； （3）计算转换因子	思政点： （1）强化学生逻辑分析和辩证思维能力； （2）了解国债期货的世情国情民情
（线下 **5** 分钟） 结合我国外汇期货仿真合约和国际常见外汇期货简要介绍外汇期货产品	2.6 具体期货介绍 学习外汇期货以及国际货币市场分部（IMM）普通外汇期货合约	认真聆听教师的讲授内容	丰富学生对期货品种的理解

续表

教学步骤	教学内容	学生活动	设计意图
（线上 90 分钟） （1）为每个学生配置交易账号； （2）发布交易规则和手册； （3）学生自行交易，老师在线答疑	3 期货模拟交易实践 该部分教学内容是学生线上进行期货合约的交易，为期两个月，结合前期所学内容进行模拟实战	学生自行进行线上模拟交易，可以向教师和平台技术微信群提问，寻求答疑解惑	**思政点：** 提高学生实操能力，加深学生对期货合约的理解和对我国期货市场的理解
本章参考资料： （1）课程课件； （2）“金融工程概论”慕课（Mooc）； （3）王晋忠. 衍生金融工具. 北京：高等教育出版社，2019； （4）约翰·赫尔. 期权、期货及其他衍生产品（原书第 10 版）. 王勇，索吾林，译. 北京：机械工业出版社，2018； （5）金融资讯终端； （6）国泰安虚拟交易所。			

第二节　典型课程思政教学案例

【案例 1】中国金融期货发展历史与产品创新反思

【案例摘要】期货过度投机导致市场关闭的事件层出不穷，我国 20 世纪 90 年代推出的金融期货最终退出历史舞台与此密切相关，这是期货的错还是机制创新的不完善呢？本案例通过分析我国 20 世纪 90 年代推出的外汇期货、股指期货、国债期货的不同交易历史和失败原因，了解期货的投机风险和创新前提，强化学生的逻辑分析能力，帮助学生理解创新需要考虑的条件，增强学生的创新精神、创造意识和有效创新能力。

【教学目标】

1. 价值目标

（1）客观认识我国金融期货创新历史的国情；

（2）理解创新产品需要考虑的合理性因素，培养学生的科学思维。

2. 知识目标

（1）理解期货裸投机的风险性和危害；

（2）了解我国金融期货的发展历史。

3. 能力目标

（1）能够结合宏观市场环境、期货条款细节，客观分析我国期货市场的发展历史；

（2）能够辩证地总结历史经验和教训，基于实事求是、因地制宜的原则，增强有效创新能力。

【案例知识点】

（1）期货交易的杠杆性风险；

（2）期货创新的前提条件。

【案例适用课程】

适用于金融工程、衍生金融工具课程。

【案例详情】

1. 引言

我国在20世纪90年代曾出现过金融期货，但最后都遭遇失败，是什么原因导致金融期货，曾经退出我国历史舞台呢？

表4－1列出了我国历史上的国债期货、外汇期货和股指期货的持续时间等信息，持续时间基本上在20世纪90年代。

表4－1　　我国20世纪90年代的金融期货

品种	持续时间	基础品种	结局
国债期货	1992年12月—1995年5月	1993—1994年发行的大部分2年期、3年期、5年期可流通国债	以“327国债事件”为代表的一系列恶性违规事件，导致正常交易无法进行，监管部门宣布暂停
外汇期货	1992年6月—1996年6月	美元、英镑、德国马克、日元、港元	因为缺乏需求，市场交易冷淡，1996年3月27日，中国人民银行和国家外汇管理局宣布《外汇期货业务管理试行办法》失效
股指期货	1993年3月—1993年9月	以深圳综合指数和深圳A股指数为标的	股价因股票供不应求处于高位，股指期货成为一种投机性极强的工具。1993年9月，深圳平安保险公司福田证券部出现大户联手交易打压股价指数的行为，监管部门宣布停止交易

从表4－1可以看到，国债期货于1992年12月上市，1995年5月因为期货市场被操纵的违规投机交易退市，外汇期货在1992年6月上市，1996年6月退市，股指期货从上市到退市仅仅经历了6个月，可以称得上昙花一现。

2. 国债期货退市背景

1992年时中国国债发行极难。在1990年以前，国库券一直是靠行政分配的方式发行的。国债的转让流通起步于1988年，1990年才形成全国性的二级市场。个人投资者普遍把国债作为一种变相的长期储蓄存款，很少有进入市场交易的兴趣。在缺乏债券价格市场化的情况下，简单照搬美国经验，1992年12月28日，上海证券交易所首次设计并试行推出了12个品种的期货合约，在国债期货试行的两周内，交易清淡，仅成交19手。1993年7月10日，情况发生了历史性的变化，这一天，财政部颁布了《关于调整国库券发行条件的公告》，公告称，在通货膨胀居高不下的背景下，政府决定将参照中国人民银行公布的保值贴补率给予一些国债品种保值补贴。由于通货膨胀带来人民币贬值，从而使国债持有者的实际财富减少，为了补偿国债持有人的这项损失，财政部会拿出一部分钱作为增加的利息，称之为保值贴息。这相当于通过政府调控干扰了债券价格的市场规律，因此在补贴预期下，国债收益率开始出现不确定性，国债期货市场的炒作空间扩大，最终由于期货风控机制的不完善和参与机构系列违规投机操作，造成了 1995 年 2 月中国期货业的“滑铁卢之战”——“327 国债事件”，以及之后 1995 年 5 月的“319 风波”，为国债期货的首次试水画上了终止符。

3. 股指期货退市背景

股指期货与国债期货有类似之处。1993 年 3 月 10 日，海南证券报价交易中心推出以深圳综合指数和 A 股指数为标的的 8 个品种的期货合约。但 20 世纪 90 年代我国的股票现货市场才刚刚起步，股票供不应求，在这种情况下再增加高杠杆的期货交易，会使得股指期货变成完全投机的工具，因此开市半年之后，因为交易机制不完善和过度投机，股指期货退市。

4. 外汇期货退市背景

外汇期货退市与前两者有所不同。我国的汇率改革是在 2005 年实施，所以在 2005 年之前我国是一种钉住美元的固定汇率制度，在这种制度下汇率波动是很小的，因此整个市场的交易非常清淡，在这种情况下虽然没有产生大的事件，但变成了一个“鸡肋”的市场，因此，1996 年由于市场缺乏活跃度，外汇期货市场停止交易。

5. 结语

从我国历史上曾存在的金融期货产品停止交易的事例中可以看出，金融创新需要合适的时机：市场具有一定的活跃度、有效性和适当的市场规模，可容纳巨额交易的发生。同时，我国国债期货在历史上的停止也映射出产品设计需要有合理性，以防止对现货市场的操纵。

6. 案例参考资料

［1］冯建芬，邓军，聂晶，余湄，周荣喜，谢海滨. 对外经济贸易大学“金融工程概论”慕课. https://www.icourse163.org/course/UIBE－1206446827?from＝searchPage，2019.

［2］王晋忠. 衍生金融工具. 北京：高等教育出版社，2019.

【案例 2】“327 国债事件”与我国国债期货条款设计

【案例摘要】期货的条款设计和推出并不是主观随意的，需要结合现货需求、市场规模、现货交易活跃度等各方面因素共同确定，因此商品期货、股指期货、国债期货甚至同一分类的不同品种会有不同的条款设计，并且期货的条款在上市后还会随着市场环境的变化而进行调整。本案例从 20 世纪 90 年代我国第一次推出国债期货市场后发生的“327 国债事件”出发，通过对比分析第一代国债期货和新型国债期货的条款，学习期货合约的设计逻辑，让学生在了解我国期货发展历史的同时，学习金融产品创新的逻辑和原则。

【教学目标】

1. 价值目标

（1）掌握金融创新的逻辑和原则，提升金融工程人才的职业素养；

（2）理解我国新型国债期货条款设计的合理性；

（3）学会用可持续发展的眼光看待期货的创新设计。

2. 知识目标

（1）理解新型国债期货的标准化设计；

（2）理解期货投机存在的高杠杆风险；

（3）掌握新型国债期货的标准化条款。

3. 能力目标

（1）能够分析我国新旧国债期货的差异；

（2）能够结合标的资产特征，分析期货品种条款设计的合理性。

【案例知识点】

（1）期货的标准化；

（2）期货杠杆投机的风险性；

（3）金融产品创新设计的原则。

【案例适用课程】

适用于金融工程、衍生金融工具课程。

【案例详情】

1. 引言

我国的国债期货发展经历了两个阶段：第一阶段，1993 年 10 月—1995 年 5 月，为我国国债期货试水阶段。1993 年 10 月，上交所率先推出国债期货，但因为市场监管制度不完善，国债期货推出后，先后发生过“314”“327”“319”等三次国债期货风险事件，其中“327 国债事件”最为恶劣，由此导致 1995 年 5 月中国证监会决定暂停国债期货交易试点。第二阶段，2013 年 9 月至今，我国新型国债期货重新上市。2013 年 9 月 6 日，我国 5 年期国债期货正式在中国金融期货交易所上市交易，国债期货第二次登上我国金融市场的舞台。两个阶段的国债期货设计有什么不同？为何第一阶段会发生如此多的投机风险事件？下面我们从“327 国债事件”谈起，聊一聊我国国债期货设计的沿革。

2.“327 国债事件”经过

为了刺激国债市场，使国债顺利发行，1993 年底，财政部、中国人民银行批准了由上交所提出的国债期货市场试点。同年 10 月，上交所率先推出的国债期货交易向社会公众开放。随后，北京商品交易所也推出国债期货品种。当时，为了抑制通货膨胀，钢材、煤炭、食糖等大宗商品期货品种被暂停，股市也表现低迷，因此，从 1994 年到 1995 年 2 月，国债期货的交易规模迅速扩大。以广东联合期货交易所（简称“广联所”）为例，该交易所于 1994 年 10 月推出国债期货品种，客户蜂拥而至，门庭若市，日交易金额达百亿元之多。

在我国国债期货试点过程中，先后发生过“314”“327”“319”三次国债期货风险事件，其中“327 国债事件”最为恶劣，直接导致了我国国债期货试点的失败。1995 年，国债期货停止交易，时隔 18 年后，2013 年国债期货才得以重新推出。

327 国债是指 1992 年发行、1995 年 6 月 30 日到期、年利率为 9.50% 的 3 年期国债品种，总发行额为 240 亿元。该品种在到期之前不付利息，每 100 元面值到期一次兑付 132 元。327 国债期货则是以 327 国债为标的的国债期货品种，国债期货的初始保证金为交易额的 2.5%，上交所曾明确限制交易商的头寸，后因种种原因不得不一再提高限额。

327 国债期货在 1994 年 10 月的市价不到 116 元。1993 年通货膨胀率为 13.2%，1994 年通货膨胀的压力更大——人们预期 1994 年的通货膨胀率将远高于 1993 年的水平。为了保证新国债的顺利发行，国家决定对已经发行的国债实行保值贴补，保值贴补率由财政部根据通胀指数每月公布，这就意味着 327 国债到期将以更高的价格兑付。1994 年 10 月公布的保值贴补率为 8%，而且不断上升，到 12 月突破了两位数。327 国债期货的价格直线上扬。到 1995 年初，327 国债期货的价格已经达到了 140 多元，在短短的 3 个月里上涨了 20% 多。从 1994 年 10 月到 1995 年初，多头交易商获得的利润相当于原始保证金的 8 倍多。

从 1995 年 2 月初开始，市场上开始传闻财政部将再次提高保值贴补率，327 国债将会以 148 元兑付。面对传闻，市场出现了急剧分化。当时市场上云集了众多著名机构，其中尤其引人注目的三家是中国经济开发信托投资公司（简称“中经开”）、万国证券和辽宁国发集团股份有限公司（简称“辽国发”）。

万国证券、辽国发等机构投资者做空。鉴于宏观调控三年的三大目标的第一条就是治理居高不下的通货膨胀，万国证券认为，没有可能再提高保值贴补率，而且财政部也没有必要为此多支付 10 多亿元的利息。而当时市场上绝大部分中小散户和部分机构做多，他们认为短期内通货膨胀难以控制，保值贴补率上升的可能性较大。

2 月 22 日，多空双方在 147 元附近增持大量头寸，形成对峙局面。当时万国证券持仓量远远超出上交所的规定，327 合约每涨 1 元，万国证券就将亏损 4 亿元。有知情者后来评论说，多空双方此时都已经没有退路了，对政策预期的差异已经演变成资金实力的搏杀。

2 月 23 日，财政部公告贴息方案，327 国债的利率由 9.50% 提高到 12.24%，百元面值的 327 国债将按 148.50 元兑付。上午开盘后，多方在中经开的率领下，用 300 万份买单将前一天 148.21 元的收盘价一举推至 150 元以上，导致空方损失惨重。下午开市后，万国证券的同盟军、空头主力之一辽国发阵前倒戈，转做多头，空方于是溃不成军。327 国债期货合约的价格在 1 分钟内上涨近 2 元，接近 152 元。下午 4 时 22 分，在收盘前的最后 8 分钟，突然出现 50 万份空单，将多头打了个措手不及，价格回落到 150 元。随后，连续几个的数十万份空单又将价格打回到 148 元。收市前最后时段竟然出现一笔 730 万份的巨大卖单，把价位封死在 147.50 元。仅仅在几分钟内，多头交易商把当天早些时候的盈利全部亏光。事后统计表明，万国证券最后 8 分钟共抛出 1 056 万份卖单。1 056 万份空单意味着 2 100 亿元总面值的国债！当时 327 国债总共才发行了 240 亿元。

2 月 23 日交易结束后，上交所宣布收市前 7 分多钟的交易无效，当天收盘价为 151.30 元。如果最后 8 分钟交易有效，万国证券赚 42 亿元，而现在亏 16 亿元。许多人这一天在身价千万元的暴发户与债台高筑的穷光蛋之间转了个来回。调查组最终将“327 国债事件”定性为“违规操作”。

3. 案例思考与新旧合约对比

仔细分析上述案例，我们可以发现“327 国债事件”的发生有几个关键因素：一是现货市场价格的明确预期，使得期货市场存在明确的套利机会；二是期货交易规则可能存在缺陷，导致投机交易者能够超过交易限制短时间内进行巨额期货头寸的买卖，给市场带来巨大冲击；三是期货条款可能存在不合理性，导致了单一期货品种的搏杀游戏。

表 4－2 分别从合约的标的、面值、月份等方面来对 2013 年推出的 5 年期国债期货和在 20 世纪 90 年代发行的 327 国债期货进行比较。

表 4－2　　我国新旧国债期货条款对比

条款	5 年期国债期货（2013 年）	327 国债期货（1993 年）
合约标的	票面利率 3% 的名义中期国债	92（3）国债
合约面值	100 万元	2 万元
合约月份	3、6、9、12 月	3、6、9、12 月
每日最大波动	上一交易日结算价的 ±1.2%	无涨跌停板
保证金比例	最低保证金率 1%	1%～2.5%
交割券	合约到期月份首日剩余期限为 4～5.25 年的记账式附息国债	单一券种
限仓制度	一般账户非交割月限 800 手，交割月限 300 手，合约最大持仓低于总单边持仓的 25%	无

首先可以看到，在 20 世纪 90 年代发行的国债期货是以某一个实体的债券为标的的。例如，327 国债期货就是以 1992 年发行的 923 国债为标的。后来发行的新型国债期货是以一个名义的中期国债作为标的的。

从合约面值上来看，90 年代发行的国债期货一份合约的面值是 2 万元，而现在是 100 万元。单份合约的金额有一个明显的扩大。

合约月份几乎没有差异。但是在每日波动方面，可以看到 5 年期国债期货限制了期货涨跌的幅度，但是在 1993 年时是没有的，因此一天的价格可能出现很大幅度的波动。保证金的比例没有太大的差异。

由于新型的国债期货以名义债券为标的但又是进行实物交割，所以在进行交割的时候可以有多个债券作为选择。而在 90 年代时，国债期货仅仅是以某一个债券为标的，在实物交割时自然就只能以单一债券来进行交割了。

另外还有限仓的制度。在新型的国债期货中，对一个账户能够持有多少手有一定的限制。在非交割月限制是 800 手，到了交割月时会限制为 300 手。对最大的单边持仓量也有限制，要求不能超过市场单边持仓量的 25%。而 90 年代发行的国债期货在限仓方面是没有任何要求的，这也使得在“327 国债事件”中出现了单边持仓量巨大的情况。

由此，我们总结 20 世纪 90 年代国债期货失败的原因如下：

（1）交易制度欠合理，以实际债券为标的，期货缺乏连续性。由于以单一债券为标的，一旦债券到期，这个期货也就不复存在了，故期货缺乏连续性。

（2）以单只国债为标的，现货流动性不足，容易诱发逼空。所谓的逼空操作就是指空头在持有期货的时候，由于市场流动性缺乏，在缺乏现货头寸的情况下，被迫高位买入平仓导致受损的行为。1994 年时，国债期货市场非常火爆，国债期货市场的规模达到了 2.6 万亿元，而现货市场的规模只有 445 亿元，期货市场的规模比现货市场规模大了五六十倍。在这种情况下，大部分的空头持仓需要在到期之前进行平仓，这种现货市场流动性不足很容易发生逼空操作。

（3）多个期货交易所交易，市场分割严重。当时最多的时候可以有 14 个交易所同时交易这种国债期货，所以市场分割比较严重，价格缺乏统一性。

（4）交易所风险防范技术不足，缺乏风险监控机制。

缘于上述原因，新国债期货在以下几方面进行了改进：

（1）标的资产改为名义债券，避免了对现货市场单一券种的过度依赖；

（2）实物交割时，允许一组可交割债，避免交割对现券市场流动性的影响；

（3）增加风险监控，包括涨跌停板、大户报告、投机限仓、集中结算等。

以我国首推的新型国债期货——5 年期国债期货为例，条款如表 4－3 所示。

表 4－3　　2013 年我国中金所推出的 5 年期国债期货条款

合约标的	面额为 100 万元人民币，票面利率为 3% 的名义中期国债
报价方式	百元报价，净价报价，全价结算
最小变动价位	0.005 元人民币

续表

合约月份	最近的 3 个季月
交易时间	一般交易日：9:15—11:30；13:00—15:15。最后交易日：9:15—11:30
最大波动限制	上一交易日结算价±1.2%
最低交易保证金	合约价值的 1%
当日结算价	最后一小时成交价格按成交量加权平均价
最后交易日	合约到期月份的第二个星期五
交割方式	实物交割
可交割债券	发行期限≤7 年，合约到期月首日剩余期限为 4～5.25 年的记账式附息国债
最后交割日	最后交易日后的第三个交易日
交割结算价	最后交易日全天成交量加权平均价
合约代码	TF

值得一提的是 5 年期国债的可交割债券范围，因为 5 年期国债期货是我国首推的品种，在最初推出的时候，它的可交割债的范围跟表 4－3 所示的还有所差异，当时是允许离合约到期月首日剩余期限为 4～7 年的记账式国债都可以用于交割。

在 2015 年的时候，我国又推出了 10 年期国债期货，它的可交割债是从 6.5 年开始，因此在 2015 年之后，5 年期国债期货的可交割债就变成了 4～5.25 年；在 2018 年我国又推出了 2 年期国债期货，此时对于 5 年期国债期货可用于交割的债券范围又进行了进一步的限定，要求发行期限是小于或等于 7 年，同时合约到期月首日剩余期限为 4～5.25 年的记账式国债期货。

由此可以看到，交易所的期货条款制定也并不是一成不变的，而是会根据市场的需求适时地做一些微调。

4. 案例小结

通过上面的介绍我们可以发现，任何成功的期货合约，都需要合理的思维缜密的设计，兼顾满足市场需求、风险可控、条款合理、规模适度。

5. 案例参考资料

[1] 冯建芬，邓军，聂晶，余湄，周荣喜，谢海滨. 对外经济贸易大学“金融工程概论”慕课. https://www.icourse163.org/course/UIBE－1206446827?from＝searchPage，2019.

[2] 王晋忠. 衍生金融工具. 北京：高等教育出版社，2019.

【案例 3】实践案例——期货模拟交易

【案例摘要】实践出真知，再多的课堂讲授不如学生自主实践更有收获。本案例展现组织学生在业界专家指导下通过模拟交易软件进行为期 2 个月的期货模拟交易的教学过程，使学生能够通过交易实践，了解我国期货市场的交易规则，采取正确的交易态度，培养健康的交易心理，通过自主关注市场资讯、学习行业分析报告建立合理的交易逻辑，强化交易合规的职业素养，提高学生的自主学习能力、市场实操能力和逻辑思维能力。

【教学目标】

1. 价值目标

（1）通过交易实践培养学生敬畏市场、注意交易风险管控、遵守市场规则的职业素养；

（2）熟悉中国期货市场交易机制，知世情国情民情。

2. 知识目标

（1）了解我国商品期货和金融期货的交易规则；

（2）理解杠杆交易的投机风险；

（3）熟悉期货交易的绩效评价指标。

3. 能力目标

（1）能够自主分析市场趋势和市场资讯信息，提升交易逻辑的构建能力和市场变现能力；

（2）能够理性认知自身风险承受能力，建立适合自身的期货交易敞口，形成好的交易习惯，增强风险管控能力；

（3）养成复盘习惯，提升客观认知交易得失的心理调节能力；

（4）提高学生的自主学习能力和逻辑思维能力。

【案例知识点】

（1）期货交易相关概念——保证金制度、盯市结算、开仓、持仓、平仓；

（2）期货交易盈亏的计算；

（3）商品期货与金融期货的标准化条款。

【案例适用课程】

适用于金融工程、衍生金融工具和金融市场学课程。

【案例详情】

1. 实践目的

目的 1：熟悉我国期货条款和期货市场的交易规则。学生根据金融资讯终端等金融资讯平台，获取行情资讯信息，了解我国目前的宏观经济背景、感兴趣行业的发展现状、目前期货市场的交易热点以及期货标的的基本面信息，选择期货品种进行交易实践，实践自己的市场预期策略，完成期货的开仓、持仓和平仓，了解我国期货交易的时间段、证券账户的资金划转、不同订单指令（市价指令，限价指令）的提交、订单从提交到成交需要满足的条件、账户金额随行情波动的变动情况、期货交易绩效指标的计算等，理解期货杠杆交易的特点。

目的 2：综合利用所学各科专业知识学习期货的技术分析和基本面分析，培养自洽的交易逻辑。能够结合技术分析或者基本面分析有理有据地陈述自己期货品种选择、建仓和平仓的时间点选择的理由，训练自己的交易逻辑，避免盲目投机。

目的 3：养成交易复盘习惯，加强交易心理建设。体验盯市波动中的心理变化，结合专家指导，培养健康的交易心理。

2. 实践任务

每个学生分配 500 万元虚拟交易资金，自任务发布日期起，每个学生在 2 个月内独立完成不少于 10 笔的期货开平仓交易，聆听不少于 2 次的业界专家指导讲座。

3. 实践过程

整个实践交易过程由学生在课下通过线上模拟交易系统完成，账号由管理教师分配。

（1）登录自己的模拟账户，根据自己的交易兴趣，完成向金融期货或者商品期货账户的银证转账，用于下一步的期货持仓操作。

（2）聆听或自主学习期货交易技术和交易指导，了解期货交易应该注意的事项、操作规范、交易逻辑建立原则和风险管控常识。

（3）通过券商、期货研究员的分析报告，以及金融资讯等实时行情资讯平台，了解当前我国的宏观环境、行业环境和期货市场的基本面信息，进行期货交易决策，在模拟交易平台完成期货多头开仓或者期货空头开仓的操作，可尝试限价订单或者市价订单，体验成交速度差异。

（4）养成盯市习惯，关注市场行情变化和保证金账户资金变动，寻找平仓时机，完成期货平仓操作。

（5）查阅交易流水和交易账户的盈亏绩效，复盘交易逻辑的合理性。

（6）参加交易期中安排的交易心理讲座，结合自己的交易实践，在专家指导下培养健康的交易心理。

4. 实践评价

期货模拟交易实践评分标准如表 4－4 所示。

表 4－4　　期货模拟交易实践评分

姓名		学号		
实践得分				
项目名称	评分标准	满分	权重	得分
标准 1	期货模拟交易次数是否达到要求，在要求次数以上即为满分，少一次扣 5 分，没有交易不得分	100	0.4	
标准 2	模拟交易排名，排名前 10% 为满分，排名每下降 10%，扣 5 分，没有交易不参与排名、不得分	100	0.4	

续表

项目名称	评分标准	满分	权重	得分
标准 3	是否聆听和参与实践交易指导讲座，1 次 70 分，2 次 100 分，不参与不得分	100	0.2	
注：模拟交易排名标准	综合账户日平均收益、日平均标准差、日无风险利率计算夏普比率，根据夏普比率的高低进行排名，以模拟交易系统给出的最终总排名结果为准，最终排名为模拟交易任务结束日的排名情况；为激励学生积极参与和加强风险管控意识，也可以设定持仓比例限制和违规惩罚			

第五章

金融工程定价原理

第一节　教 学 设 计

一、总体设计

1. 基本信息

课程名称：金融工程

知 识 点：金融工程定价原理

授课时间：第 4 周（线下 135 分钟）

2. 学情分析

（1）学生已细致了解远期合约的相关概念；

（2）学生在固定收益证券分析课程中了解了利率的种类和作用。

本章在此基础上，简单回顾利率的分类，特别是通过案例让学生深刻认识到单利和复利的区别，对金融工程为何偏好连续复利做出解释，核心内容是以远期利率和无红利支付的远期合约定价为例，掌握套利定价原理和风险中性定价原理。两个原理的思想和应用将贯穿整个课程。因此，本章用简单的例子阐释重要的理论。

3. 教学思路

金融工程的定价方法主要用于研究金融工程中衍生工具如何合理定价，后续章节会基于本章介绍的金融产品定价原则、利息度量方式、定价方法以及定价的目的和用途等方面展开论述，让学生深度了解金融衍生产品定价。因此，本章结合远期合约的定价和套利策略设计介绍金融工程定价的基本分析方法，特别是无套利定价法和风险中性定价法，希望学生了解衍生产品定价的市场假设，掌握连续复利的概念和意义，掌握无套利定价与风险中心定价方法的原理和应用，理解定价的目的和用途。

本章内容主要在线下授课完成，结合线上互动，通过课堂互动讨论，加深学生对于重点概念和重点知识的理解。通过逻辑推演的方法，运用数学概念推理套利定价的复制思路、连续复利的货币时间本质；通过对比分析法，分析绝对定价法和相对定价法的区别，帮助学生更好理解金融工程的定价原理。

4. 主要内容

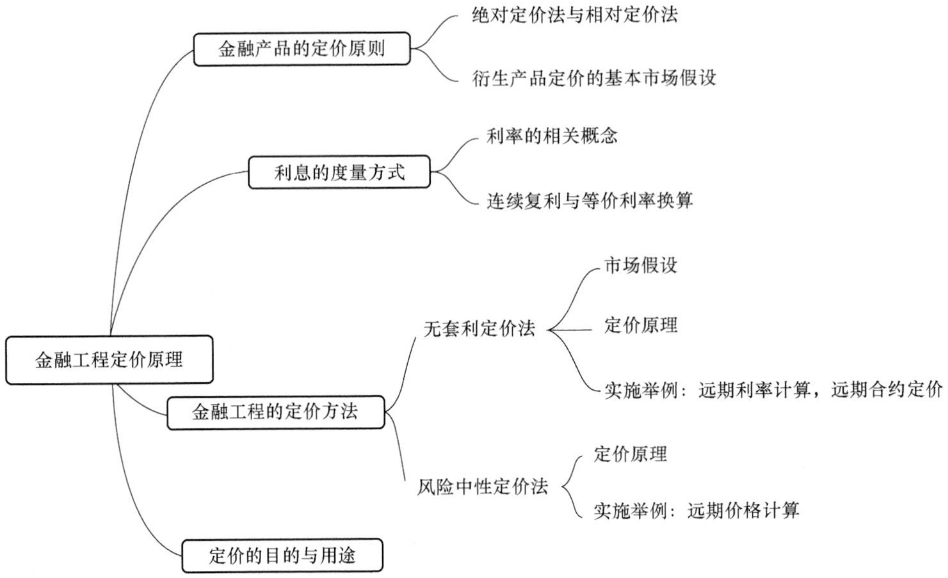

二、教学目标

1. 思政目标

（1）了解我国维持国内生产总值（GDP）稳定增长的巨大成就，坚定“四个自信”；

（2）了解我国债券市场的利率风险国情。

2. 知识目标

要求记忆的内容：

（1）衍生产品定价的基本市场假设；

（2）连续复利的概念；

（3）套利的概念；

（4）即期利率与远期利率的概念；

（5）利率期限结构的概念和作用；

（6）远期合约的理论协议价格计算；

（7）风险中性定价的定义和应用条件。

需要理解的内容：

（1）相对定价和绝对定价的区别；

（2）设定市场简化假设的目的；

（3）定价的基本假设与市场实际情况的差异与影响；

（4）单利与复利的差异；

（5）长期稳定收益的困难；
（6）连续复利的本质特征和为衍生产品定价带来的便利；
（7）如何理解套利定价的核心技术——复制技术；
（8）远期利率和即期利率的换算关系；
（9）期货价格并非未来现货价格的预测；
（10）区分远期价格和远期合约的价值。

能够应用的内容：

（1）能够根据实际情况，判定应用何种套利定价方式进行估值；
（2）能够利用套利定价原理发现不合理的定价现象，设计无风险套利策略；
（3）能够应用风险中性定价原理简化定价过程；
（4）能够进行即期利率曲线和远期利率曲线的换算绘制。

3. 能力目标

（1）提升学生对定价原理能够举一反三的应用能力；
（2）提升学生的量化分析能力。

三、教学重点和难点

1. 教学重点

（1）衍生产品定价的基本市场假设；
（2）连续复利的概念；
（3）无套利定价原理；
（4）风险中性定价原理。

2. 教学重点突出方法

启发式研讨，案例教学，逻辑推演，举例，市场实践。

3. 教学难点

（1）如何理解套利定价理论的关键技术——复制技术；
（2）如何基于套利定价组合发现套利机会，构建无风险套利策略；
（3）如何理解风险中性定价原理。

4. 教学难点的解决方法

启发式提问，举例，逻辑推演。

四、课程思政实施过程

（1）在利息度量方式一节，回顾利息的种类和定义，通过将唐朝的 1 元钱分别按连续复利、年复利和单利计息方式累计到当前的例子和巴菲特被称为股神的例子说明获得长期稳定收益的困难性，并通过概率论知识让学生计算获取长期稳定收益的概率特征，进一步从稳定增长角度看我国 GDP 增长与美国 GDP 的增长，深刻认识中国维持高增长率的不易；在稳定增长的假设下，结合中国和美国实际的 GDP 数据，让学生推演中国 GDP 超过美国的年限，坚定道路自信、理论自信、制度自信和文化自信；结合数据结果和诸多专家学者的文献资料观点，进一步讨论美国挑起中美贸易摩擦的必然性和内在原因，让学生看到我国面临的国际形势和国际挑战，同时借用所有学生深有感触的我国抗击新冠疫情所取得的巨大成就和我国在疫情防控期间对外援助的大国担当，理解美国的自私、霸权和我国推动构建人类命运共同体的大国格局，具象化理解习近平总书记在庆祝中国共产党成立 95 周年大会上的讲话——“中国对外开放，不是要一家唱独角戏，而是要欢迎各方共同参与；不是要谋求势力范围，而是要支持各国共同发展；不是要营造自己的后花园，而是要建设各国共享的百花园”。在坚定“四个自信”的同时，增强学生的爱国情怀，帮助学生领悟我国的对外开放政策和习近平新时代中国特色社会主义思想。

（2）指导学生登录中国债券信息网，了解我国不同类型债券的即期利率曲线、到期收益率曲线和远期利率曲线，并讨论不同类型利率期限结构的差异性，展示信用风险带来的影响，让学生对我国债券市场的分类、不同类别债券的风险有系统的认知。

五、具体教学过程

教学步骤	教学内容	学生活动	设计意图
（10 分钟） （1）本部分内容在线下课堂进行讲授，通过对比分析法分析绝对定价法和相对定价法的区别； （2）讲解衍生产品定价的基本市场假设	**金融工程定价原理** 1 金融产品定价原则 1.1 绝对定价法与相对定价法 以债券定价和衍生产品定价做对比，说明绝对定价法和相对定价法的区别。 1.2 衍生产品定价的基本市场假设 分析每一条假设的含义，并与学生共同研讨放松每个假设对定价的影响。 以红色字体突出无套利假设，强调其是衍生产品定价最重要且不能放松的假设，突出重点	（1）聆听教师讲授，主动跟随思考； （2）与教师共同探讨衍生产品定价的假设	（1）让学生深刻理解衍生产品定价的每条重要假设内容； （2）进一步理解绝对定价和相对定价的定义与差异
（20 分钟） （1）简要回顾利率概念的分类。线上线下结合：线上互动，提升学生课堂参与度，引导其主动思考。采用案例教学，了解保持长期稳定收益的不易。	2 利息的度量方式 2.1 利率的相关概念 简要回顾利率概念的分类。 提出常识性问题：我国银行的存款利率是单利还是复利？ 2.2 连续复利与等价利率换算 通过常识性问题让学生了解我国实际存贷利率的计息方式，思考题通过 SPOC 平台“随机点名”方式选择。 通过形象的案例，让学生通过自行计算本息认识单利、复利和连续复利的差别。 唐朝的 1 元钱历经近 1 400 年，按年利率 5% 计算至今的本息和：分别用单利、复利、连续复利计算。	（1）聆听教师讲授，主动跟随思考；	**思政点：** 通过对比我国和美国 GDP 的增长速度，了解我国维持 GDP 稳定增长的巨大成就，坚定“四个自信”

续表

教学步骤	教学内容	学生活动	设计意图
（2）情景教学：利用概率知识认识金融问题。 （3）逻辑推演：连续复利的货币时间强度本质	通过中国GDP增长率与美国GDP增长率的对比分析，以及获取长期稳定收益的概率计算，深刻认识中国维持高增长率的不易，增强学生的道路自信、制度自信。 最后，结合求导的概念给出连续复利是单位时间货币时间价值强度的概念，进一步借助此概念给出时变的利率概念，说明连续复利更容易一般化。 利用1年本息收益相同的原则，讲解利率等价换算的问题，说明连续复利虽然在现实中不多，但不影响定价的本质结果。并举例说明等价换算过程	（2）根据教师给出的思考题思考连续复利的直观含义，等待教师随机点名，学生发表观点，然后给出连续复利的直观定义	
（80分钟） （1）讲授套利定价法：线上互动与线下讲授结合，给出三个思考题，举例引出套利的概念。 （2）结合数学条件的交并补概念推出无套利定价的定价思路。通过逻辑推演的教学方法，运用数学概念推理套利定价的复制思路。 （3）以远期利率的计算为例讲解无风险状态下的套利定价原理应用和套利策略设计；中间自然引入即期利率、远期利率、利率期限结构的概念，以及如何使用Bootstrap方法绘制利率曲线。 （4）通过举例教学法，列举一个市场中存在的套利案例，探讨如何套利。 （5）让学生登录中国债券信息网，了解我国不同类型的利率期限结构	3 金融工程的定价方法 3.1 套利定价法 （1）首先，通过线上互动，以一个思考题引出套利的概念，让学生主动尝试使用套利的思想去获取无风险利润，并通过套利收益率与风险收益率的比较，说明无风险套利和风险投机的本质差别。引出套利的概念和无套利定价的原理。 （2）结合数学条件的交并补概念推出无套利定价的定价思路。进一步解析无套利定价的复制技术的含义，以及对卖空假设的依赖。 （3）以远期利率的计算为例讲解无风险情况下的套利定价原理应用和套利策略设计；其间自然引入即期利率、远期利率、利率期限结构的概念，以及如何使用Bootstrap方法绘制利率曲线。对于远期利率，介绍其更广泛的应用领域，拓宽学生对概念应用的视野。 （4）以无红利支付的远期合约定价为例讲解有风险状态下的定价原理应用。首先介绍远期价格和远期合约价值两个概念的区别。其次利用套利定价原理讲授如何通过复制组合计算远期价格和远期合约的价值。进一步而言，如果实际价格不合理，那么如何利用复制组合的相反操作构建无风险套利组合，获得无风险套利利润	（1）聆听教师讲授，主动跟随思考； （2）完成课上老师给出的思考题，积极发言； （3）市场实践：通过观察中国债券信息网上各种债券不同种类的收益率曲线，了解我国不同类型的利率期限结构	思政点： 了解我国债券市场的利率曲线情况，了解国债、地方债、金融债、企业债的信用差异，理解信用风险对公司融资成本的影响，知国情民情

续表

教学步骤	教学内容	学生活动	设计意图
（20 分钟） （1）先提出风险中性的概念，从而引出风险中性定价的核心法则。 （2）通过举例，让学生计算远期价格。 （3）共同探讨期货的价格发现功能	3.2 风险中性定价法 （1）定价原理。 （2）实施举例：远期价格计算	（1）聆听教师讲授，提升学习积极性和主动思考能力； （2）对风险中性定价案例中的远期价格进行计算	增进学生对风险中性定价的认识
（5 分钟） 总结定价的目的与用途，布置课后任务	4 定价的目的与用途 布置课后预习任务和作业任务，查看学生期货模拟交易情况，选择 1～2 名学生分享交易心得	学生做好课前准备，撰写交易心得	提高学生的总结能力，回顾本章内容，加深记忆点

本章参考资料：
（1）课程课件；
（2）约翰·赫尔. 期权、期货及其他衍生产品（原书第 10 版）. 王勇，索吾林，译. 北京：机械工业出版社，2018；
（3）中国债券信息网（www.chinabond.com.cn）。

第二节　典型课程思政教学案例

【案例】长期稳定收益与中国 GDP 增长

【案例摘要】

本案例以中国 GDP 维持稳定复利增长为例，并对比美国 GDP 增长展示长期稳定的收益率获取的困难，同时借此客观认识美国挑起中美贸易摩擦背后的原因和长期性。加深学生对于复利概念的理解，提升学生对我国改革开放以来取得的经济发展成就的自豪感，坚定“四个自信”，并启发学生客观认识我国实现中华民族伟大复兴面临的挑战，提升学生爱国情怀和专业责任感。

【教学目标】

1. 价值目标

（1）了解世情国情民情，客观认识中美贸易摩擦背景；

（2）坚定“四个自信”，了解我国改革开放后在经济发展中取得的伟大成就；

（3）提升爱国情怀和专业责任感，客观认识我国实现中华民族伟大复兴面临的挑战。

2. 知识目标

（1）理解单利、复利与连续复利的概念和差异；

（2）了解我国经济发展的成就、机遇与挑战。

3. 能力目标

提高运用专业知识解释实际问题的能力。

【案例知识点】

单利、复利、连续复利的概念和差异。

【案例适用课程】

适用于金融工程、衍生金融工具和金融市场学课程。

【案例详情】

1. 引言

巴菲特之所以被有些人称为股神，并不是他收益有多高，而是他长期维持高收益的能力。这个稳定收益用年复利来计算，他从 26 岁到 88 岁，63 年的投资生涯，复利收益达到年均20%，累计收益率达到 7.7 万倍，从极端亏损看，63 年的投资只亏损了两年，最大亏损是 2008 年的 – 9.6%，而这个收益率在次贷危机的年份真的不算什么。其实复利在实践中有很多应用，比如 GDP 增长率就是复利的概念，第二年的增长率计算依据前一年的 GDP 水平，这与滚动计息如出一辙。如果 GDP 长期维持高增长率会产生什么效果呢？我们通过复利的概念来分析一下。

2. 复利的应用——中美 GDP 增长预期对比

1978 年改革开放之后，我国的经济发展在很长一段时间内维持着 8% 以上的高增长：从 1978 年到 1988 年，中国经济年均增长速度为 9%；从 1988 年至 2012 年，年均增长速度超过 10%。中国学者林毅夫在 2013 年指出，中国 GDP 8% 的增长还可以维持 20 年。在 2009 年，我国 GDP 是 4.97 万亿美元，美国是 14.45 万亿美元，美国在 2009 年之前 30 年的时间，GDP 平均增长率为 3.5%，因此假设美国按照 3.5% 的年增长率平稳发展，我国按照 8% 的年增长率继续发展，我们可以计算一下，经过多少年我国的 GDP 会超过美国呢？

这是一个非常简单的年复利的例子，我们按照复利逐年计算两国 GDP 的预期值会发现：2035 年，我国 GDP 将达到 36.75 万亿美元，而美国 GDP 为 35.34 万亿美元，即我国 GDP 会在 2035 年超过美国（见图 5 – 1）。

如果我们使用 2018 年的数据计算，2018 年，中国 GDP 是 13.9 万亿美元，保持 6.5% 的年增长率；美国 GDP 是 20.49 万亿美元，保持 3% 的年增长率。即使降低了增长率，如果持续下去，在 2030 年，中国的 GDP 就能超过美国，这个步伐竟然是加快的，这说明 2009 年至 2018 年我国的经济发展平均速度仍然是超过 8% 的，当然其中也有可能有汇率的因素。

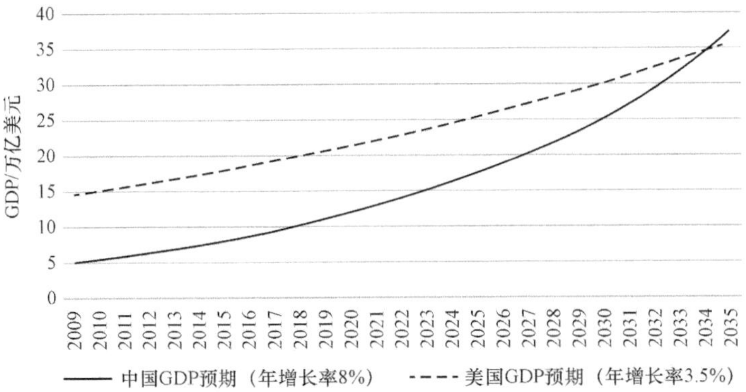

图 5-1　中国 GDP 与美国 GDP 的预期分析（基于 2009 年数据）

剔除新冠疫情因素带来的影响，我们从 2009 年追踪到 2020 年，按照每一年的 GDP 和增长率调整，在 2016 年之前采用 8%的年增长率，2016 年之后采用 6.5%的年增长率，我们会发现，继续追踪我国和美国 GDP 的实际数据到 2020 年（见图 5-2），2009 年的预期超越时间是最晚的时间，2013—2015 年是预期超越时间最快的即 2027 年，这也就意味着按照 2020 年之前的增速，我国的 GDP 在 2032 年之前会超过美国。

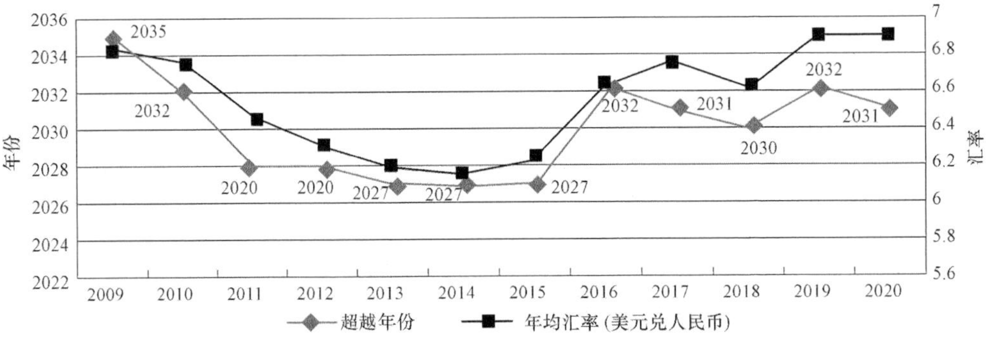

图 5-2　中国 GDP 预计超越美国的年份

注：2016 年之后根据实际增长率调整。

3. 案例讨论

（1）结合案例数据，回顾 2018 年美国挑起的中美贸易摩擦，你如何看待？

解析：美国从 1894 年就成为全球第一大经济体，截至 2018 年，已经持续了 124 年，而根据数据分析，不用 20 年，美国第一大经济体的地位将不复存在，要交出维持 100 多年的经济体头把交椅，这种心理落差自然是可以理解的。其实，美国对于第一有多执着呢？一件有趣的事情发生在 2021 年东京奥运会上，美国到了比赛最后一天金牌数量才险超中国，但之前，美国为了保持奖牌榜第一的位置，用奖牌总数排名（见图 5-3），而不是用常用的金牌总数排名，可见美国对于自己霸权的执念。

这样看来，美国自然有遏制中国发展的动机。中美贸易摩擦仅仅是美国试图遏制中国和平崛起的一种经济手段，而从这个手段背后的动因看，贸易摩擦势必是长期而持久的。很多学者针对中美贸易摩擦也给出了自己的观点：

① 美国试图重演 20 世纪 80 年代美日贸易战以遏制中国复兴。（泽平宏观，2018）

② 中美间的贸易摩擦是一个结构性问题，也是长期的一个问题。（《中国流通经济》，2019）

③ 遏制中国技术进步和经济发展、维持美国政治经济霸权地位才是问题的实质。（《天津社会科学》，2021）

④ 美国民众涉华舆情的影响因素——中国 GDP 总量。（《情报杂志》，2020）

Medals

MEDAL COUNT	金	银	铜	TOTAL
United States	24	28	21	73
China	32	21	16	69
Russian Olympic Committee	13	21	18	52
Britain	13	17	13	43
Japan	19	6	11	36
Australia	14	4	16	34
Germany	8	8	14	30
Italy	5	9	15	29
France	6	10	8	24
Netherlands	6	8	7	21

图 5－3 《纽约时报》2021 年 8 月 14 日的奥运会奖牌榜

（2）如何看待中美贸易摩擦带给我们的经济发展挑战。

学生自主讨论，激发其自主思考能力和使命感、责任感，此处不做参考解析。

4. 案例小结

复利和连续复利是金融工程中非常重要的概念，因为所有涉及时间变动的资金价值计算都需要考虑它，同时，我们看到在实践中它也可以轻易帮我们分析很多问题。另外，中美贸易摩擦是中华民族伟大复兴面临的一次挑战，但中华民族一直是在挑战中奋力崛起的，因此，《清华金融评论》彭波（2021）指出，贸易摩擦并没有打垮中国，相反在客观上促进了中国产业升级，因此这是挑战也是机遇。

5. 案例参考资料

[1] 王香雯. 中美贸易战的起因与发展. 全国流通经济，2018（16）：19－21.

[2]彭波. 从贸易战对东亚供应链的影响看中美博弈走向. 清华金融评论，2021（4）：47－50.

［3］郭克莎，李琍．中美贸易摩擦的动因、趋势和影响分析．天津社会科学，2021（5）：149－160.

［4］吴超．美国民众涉华舆情变化的影响因素探究（2000—2019）——基于多项式模型．情报杂志，2020，39（5）：112－121，148.

［5］史长宽．中美贸易摩擦对我国产业结构升级的影响及对策．中国流通经济，2019，33（6）：46－57.

第六章

远期和期货的定价

第一节　教 学 设 计

一、总体设计

1. 基本信息

课程名称：金融工程

知 识 点：远期和期货的定价

授课时间：第 5～6 周（线下 270 分钟）

2. 学情分析

（1）学生已经掌握了无套利定价原理和风险中性定价原理的核心技术；

（2）学生已经了解了无风险套利策略设计的基本原则。

本章是对前一章定价原理的应用，教师带领学生更深入地了解如何灵活应用金融工程核心原理解决不同情景和期货品种的定价和套利问题，如何在考虑交易摩擦的情况下使用套利定价原理，向学生展示衍生产品定价假设放松带来的非本质影响。

3. 教学思路

本章以无套利定价为主，讲授不同情景下的远期价格确定、价格不合理时的套利策略设计以及各种期货的定价问题，并理解风险中性定价如何简化了定价过程。希望学生掌握各种情况下远期和期货的定价方法，结合金融资讯终端的股指期货、国债期货定价工具了解期货定价理论在实践中的应用，能够在实际价格偏离理论价格时给出准确的套利策略，理解套利策略设计的一般性规律，能够举一反三，可以利用无套利定价原理推导出考虑交易成本情况下远期价格的无套利区间。

4. 主要内容

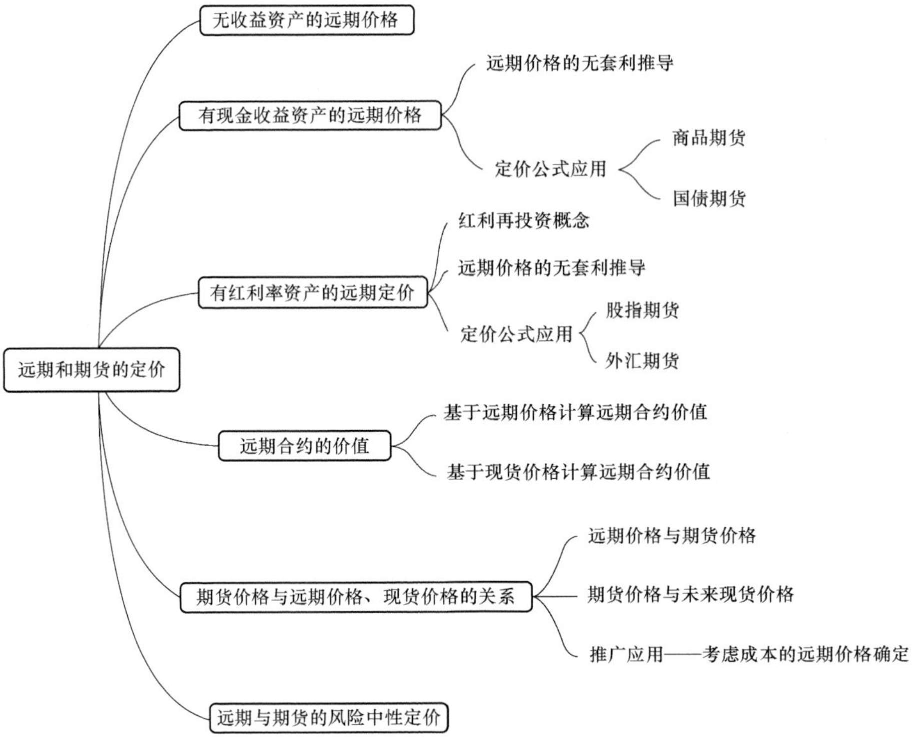

二、教学目标

1. 思政目标

培养学生掌握举一反三的逻辑思维和科学思维方法。

2. 知识目标

要求记忆的内容：

（1）三种情景下远期价格的定价公式；

（2）远期合约的价值计算；

（3）无风险套利策略设计的原则；

（4）国债期货的无套利价格；

（5）什么是红利再投资；

（6）持有成本策略与反向持有成本策略的概念。

需要理解的内容：

（1）不同情景下无套利定价公式的推导思路；

（2）不同情景下无风险套利策略的设计思路；

（3）如何根据国债期货的交易机制调整债券的理论价格，计算国债期货的理论报价；

（4）商品期货的便利收益和储存成本对理论报价的影响；

（5）理解为何最低无套利价格的债券是最便宜交割债券；

（6）理解风险中性定价带来的定价便利性；

（7）理解在有交易摩擦的情况下，如何应用无套利定价思想确定无套利区间。

能够应用的内容：

（1）能够根据实际情况，应用合适的无套利定价公式解决估值问题；

（2）以金融资讯终端股指期货估值计算器原理为例，能够应用考虑成本的套利定价方式理解市场实践中无套利区间的确定；

（3）能够灵活应用风险中性定价原理简化复杂产品的定价过程。

3. 能力目标

（1）提升学生对定价原理能够举一反三的应用能力；

（2）提升学生的量化分析能力和逻辑分析能力。

三、教学重点和难点

1. 教学重点

（1）无套利定价思想在不同情景下的应用；

（2）风险中性定价的优势与不足；

（3）套利策略设计思想的灵活应用。

2. 教学重点突出方法

启发式研讨，逻辑推理法，举例子，理论与实践结合。

3. 教学难点

（1）在不同情景下，如何对冲中间现金流的影响，构造无风险套利策略；

（2）无套利定价原理的灵活应用；

（3）风险中性定价原理的理解。

4. 教学难点的解决方法：启发式教学，学生参与式逻辑推演

由学生选择套利策略设计方法和定价方法，教师在同一原则下，与学生一起以不同方式推演定价和策略设计过程，让学生深刻体会万变不离其宗的核心思想。

四、课程思政实施过程

本章是之前学习的无套利定价方法和风险中性定价方法在远期和期货中的应用，教师在讲授中强调无套利定价方法的关键技术——复制，引导学生共同讨论针对有现金收益和有红利率的标的资产，如何构造组合，保证在到期价值与远期合约相同的情况下抵消有效期内现金流带来的影响，并结合定价过程，讨论在发现市场价格不合理时，如何构建无风险套利策略获得无风险利润，促进市场价格回归合理区间。其间，课程将股指期货价格计算和套利策略设计、国债期货价格确定和套利策略设计、外汇期货价格确定和套利策略设计、商品价格计算和套利策略设计作为案例展示定价公式的应用。在学习完不考虑摩擦情况下的定价理论后，进一步结合已经获得的套利组合构建的规律，和学生共同探讨在市场存在摩擦的情况下，如何同样利用总结出来的套利策略分析有摩擦情形下远期价格的确定问题，通过对无套利定价原理举一反三的应用让学生深刻理解金融工程定价原理应用的核心技术和思想，并提升学生举一反三的理论应用能力和归纳总结能力。最后，课程结合金融资讯终端的股指期货计算器、汇率计算器等分析工具，让学生尝试用本章学习的定价原理、定价公式理解在现实市场中的应用，包括远期汇率的计算、利率汇率平价关系应用、股指期货不考虑摩擦的理论价格计算，考虑交易摩擦的理论价格计算以及金融资讯终端给出的无套利区间的获取等，提升学生用理论解释实践的能力。

五、具体教学过程

教学步骤	教学内容	学生活动	设计意图
（10 分钟） （1）回顾金融产品定价的内容； （2）讲解套利策略，指导学生完成持有成本策略和反向持有成本策略的设计	**远期和期货的定价** 1 无收益资产的远期价格 本部分内容在回顾上章内容的基础上，给出持有成本策略和反向持有成本策略的定义，指导学生完成两种策略的设计，并计算无风险套利利润	（1）聆听教师讲授，主动跟随思考； （2）学生需要完成两种策略的设计	（1）让学生对上章内容进行回顾； （2）提高学生自主学习能力
（125 分钟） （1）讲解基于无套利定价方法的远期和期货价格如何确定； （2）套利策略设计，让学生参与研讨无套利定价的思路； （3）举例——国债期货的定价	2 有现金收益资产的远期价格 本节首先抛出一个含有现金支付的债券远期价格计算的问题；其次与学生研讨无套利定价的设计思路，引导学生思考在构建复制组合时如何抵消中间产生的确定性现金流；再次基于学生选择的组合形式，共同推演出有现金收益资产的远期价格计算公式；最后设定实际远期价格不合理的情景，教师推演出持有成本的套利策略，通过 SPOC“抢答”功能选择一名学生协助设计出反向持有成本套利策略。 结合标的资产特征介绍此种远期价格公式适用的产品，包括有存储成本的商品期货定价，有利息收益的国债期货定价。重点结合国债期货的交割额计算公式推演国债期货的理论价格。 对于国债期货的套利策略设计，考虑国债期货交易机制的影响，与学生探讨如何调整策略，在满足交易机制的情况下，设计无风险套利策略，并探讨两种套利策略在现实中的可行性问题	（1）聆听教师讲授，主动跟随思考； （2）结合教师提示设计套利策略； （3）学生需要通过 SPOC“抢答”相关问题	**思政点：** （1）通过讲解套利定价方法如何进行不同种类资产的远期定价，让学生掌握套利定价构建复制组合的思考逻辑，培养学生举一反三的逻辑思维能力； （2）引导学生根据实际情况调整定价公式的变通能力
（50 分钟） （1）根据讨论问题判断学生对红利再投资的熟悉程度；	3 有红利率资产的远期价格 首先给出一个示例，提出讨论问题，根据学生的回答情况判断学生是否已经掌握“红利再投资”的概念，根据学生情况因地制宜地选择性介绍此概念。 结合红利再投资概念，依据套利定价原理构造复制组合，推演远期价格的定价公式。	（1）聆听教师讲授，并积极参与讨论环节； （2）学生进行持有成本策略和反向持有成本策略的设计；	（1）让学生深入了解支付已知红利率资产的远期价格如何计算；

续表

教学步骤	教学内容	学生活动	设计意图
（2）讲授远期价格确定与套利策略设计的内容；（3）通过举例引出远期汇率的确定问题和股指期货的定价问题	仍然设定套利情景，邀请学生进行持有成本策略和反向持有成本策略的设计，教师在需要帮助时给予适时提醒。 介绍哪些期货品种适用于有红利率的远期价格确定，自然引出远期汇率的确定问题和股指期货的定价问题	（3）学生应结合金融资讯终端股指期货计算器、汇率计算器等工具，参与远期汇率的确定问题和股指期货的定价问题相关的课堂练习，了解理论模型在我国的实际应用，并了解实际中需要考虑的各种成本及其影响，提升学生解决中国问题的实践能力	（2）提高学生的动手计算能力
（**20**分钟）启发式翻转教学：在教师指导下学生自主完成计算推导过程	4 远期合约的价值 结合前述章节的远期价格计算过程，自然可以得到远期合约的价值计算公式，引导学生自行推演出远期合约价值的计算公式，分别使用远期价格和现货价格进行表达，总结二者的关系和规律	聆听教师讲授，了解本章学习要求	启发式翻转教学激发学生的学习兴趣，提高学生学习能力，进一步主动探究分别使用远期价格和现货价格表达远期合约价值的计算公式
（**40**分钟）本节主要内容为远期价格与期货价格的关系，首先探究远期价格与期货价格的关系，其次是期货价格与未来现货价格的关系，再次对无套利定价做一个总结，最后分别使用持有成本策略和反向持有成本策略推导在考虑成本的情况下远期价格的下界和上界，加深学生对无套利定价原理灵活应用的思考	5 期货价格与远期价格、现货价格的关系 结合利率是否随机的特点和期货盯市结算制度带来的现金流时间价值的差异，讨论远期价格和期货价格的关系，并在此基础上进一步解释为何国债期货实际价格通常低于理论价格。 通过现货预期收益率与无风险利率的比较，讨论期货价格与未来现货价格的关系。 总结本节三种情景的远期价格计算、远期合约价值计算、套利策略设计的共性特征，引出考虑交易摩擦的远期价格确定问题。 分别使用持有成本策略和反向持有成本策略推导在考虑成本的情况下远期价格的下界和上界，加深学生对无套利定价原理灵活应用的思考	聆听教师讲授，了解本章学习要求，积极参与课堂讨论	提高学生自主思考能力，进一步理解期货价格与远期价格、现货价格的关系

续表

教学步骤	教学内容	学生活动	设计意图
（20 分钟） 结合风险中性定价原理，给出三种情景下远期价格的风险中性定价	6 远期与期货的风险中性定价 结合风险中性定价原理，给出三种情景下远期价格的风险中性定价，一方面验证两种方法下定价的一致性，另一方面让学生生动感悟风险中性定价带来的便捷性，但给学生一直留一个疑问，即：为何两种定价方法能够得到相同的定价结果，二者的内在联系是什么？这个疑问一直保留到期权定价部分，激发学生的好奇心	认真聆听教师的讲授，思考如何在风险中性定价中进行体现	提高学生自主学习的能力，激发学生的学习兴趣
（5 分钟） 小结	（1）总结本章内容； （2）布置本章课后作业； （3）发布下次课程线上学习任务； （4）通知学生业界专家指导交易实践事宜	及时完成课后作业	提高学生的总结能力

本章参考资料：

（1）课程课件；

（2）郑振龙，陈蓉. 金融工程. 5 版. 北京：高等教育出版社，2020；

（3）金融资讯终端。

第二节　典型课程思政教学案例

【案例】无套利可以解释原油价格为负问题吗？

【案例摘要】

美国时间 2020 年 4 月 20 日，西得克萨斯中间基原油（WTI）5 月期货合约芝加哥商品交易所（CME）官方结算价 –37.63 美元/桶为有效价格，由此出现了自 1983 年以来首次期货价格为负数的情况，并由此触发“原油宝”事件，客户和中国银行都蒙受损失。在现货价格为正的情况下，为何会出现负油价，无套利定价原理可以解释这一现象吗？本案例旨在讨论上述问题，让学生深刻理解金融工程理论如何解决实际问题，并启发学生思考负油价背后的商品定价权缺失给我国带来的影响，提升学生的社会责任感。

【教学目标】

1. 价值目标

正确认识拥有商品定价权的重要意义，提升专业责任感。

2. 知识目标

（1）掌握无套利定价原理的核心思想；

（2）掌握期货理论定价公式及其拓展应用；

（3）理解商品期货与金融期货的差异。

3. 能力目标

（1）提升运用专业知识解释实际问题的能力；

（2）提升举一反三的理论应用能力和逻辑思辨能力。

【案例知识点】

（1）衍生产品的无套利定价原理；

（2）持有成本套利策略和反向持有成本套利策略；

（3）考虑市场摩擦的期货定价公式。

【案例适用课程】

适用于金融工程、衍生金融工具和金融市场学课程。

【案例详情】

1. 原油期货价格跳负的历程

2020 年 4 月 3 日，CME 发出通知，声称 CME 修改了 IT 系统的代码，允许“负油价”申报和成交，2020 年 4 月 5 日开始生效。4 月 8 日，芝加哥商品交易所清算所（CME Clearing）发布公告：为保证市场继续正常运行，CME Clearing 将进行一系列测试以应对期权合约的标的资产价格为负的情况。4 月 15 日，CME 与会员单位进行了测试，发布了测试公告，称 CME 当日完成了石油零价格和负价格测试，如果出现零价格或负价格，CME 的所有交易和清算系统将继续正常进行。

美国时间 4 月 20 日，CME 旗下的纽约商品交易所（NYMEX）5 月交割的轻质原油期货合约（以下简称“WTI 原油期货”）较前日结算价下跌 55.90 美元/桶，结算价为 – 37.63 美元/桶，跌幅 305.97%，盘中最低 – 40.32 美元/桶，这是 WTI 原油期货历史上首次出现负价格，也是 1946 年美国有原油交易数据以来的最低值。分钟交易数据显示，WTI 原油期货价格变化可以分为四个阶段：一是北京时间 4 月 20 日 6:00 至 24:00（下文若无说明，时间均为北京时间），价格从 17.62 美元/桶下降到 10.3 美元/桶，降幅 42.97%，下降速度为 0.4 美元/小时；二是 4 月 21 日 0:00 至 2:08，价格由 10.3 美元/桶下降到 – 0.07 美元/桶，价格变为负值，下降速度为 5.5 美元/小时，下跌加速；三是从 2:08 到 WTI 原油期货当日结算价形成的 2:30，价格由 – 0.07 美元/桶急速下降至 – 36.37 美元/桶，下跌速度为 99 美元/小时；四是 2:30—5:00，价格震荡反弹，收盘时为 – 13.1 美元/桶，变化速度为 9.31 美元/小时。需要强调的是，WTI 期货负价格仅持续不到 5 小时，于 4 月 21 日 8:03 由负转正。美国时间 4 月 21 日，WTI 原油期货以 10.1 美元/桶的交割结算价完成交割，共交割 2 427 手，折合原油 242.7 万桶。图 6 – 1 展示了 05WTI 原油合约 2020 年 3 月至 4 月的收盘价情况。

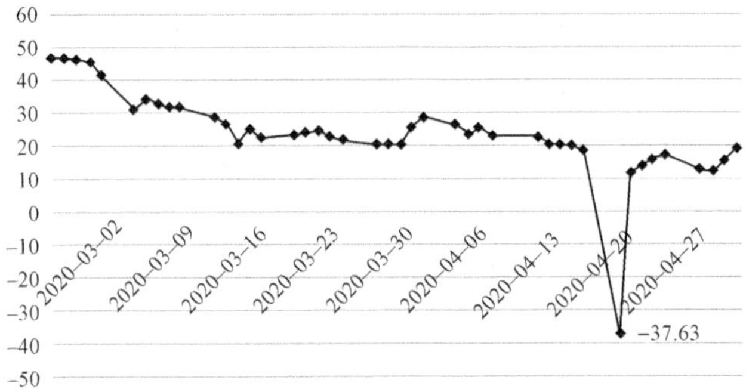

图 6-1　05WTI 原油合约的收盘价（单位：美元/桶）

2.“原油宝”事件

受 WTI 价格波动影响，中国银行“原油宝”产品触发多头结算巨亏，产生大量诉讼纠纷。

“原油宝”是中国银行在 2018 年 1 月推出的金融理财产品，为境内个人客户提供挂钩境外原油期货的交易服务，客户可以进行原油期货多头或者空头持仓，持仓损益类似客户自行交易原油期货的损益。此类产品最早由中国工商银行在 2013 年推出，随后中国建设银行、交通银行、中国银行、中国农业银行等也推出了类似产品。表 6-1 展示了中国银行推出的“原油宝”产品设计的转仓和强平规则，其中转仓表示因为当前持有期货合约到期，客户希望继续持有期货仓位进行投资，可以平仓当前到期合约，开仓同标的资产的更长到期日的合约。

表 6-1　　中国银行“原油宝”产品的转仓和强平规则

产品名称	原油宝
转仓日	最后结算日前 5 日
转仓规则	多头移仓时，先按当时持仓合约的买入价进行多头平仓，同时按目标合约的银行卖出价进行多头开仓；空头移仓反之，中国银行提供自动移仓服务
强平规则	保证金不足 20% 时强行平仓

由产品规则可以看出，“原油宝”相当于客户通过中国银行进行原油期货的交易，其中美国原油品种与 CME 的 WTI 原油期货挂钩，而转仓节点的选择关系到转仓风险的大小。中国银行习惯在最后交易日收盘前转仓，这一习惯可以吸引大量的投机客户，但也增加了到期逼仓风险，正是这一习惯导致了负油价产生时“原油宝”多头持仓客户的

巨额亏损。

2020年4月22日，中国银行发布公告，2020年4月20日“原油宝”按照WTI 5月期货合约CME官方结算价 –37.63美元/桶进行结算，并暂停“原油宝”新开仓交易。但显然由负油价带来的客户爆仓亏损，中国银行也存在不可推卸的风险管控失当的责任。据了解，中国银行“原油宝”约有6万余名客户，按照 –37.63美元/桶的价格结算，多头投资者总计约40亿元人民币的保证金全部损失，并且亏欠因油价为负导致的中国银行保证金超过58亿元人民币。2020年5月11日，经过多次交涉，中国银行APP推出“原油宝”线上和解协议，由中国银行承担负价亏损，归还从客户账户扣划的多余保证金，并补偿20%的持仓本金。2020年12月，中国银保监会决定对中国银行及其分支机构合计罚款5 050万元人民币；对中国银行全球市场部两任总经理均给予警告处分并处罚款50万元人民币，对中国银行全球市场部相关副总经理及资深交易员等两人均给予警告处分并处罚款40万元人民币。除依法实施行政处罚外，中国银保监会还暂停了中国银行相关业务、相关分支机构准入事项，责令中国银行依法依规全面梳理相关人员责任并严肃问责。

3. 案例讨论

（1）WTI原油期货价格出现负数的原因是什么？

解析：总结来看，首先，CME突然的规则修改应该说是制度方面的根本原因；其次，因新冠疫情导致的经济停滞是其宏观背景；最后，WTI原油的交割机制对于促成原油价格为负起到了推波助澜的作用。

2020年初，受新冠疫情影响，全球很多国家经济出现停滞，原油的市场需求量大幅下降，石油储备趋于饱和，库存设施趋于紧张，这带来原油价格的大幅下降和储存成本的大幅上升。2020年4月20日WTI原油期货出现负值时，美国库欣地区库容已特别紧张，炒作交易附属设施的力量不断增强。据了解，库欣地区的最大仓储能力约为7 600万桶，但截至美国时间4月17日，库存量为5 950万桶，占仓储能力的78.3%，并有传闻剩余库存已被全部预定。同时，临近WTI原油期货5月合约最后交易日，大量没有交割能力的客户仍然未能择机平仓或转仓，盘面未平仓合约约11万手共1.1亿桶，为往期合约持仓量的5～6倍，这甚至超过了库欣地区7 600万桶的库容上限。因为找不到仓储设施，没有接货能力的买方客户必须在最后交易日完成平仓，而最后时段平仓的8.5万手多单，则是管道仓储设施交易的主要力量。

为何仓储设施缺乏会成为原油价格为负的推手？因为根据纽约商品交易所的规则，买方交割原油后需要承担后期的运输和储存成本，因此只有当期货价格能够补偿交割成本时才能激励买方接货。在单一交割地库欣地区库容紧张的情况下，原油仓储库容成为稀缺资源，4月库欣地区原油仓储费用已攀升至每月8～10美元/桶。考虑原油交割后不能及时处理，仓储时间按2个月计算（按照规则，实物交割应该在交割月份内完成。买方最晚付款时间为交割月后第 1 个月的第 20 天，卖方确认收到款项后结束交割），从买方成本最大化角度考虑，原油价格在［－20, －10］美元时才有可能吸引买方接货，这也解释了 WTI 原油期货出现负值的合理性。

但 4 月 20 日 WTI 原油价格跌至近－40 美元/桶，显示存在过度投机和空头炒作推波助澜的成分，正如日本核辐射泄露导致我国曾经的“盐荒”一样。

（2）无套利定价原理可以解释 WTI 原油价格为负的问题吗？

解析：针对原油价格为负的理论解释，很多学者给出了观点。

部分学者认为无套利均衡定价理论不完全适用于 WTI 原油期货，原因在于无套利均衡定价理论要求没有交易费用和税收、允许现货卖空等假设。但假设市场无摩擦，允许卖空都是我们为了简化定价过程、寻找现货和期货价格本质关系的简化假设，但并不代表无套利均衡定价理论只能应用于这些简化假设下，或者说这些简化假设并不是无套利均衡定价理论的必要条件。

如果放松这些假设之后，是否可以解释呢？我们尝试在推导过程中放松如下假设：

① 买卖现货有交易成本，假设买入现货和卖空现货的成本存在差异；

② 实际借贷利率可能不同，允许借贷利率存在差异；

③ 允许买、卖期货头寸存在交易成本，但假设交易成本相同；

④ 考虑保证金以及保证金的利息成本。

推导原理基于我们常见的持有成本套利策略和反向持有成本套利策略：若期货价格被低估，可以买期货，卖空现货，实施反向持有成本策略；若期货价格被高估，则可以卖期货，借钱买现货，实施持有成本套利策略。我们仍然进行零投资套利策略设计，即需要资金就借入资金，获得资金可以进行无风险投资，期初保持零投资，最终价格区间是在两个方向的套利策略都无法获得无风险利润条件下获得的。

为方便计算，设定如下符号：

F_t：t 时刻的期货价格，设其等于远期价格；

S_t：t 时刻标的资产的价格；

t, T：t 表示当前时刻，T 表示期货的到期日；

r_b：借入资金使用的利率，连续复利，类似银行贷款利率；

r_i：投资现金使用的利率，连续复利，类似银行存款利率；

M_F：期货持仓需要缴纳的初始保证金比率，与期货价格成比例；

c_F：期货建仓需要支付的交易费率，假设与期货价格成比例；

c_b：买入标的资产需要支付的交易费率，假设与标的资产价格成比例；

c_S：卖空标的资产需要支付的交易费率，假设与标的资产价格成比例。

基于无套利定价原理，分别设计持有成本策略和反向持有成本策略。

1. 持有成本策略设计（以 1 单位标的资产及其期货为例）

	初始时刻（t）	到期日（T）
策略设计	（1）卖出期货：$-(c_F+M_F)F_t$ （2）买入标的：$-(1+c_b)S_t$ （3）借入资金：$+[(c_F+M_F)F_t+(1+c_b)S_t]$	（1）盯市计算累计盈亏，F_t-F_T （2）交割期货空头，卖出标的，获益，$+F_T$ （3）释放保证金，$+M_FF_t$ （4）偿还本息：$-[(c_F+M_F)F_t+(1+c_b)S_t]e^{r_b(T-t)}$
净现金流	0	$F_t+M_FF_t-[(c_F+M_F)F_t+(1+c_b)S_t]e^{r_b(T-t)}$

显然，上述套利策略期末价值为确定值，若不存在持有成本策略的套利机会，则需要期末价值≤0，即：

$$F_t+M_FF_t-[(c_F+M_F)F_t+(1+c_b)S_t]e^{r_b(T-t)}\leqslant 0$$

即：

$$F_t\leqslant\frac{S_t(1+c_b)e^{r_b(T-t)}}{[1+M_F-(c_F+M_F)e^{r_b(T-t)}]}$$

2. 反向持有成本策略设计（以 1 单位标的资产及其期货为例）

	初始时刻（t）	到期日（T）
策略设计	（1）买入期货：$-(c_F+M_F)F_t$ （2）卖空标的：$+(1-c_s)S_t$ （3）投资资金：$-[(1-c_s)S_t-(c_F+M_F)F_t]$	（1）盯市计算累计盈亏，F_T-F_t （2）交割期货多头，买入标的，$-F_T$ （3）释放保证金，$+M_FF_t$ （4）提取投资本息：$[(1-c_s)S_t-(c_F+M_F)F_t]e^{r_l(T-t)}$
净现金流	0	$[(1-c_s)S_t-(c_F+M_F)F_t]e^{r_l(T-t)}+M_FF_t-F_t$

显然上述套利策略期末价值为确定值，若不存在反向持有成本策略的套利机会，则需要期末价值≤0，即：

$$[(1-c_s)S_t-(c_F+M_F)F_t]e^{r_l(T-t)}+M_FF_t-F_t\leqslant 0$$

即：

$$F_t\geqslant\frac{(1-c_s)S_te^{r_l(T-t)}}{(1+(c_F+M_F)e^{r_l(T-t)}-M_F)}$$

因此，期货价格在有上述交易成本的情况下，无套利区间为：

$$\frac{S_t(1-c_s)e^{r_l(T-t)}}{[1+(c_F+M_F)e^{r_l(T-t)}-M_F]}\leqslant F_t\leqslant\frac{S_t(1+c_b)e^{r_b(T-t)}}{[1+M_F-(c_F+M_F)e^{r_b(T-t)}]}$$

由此可以看出，在考虑交易成本的情况下，远期价格或者期货价格取值只要在上述区间内，市场就不存在套利机会。

进一步而言，如果标的资产卖空的成本 c_s 高于 1，即卖空的成本高于资产价值本身，则期货价格就有变为负值的可能，借此我们可以通过无套利定价原理分析 2020 年原油价格为负的问题。由于原油价格供远大于求，卖空资产获得的收益有可能无法偿还原持有者的仓储成本和运输费用，也就导致了价格为负。

由此我们可以看到，无套利定价原理仍然可以解释原油期货价格为负的行为。

（3）我国在 2018 年上市了人民币计价的原油期货，会发生原油期货价格为负吗？

解析：结合此次原油期货价格为负的原因，有两点是我国原油期货市场不会出现的。其一，不负责任的交易规则修订。我国原油期货的交易系统修订不会像美国如此随意。其二，不存在附属交易设施的过度投机影响期货价格的交割机制。我国期货交易所的交割规则最大化地降低了仓储设施对期货价格的影响。我国期货商品交割仓储设施由交易所提前确定并向市场公开，仓储设施必须优先服务于期货交割业务，且仓储服务价格由交易所对外发布，不随市场供需变化而变化，在一段时间内是个固定值。在交割地布局上，我国普遍采取多点交割的布局模式，即使是集中在某一区域，通常也采用区域多点交割模式，这有效地避免了单一地点交易附属设施紧张对期货交割的影响。同时，我国期货市场没有无仓单实物交割品种，所有交割商品都必须通过仓单管理系统进行注册和管理，货主向指定仓储发货前还需要提前向交易所办理交割预报，且交割预报有效期长达 30 天，这使交易所能在相对充足的时间内对仓储资源进行统筹配置，极大降低了交易附属设施对期货价格的影响。因此，这种事情在我国很难发生。

当然，其出现负油价的可能性就在于商品价格的国际性，我国也应该警惕负油价的深远影响，毕竟原油作为一项战略资源，我国目前尚缺乏定价权，而负油价会给产业发展带来巨大冲击。同时，我国原油期货是与国际原油期货接轨的，为防止跨式套利，也需要建立与负价格运行相适应的技术系统，不至于因此导致交易系统崩溃风险。对此，我国期货交易所系统在最初设计时已经提前考虑了各种极值场景的数据类型需求，大连商品交易所（DCE）以史为鉴，指出目前的大连商品交易所交易 6.4 系统和即将上线的 DCE 交易 7.0 系统均支持负价格的产生和计算，不会因为负价格出现而导致技术层面系统崩溃。

4. 案例总结

本案例以 2020 年 4 月 CME 更改交易规则导致原油期货价格过度投机产生负值为背景，详细介绍了负值对于中国银行“原油宝”的影响以及产生负值的原因，并进一步运用套利定价原理推导了有摩擦情况下期货的理论价格区间，从理论上解释了期货价格为负的可能性问题。通过本案例我们发现，完全将自己企业的命运交给美国代表的国际市场是不可行的，大力发展我国衍生产品市场，并提升市场的国际地位，争取商品定价的话语权才可以使中国企业具备更有效的风险管理手段。同时，中国银行“原油宝”的案例也提示我们交易策略应该随着市场环境变化及时调整，防止出现被人逼仓的风险。

5. 案例参考资料

［1］彭红枫，冯林，宿淑玲，张晶. 金融学类专业课程思政教学案例集. 北京：经济科学出版社，2021.

［2］大商所. WTI 原油期货负价格的原因及启示.（2021－03－19）［2023－11－03］. https://news.10jqka.com.cn/20210319/c627903598.shtml.

第七章

远期和期货的交易策略

第一节 教 学 设 计

一、总体设计

1. 基本信息

课程名称：金融工程

知 识 点：远期和期货的交易策略

授课时间：第 7 周（线下 135 分钟，线上 55 分钟）

2. 学情分析

本章基于学生对远期和期货市场、估值、套利策略的掌握，以及对 CAPM 模型、债券久期、凸度等概念的了解，展示远期和期货服务实体经济的应用，具体包括远期和期货改变企业运营模式、降本增益、期货的基差风险套利策略设计以及期货的风险管理应用，着重培养学生运用期货服务实体企业的能力。

3. 教学思路

远期与期货交易策略是金融工程中的重要内容，本章结合远期和期货在企业运营中的应用、基差与基差交易策略、期货的套期保值策略等内容介绍如何构建相关策略，让学生做到：了解期货在实体企业改变运营模式、管理运营风险、提升投融资效率方面的应用，增强专业认同感和社会责任感；掌握期货套期保值的原则，理解理论原则与实践应用的差异；了解我国企业在套期保值实践方面取得的成就以及存在的问题与挑战；理解期货套期保值的真实目的，理解动态套期保值的必要性；掌握基差风险对期货套期保值实施的影响以及应对措施；掌握各种产品最优套期保值比率的计算方法，理解“最优”的含义，学习应用变通的眼光看问题，在掌握理论的同时，更要了解理论成立的前提，做到活学活用，提升自主学习能力。通过模拟交易实践期货的基差交易策略，提升学生的动手能力和分析应用能力。

4. 主要内容

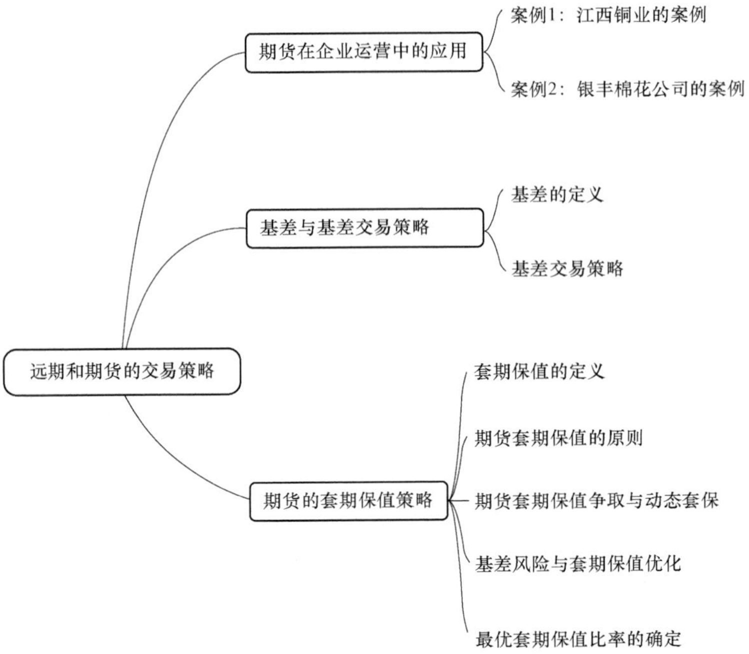

二、教学目标

1. 思政目标

（1）引导学生深入社会实践，关注现实问题，了解我国企业运用期货的国情民情；

（2）引导学生注重学思结合、知行统一；

（3）培养学生勇于探索的创新精神。

2. 知识目标

要求记忆的内容：

（1）基差的概念；

（2）期货基差套利的种类和含义；

（3）套期保值的概念；

（4）期货套期保值的原则；

（5）套期保值基差风险的来源；

（6）套期保值比率的概念；

（7）点价交易的概念。

需要理解的内容：

（1）企业如何运用期货创新经营模式；

（2）运用期货的企业运营模式有什么优势；

（3）理解为何基差在期货应用中备受重视；

（4）理解点价交易如何提升期货的风险管理能力；

（5）基差变动对套期保值的盈亏影响；

（6）理解使用期货为何仍然需要动态套期保值；

（7）理解条式套保和滚动套保的优势和不足；

（8）理解最小方差套保比率与股指期货 Beta 套保、国债期货久期套保的关系。

能够应用的内容：

（1）能够基于预测基差的变化设计合适的基差套利策略；

（2）针对特定的套期保值需求，可以给出合适的套期保值策略，并能够分析出套期保值的效果；

（3）能够结合期货的交易机制，为企业运营模式创新提供策略参考；

（4）能够在模拟交易中，应用课程内容设计交易策略，并清晰分析自己的交易逻辑。

3. 能力目标

（1）增强为实体企业提供专业服务、解决实际问题的实践能力；

（2）提升践行交易策略的动手能力；

（3）对课程知识做到活学活用，提升自主学习能力。

三、教学重点和难点

1. 教学重点

（1）期货服务实体企业的方式；

（2）基差交易策略设计；

（3）期货的套期保值原则；

（4）不同期货最优套期保值比例的计算。

2. 教学重点突出方法

案例教学，逻辑推演法，举例，交易实践。

3. 教学难点

（1）理解点价交易的意义；

（2）如何理解期货套期保值存在的争议；

（3）滚动套保与条式套保的差异。

4. 教学难点的解决方法

案例教学，自主研讨，启发式教学。

四、课程思政实施过程

（1）结合江西铜业集团有限公司、某棉花企业等应用期货创新企业运营模式的案例，介绍实际贸易中“点价”交易的应用，引导学生了解中国实体企业如何使用期货改变企业运营模式，提升企业经营效率，使学生知国情民情。

（2）结合中盛粮油期货套保案例、铜企业成功套保等中国企业的期货套保案例，了解期货在风险管理中的应用，结合中盛粮油利用 CBOT 豆油期货套保因基差风险导致套保失败的案例，引导学生理解期货动态套期保值的必要性和基差风险管理的必要性。

（3）在基差交易策略部分，在介绍基差套利的种类后，课程结合郑州商品交易所白糖基差套利、大连商品交易所基差交易平台、金融资讯终端中的期货基差分析模块，以及中期协编制的期货服务实体经济案例，让学生了解基差分析的重要性和应用价值。

（4）邀请中粮期货公司专家举办商品期货实务讲座，帮助学生了解商品期货在实体企业应用的历史和现状，了解我国期货在实体经济中应用的最新进展。

（5）使用国泰安虚拟交易所，组织学生在期货模拟交易中增加期货的基差策略设计，并付诸实施，要求学生在实践报告中汇报设计逻辑，引导学生深入社会实践，注重学思结合、知行统一，培养学生勇于探索的创新精神、善于解决问题的实践能力。

（6）为学生建立模拟交易指导微信群，聘请业界专家开展讲座和交易指导，让学生了解实际交易中的交易心理和交易规范。

五、具体教学过程

教学步骤	教学内容	学生活动	设计意图
（线下10分钟，线上10分钟） （1）“金融工程概论”慕课线上学习，给出期货运用的实际案例； （2）线下研讨，主要围绕贸易中点价交易和一口价交易的区别以及点价交易对现货风险管理的意义这两方面的内容进行研讨	**远期和期货的交易策略** 1 期货在企业运营中的应用 （1）在线学习“金融工程概论”慕课内容。 （2）线下研讨： ① 贸易中点价交易和一口价交易的区别； ② 点价交易对现货风险管理的意义，引导学生理解点价交易如何将现货的价格风险管理转移为期货的价格风险管理，使得未来现货价格更加透明和市场化	（1）在线学习“金融工程概论”慕课内容，主动跟随思考； （2）学生参与线下研讨	**思政点：** 了解期货在我国实体经济中应用的最新进展

续表

教学步骤	教学内容	学生活动	设计意图
（线下 45 分钟，线上 5 分钟） （1）在线学习基差与基差交易内容，通过线上互动，提升学生课堂参与度，引导其主动思考； （2）线下学习基差交易的补充资料，研讨如何设计基差套利策略，以及如何正确认识基差交易的风险套利属性； （3）指导学生在国泰安虚拟交易所进行期货的基差交易	2 基差与基差交易策略 在线学习“金融工程概论”慕课，基差与基差交易内容 线下学习基差交易的补充资料，研讨如何设计基差套利策略，以及如何正确认识基差交易的风险套利属性。 举例分析在预期基差下，如何实施跨期套利、跨市场套利和跨品种套利。 结合金融资讯终端介绍大商所的商品套利交易，结合大商所官网的基差交易平台，介绍基差在现货交易市场的应用，引导学生认识到基差对期货交易的重要性。 指导学生在国泰安虚拟交易所进行期货的基差交易，讨论在缺乏套利交易系统情况下基差套利面临的风险。 根据学生模拟交易情况，邀请学生分享交易经验	（1）聆听教师讲授，主动跟随思考； （2）积极参与讨论“不同策略与跨期价差变动的关系”； （3）在国泰安虚拟交易所进行期货的基差交易，讨论在缺乏套利交易系统情况下基差套利面临的风险	**思政点：** （1）提升学生举一反三的逻辑思维能力； （2）引导学生深入社会实践，关注现实问题，了解我国企业运用期货的实情
（线下 75 分钟，线上 40 分钟） （1）引出套期保值的定义与原理； （2）讲解期货对冲的原则，并举例说明简单期货套保的选择和套保效果； （3）提出问题，引出期货套期保值的争论观点，通过线上互动，了解学生对期货套保的观点；	3 期货的套期保值策略 结合套期保值会计对套期保值的定义，解释套期保值的含义，引导学生区分运用期货进行套期保值和运用期货获益的区别，指明套期保值本身在理论上是对冲风险，不是以增益为目的。 在此基础上，给出判断使用期货进行套期保值的原则和期货套保的分类，并举例说明简单期货套保的选择和套保效果，进一步结合中盛粮油的豆油套保案例说明期货套期保值对企业的价值。 提出问题，引出期货套期保值的争论观点，通过线上互动，了解学生对期货套保的观点。 总结学生的观点，参考中粮集团套期保值的准则，说明实际应用和理论的差异，引出期货套保动态监管的必要性。 通过美国计算机公司在美国和伊拉克之间的战争即将爆发时的套保案例说明动态套期保值的决策过程。引导学生理解套期保值不但需要技术，还需要对宏观环境、市场基本面等的多角度分析。	（1）认真听讲，完成课后任务和预习任务； （2）学生积极参与问题讨论，说出期货套期保值的争论观点，积极参与线上互动	**思政点：** （1）引导学生深入社会实践，注重学思结合、知行统一，增强社会责任感； （2）培养学生勇于探索的创新精神、善于解决问题的实践能力

续表

教学步骤	教学内容	学生活动	设计意图
（4）进一步回顾基差的概念，介绍期货套期保值存在的基差风险与套期保值的优化； （5）介绍最优套期保值比率的最优标准，引导学生辩证看待“最优”问题； （6）在“方差最小”作为最优标准情况下，推演基于最小方差的最优套期保值比率的计算，以及在股指期货、国债期货方面的变形，及 Beta 套保和久期套保； （7）通过案例说明套期保值效果	进一步针对动态套保，提出条式套保和滚动套保的概念，举例分析二者实施的差距和风险差异，并结合德国金属公司的案例深刻分析滚动套保的风险。 进一步回顾基差的概念，介绍期货套期保值存在的基差风险。 由此引出套保合约的选择和套保比率的优化问题。 首先介绍最优套期保值比率的最优标准，引导学生辩证看待“最优”问题，不能只看结论，不重前提。其次在“方差最小”作为最优标准情况下，推演基于最小方差的最优套期保值比率的计算，以及在股指期货、国债期货方面的变形，以及 Beta 套保和久期套保。并通过案例说明套期保值效果		
（线下 5 分钟） 小结	（1）总结本章内容； （2）布置本章课后作业； （3）发布下次课程预习任务； （4）通知学生业界实务讲座安排	（1）及时完成课后期货基差交易实践任务，深入社会实践，注重学思结合、知行统一； （2）参加业界专家的讲座和交易指导，了解实际交易中的交易心理和交易规范	提高学生的总结能力和实践能力

本章参考资料：

（1）课程课件；

（2）王晋忠. 衍生金融工具. 北京：高等教育出版社，2019；

（3）“金融工程概论”慕课（Mooc）；

（4）金融资讯终端、大连商品交易所官网；

（5）国泰安虚拟交易所。

第二节 典型课程思政教学案例

【案例 1】期货如何改变企业运营模式——以江西铜业集团有限公司为例

【案例摘要】

通过对期货理论的学习，我们知道商品期货能够对冲商品的价格风险，那么企业使用期货除了能够管理价格风险，还能产生什么效果？除了标准期货的交易和交割模式，企业在实际应用中又能结合自身企业和所处经济环境的特点，做出哪些创新呢？本案例以江西铜业集团有限公司（以下简称“江西铜业”）为例，分析企业如何通过期货的灵活应用改变企业运营模式。本案例介绍了期货在江西铜业生产销售的各个环节发挥的作用，其中涉及虚拟库存和点价等实务概念，引导学生深入社会实践、关注现实问题，提高其解决实际问题的实践能力。

【教学目标】

1. 价值目标

（1）帮助学生了解相关专业和行业领域的期货合约条款，培养学生经世济民的职业素养；

（2）引导学生深入社会实践、关注现实问题；

（3）具备应用专业知识服务实体经济的脱虚向实意识。

2. 知识目标

（1）了解期货在企业管理价格风险的具体实施过程；

（2）认识期货在改变企业运营模式中的具体应用；

（3）了解业界术语——“虚拟库存”和“点价”的概念。

3. 能力目标

（1）具备对期货产品应用案例分析其设计合理性的能力；

（2）具备结合实际需求，选择合适的期货产品，设计具体可行应用方案的创新能力。

【案例知识点】

（1）中国铜期货市场的发展；

（2）期货应用方案的创新设计；

（3）虚拟库存和点价的相关概念。

【案例适用课程】

适用于金融工程、衍生金融工具等课程。

【案例详情】

将期货市场的功能与现货企业的生产经营全过程相结合，企业就可以由被动地承受风险转变为主动选择与管理风险；也可以通过系列期货工具锁定企业生产中的成本或者出售中的利润，保障企业的稳健经营。所以，灵活运用期货可以给企业带来新的理念和新的业务模式。下面以江西铜业为例分析实体企业可以在哪些环节使用期货，并达到预期效果。

1. 江西铜业运用期货市场建立新型业务模式

首先，应用期货解决三角债问题。一家企业的经营中既需要购买原材料又需要出售产成品。如果把企业看成是一个中游企业，那么原材料相当于是上游，产成品的销售就是下游。如果企业将自己的产品销售出去之后，下游没有及时地将货款反馈回来，这时候中游因为流动性资金的问题，也有可能会拖欠上游的款项，这时候下游拖欠中游的款项，中游拖欠上游的款项，就会形成一种三角债。在 1992 年之前，公司由于三角债的问题，未收回的货款高达 1 亿多元。在 1992 年之后，江西铜业充分利用了期货市场。通过在期货市场上出售产成品，即在期货市场上卖出以产成品为标的的期货，在到期时对期货进行实物交割，仅仅是这么简单的期货交易，就使得公司实现了年年货款回笼的 100%，成功解决了三角债问题。

其次，通过期货交易提升产品质量。20 世纪 90 年代初，江西铜业为了充分利用期货市场的实物交割，必须满足期货市场对交割品的要求。江西铜业为了适应期货市场，严把产品质量关，在 1996 年时成为中国第一个在伦敦金属交易所的 A 级铜品牌。2008 年 8 月 1 日，江西铜业又被伦敦金属交易所认定为伦敦金属交易所注册铜的测试工厂，这标志着中国成为伦敦金属交易所认可的拥有注册铜测试工厂的第 13 个国家。通过这种方式，江西铜业利用期货市场提高了自身的产品质量。

再次，通过期货灵活管理经营风险。江西铜业运用期货市场的灵活性对它的产成品以及原材料进行风险对冲。例如，1997 年的亚洲金融危机导致铜价大跌，1998 年很多国内铜厂因为价格波动倒闭，江西铜业借助提前的期货风险对冲，通过卖空铜期货，锁定了产成品的出售收益。1998 年在铜期货上赢利 3.4 亿元，而江西铜业当年利润为 2.7 亿元。在铜期货市场的套期保值为江西铜业最终的盈利提供了大力支持。

最后，江西铜业通过期货与生产经营密切结合，逐步建立起新型的业务模式。具体包括以下几个方面。

采购环节：通过点价的方式来锁定采购的成本，当期货价格低于现货价格时在期货市场买进铜矿粉，而当铜期货价格下跌时延缓铜矿粉的采购过程。这里的点价是现在的企业利用期货时常用的一种方式。期货价格和现货价格在到期之前可能会存在一个价差，这种价差的波动可能会使企业即使用期货进行套期保值也无法规避风险。所谓的点价并不是在当前时刻去约定未来买卖现货的价格，而是在当前时刻约定价差水平，称之为升贴水。如果现货的未来价格比期货的约定价格高则称之为升水，反之是贴水。点价体现在从当前时刻到现货到期之间的这段时间，企业可以根据中间期货价格的波动来选择某个点的期货价格作为现货价格的基准价。最终的现货成本就由点出的期货价格再加上升贴水来构成一个最终的价格。所以，点价又被称为作价，是指以某个月份的期货价格为计价的基础，以期货的价格加上双方所协商的升贴水来确定双方买卖现货商品价格的交易方式。

销售环节：这种方式也被应用到销售环节，在销售环节通过点价来锁定销售的利润，与下游的销售企业直接对接，撤销了大量的销售网点与中间商，由此节约了销售的成本。

库存环节：可以通过建立虚拟库存来减少资金的占用，而且还可以节约仓储费用。因为企业在一年的生产过程中需要很多的原材料，但是既然生产是持续在一年之内发生的，也就没必要在期初的时候把这一年的所有库存都放在这个仓库里。所以在年初，在仓库里可以先存放六个月的原材料，未来六个月的原材料可以通过购买原材料期货的方式建立虚拟库存。在六个月之后，当期货到期时进行交割，就可以获得未来六个月之后的六个月的原材料。这种方式的好处是，因为期货是一种保证金交易，所以在这种情况下，对这部分的原材料在期初可能只需要花 10%～30% 的成本就能够达到这部分库存的作用，且这部分库存还不需要支付仓储费。因此，通过虚拟库存，既可以减少资金的占用，又可以节约仓储的费用。

融资环节：既然有仓储就可以形成仓单，通过仓单就可以通过质押融资来获得融资。

通过期货管理，许多波动较大的实体企业做到了稳健经营和稳步增长。在世界 500 强企业中，有很多在参与期货市场的交易，比例已经从 2002 年的 90% 提升到了 2008 年的 94%（见图 7－1）。

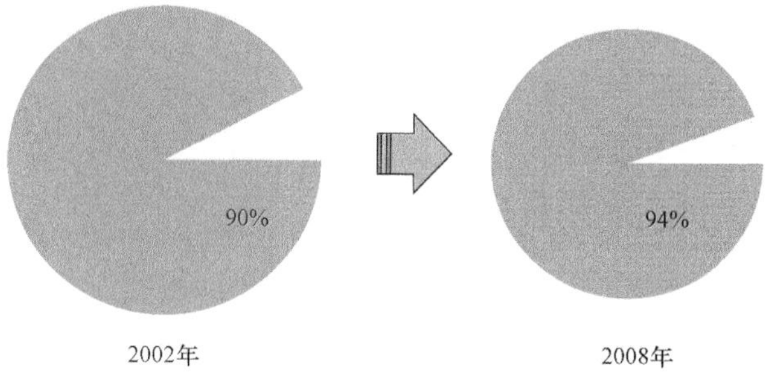

图 7－1 世界 500 强企业使用期货的占比

资料来源：国际互换与衍生工具协会（ISDA，Internationa Swaps and Derivatives Association）。

2. 案例讨论

期货在江西铜业经营活动中的作用是什么？

（1）为收购价格的制定提供参考，即价格订单里面的协议价格会根据当时铜期货市场上的期货价格来进行确定。

（2）为企业规避风险提供有力工具，保证了订单的稳定性和企业的稳健发展。

（3）为企业降低库存资金成本提供渠道。通过参与期货市场，企业只需投资相当于现货采购6%～10%的资金，就可以建立相应数量的虚拟库存，可以有效降低资金成本。

3. 案例参考资料

冯建芬，邓军，聂晶，余湄，周荣喜，谢海滨. 对外经济贸易大学“金融工程概论”慕课. https://www.icourse163.org/course/UIBE－1206446827?from＝searchPage，2019.

【案例2】期货套保中的基差风险——正反案例启发

【案例摘要】期货作为现货的重要风险管理工具，在实体企业中有着广泛的应用，但由于各种原因，期货和现货价格变动并不完全同步，二者的价格差异即基差的不确定性有时可能完全改变风险管理的效果。本案例结合中盛粮油期货2005年的豆油套保案例和铜企业套保案例，帮助学生从正反两个方面了解期货动态套期保值的必要性和基差风险管理的必要性。

【教学目标】

1. 价值目标

（1）理解我国发展商品期货市场对于实体企业稳健经营的重要价值，提升专业责任感；

（2）培养学生用辩证唯物主义方法理解专业问题的能力。

2. 知识目标

（1）理解期货静态套保与动态套保；

（2）掌握基差和基差风险的概念；

（3）了解基差风险的来源；

（4）掌握期货多头套保和空头套保。

3. 能力目标

（1）能够结合企业实际设计合适的期货套保方式，选择静态套保还是动态套保，空头套保还是多头套保；

（2）能够通过量化分析评估基差风险对期货套期保值的影响；

（3）能够结合趋势分析，合理调整期货套保策略。

【案例知识点】

（1）基差与基差风险；

（2）我国豆油期货的发展情况；

（3）期货静态套保与动态套保的概念。

【案例适用课程】

适用于金融工程和衍生金融工具课程。

【案例详情】

1. 引言

理论上，如果期货的标的资产与待套期保值的现货资产一致，期货价格在期货到期日会回归现货价格，基差（现货价格－期货价格）趋于零，因此可以通过买卖期货在当前确定未来现货的交割价格，这就是静态套保的概念。但实际上，由于现货与期货标的资产可能不一致，或者因实际需求，需要在到期前了结期货头寸，都会带来基差的不确定性，即期货套保的基差风险，这一风险有时候甚至会使得套期保值完全失去作用。

2. 中盛粮油豆油期货巨亏事件

中盛粮油的全称是“中盛粮油工业控股有限公司”，1999 年在中国香港注册成立，2004 年 10 月在香港交易所上市，主要从事食用油产品的精炼、分提、包装及销售和贸易业务，是内地最大的大豆油及棕榈油供应商，海狮、福临门等品牌均由中盛粮油拥有。大豆油是中盛粮油的主要产成品，是交易非常活跃的商品，价格波动频繁且幅度很大。中盛粮油面临的主要风险是豆油价格下降，为此其决定采用豆油期货进行套期保值。

但是在 2005 年，我国内地市场并没有豆油期货，大连商品交易所的豆油期货是在 2006 年上市的。因此，中盛粮油就对国内大豆成品油的现货价格和芝加哥期货交易所（CBOT）大豆油期货价格的历史数据进行分析，发现两者之间具有很高的正相关性。由此，中盛粮油就使用 CBOT 的大豆油期货来对冲国内的豆油现货价格的波动。

2005 年的 2 月到 4 月期间，中盛粮油在 CBOT 总共持有约 1 万手豆油期货的空头，换算成国内的单位大概是 27.2 万吨，中盛粮油当时每年豆油销售规模约 54 万吨，因此期货头寸在现货风险敞口内不存在投机意向。如果 CBOT 的豆油期货价格与我国国内豆油现货价格同方向变动，则可以通过期现损益互抵达到平抑风险的套保效果。

但是，这次的套期保值结果却不像预测的那样。在套期保值期间，CBOT 的豆油期货和国内的豆油现货出现了相反的行情。CBOT 的大豆油一路走强，由于中盛粮油期货做的是大豆油的空头，豆油期货的价格上升导致了期货空头的亏损；而国内的豆油现货市场出现了价格下跌，从 2005 年初的 6 100 元人民币/吨降到 2005 年 6 月的 5 300 元人民币/吨，所以在现货市场的销售也产生了亏损。因此，最终在 2005 年 4 月，中盛粮油在期货市场上对大部分所持的合约进行平仓时，亏损超过了 1.38 亿元人民币；而在现货市场，截止到 2005 年 6 月，以中盛粮油每年 50 多万吨的成品油销售规模估计，亏损应在 4 000 万元人民币左右。期货市场和现货市场共同的亏损也对中盛粮油的股票市场产生了巨大的影响。2005 年，国内农产品丰收使原料成本下降，股市对中盛粮油一度看好，预估其合理股价为 4 港元/股。在亏损消息披露前，中盛粮油股价为 1.13 港元/股，披露当日，公司股价暴跌 50%，市值蒸发近一半。

失败的原因主要是现货资产与期货资产的不一致。如图 7－2 所示，在期货市场上，其标的资产是南北美洲生产的大豆，由于主要产豆区南北美洲 2005 年上半年天气不好等因素，美国大豆和豆油价格攀升。而在现货市场上，我国大豆丰收，2005 年上半年国内食用油价格整体下滑，因此标的资产的不一致导致了基差风险的加大。

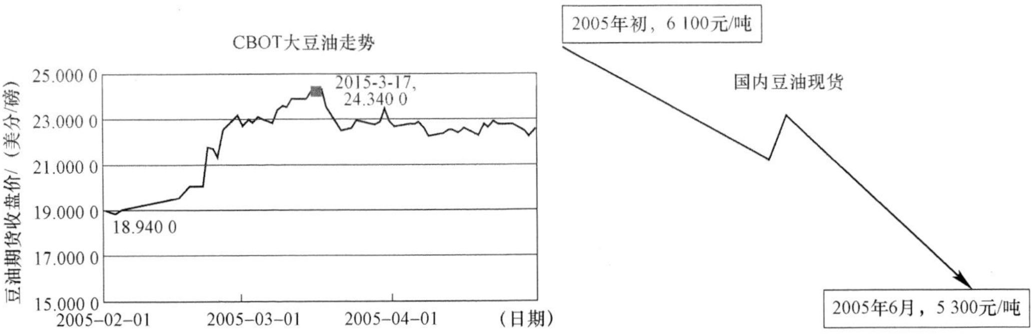

图 7－2　CBOT 的豆油期货与我国国内豆油现货价格

资料来源：Wind 资讯终端。

3. 铜生产企业的期货套保案例

某铜生产企业年产电解铜 30 万吨左右，20 世纪 90 年代开始进入期货市场进行套期保值交易。2003 年 10 月中旬，伦敦金属交易所（LME）3 个月期铜价开始向上突破，冲击 2 000 美元/吨大关。该公司认为，铜价在冲击 1 950～2 000 美元/吨之后将回调，此时出售的铜现货的收益就有可能降低，因此进行了铜期货的空头套保。将公司全年产量的 20% 通过期货市场进行远期抛售保值，从铜价 1 850 美元/吨开始抛出，一直抛到 1 950 美元/吨左右，共计 6 万～8 万吨。

没想到，伦敦和上海期货市场的铜价不跌反升，于 2003 年 11 月初突破 2 000 美元/吨大关，走出 6 年来的低迷市况，现货实物价格也随之上扬，整个铜市场已经从低迷的市场状态开始反弹。公司账面浮亏达到了 500 多万美元。

此时，公司及时调整保值策略，在期货市场尽量减少亏损的情况下，买回平仓，期待现货市场盈利。2003 年 11 月 23 日，LME 3 个月期铜价格从 2 100 美元/吨左右大幅回调至 1 950 美元/吨，公司在此价位全部买入平仓，了结了所有套保头寸。

之后铜价大幅回升，一路上扬至 2004 年第一季度的超过 3 000 美元/吨，公司在期货市场及时止损，在现货市场获取丰厚利润，相比期初涨了超过 1 000 美元/吨。

4. 结语

从案例中我们可以看到，中盛粮油套保失败的主要原因是现货和期货标的的不一致，如果我国国内市场当时存在豆油期货，就可以避免这一问题，因此，进一步丰富我国商品期货市场，才能使我国实体企业能够有更具针对性的风险管理工具。另外，从铜企业的套保案例可以看到，套期保值的最终目的是防止市场向不利方向发展；一旦市场走向明朗，向有利方向发展，就应当及时调整套期保值策略，期货头寸及时止损，才能保证现货头寸的巨大利润，即“以小换大”，这就是期货套保也需要动态调整的原因。当然，在使用期货进行套期保值时，基差风险是不可忽略的问题，为了管理基差风险，我国近些年出现了基差贸易、点价交易等新型贸易方式，2019 年，大连商品交易所还推出了基差交易平台，通过基差合同锁定基差，将现货价格波动完全转换为期货价格波动，为现货价格风险管理提供了更合理的市场化方式。由此也可以看出，我国结合期货的交易工具创新进一步验证了风险管理需求确实是金融工程创新的主要动机之一。

5. 案例讨论

当套期保值的到期日与期货的到期日不一致，或待套期保值资产与期货标的资产不一致时，如何选择期货合约？

首先，当套期保值的到期日与期货交割月份不一致时，尽量选择最接近套期保值到期的那个交割月份，但期货交割月份要在套期保值到期之后，防止出现裸风险的情况。考虑到流动性问题，即现货的套期保值所需要的周期较长，无法迅速买入或卖出期货，可以用一些短的到期月份的期货合约进行滚动套保。

其次，当需要套期保值的资产与期货标的资产达不到一致时，选择期货价格与该资产价值相关性最高的期货合约。

6. 案例参考资料

[1] 冯建芬，邓军，聂晶，余湄，周荣喜，谢海滨. 对外经济贸易大学“金融工程概论”慕课. https://www.icourse163.org/course/UIBE－1206446827?from＝searchPage，2019.

[2] 王晋忠. 衍生金融工具. 北京：高等教育出版社，2019.

【案例 3】基差管理——我国衍生产品应用的新发展

【案例摘要】基差体现了期货价格与现货价格的差距，基差的不确定性也为使用衍生工具管理现货风险带来了额外的基差风险，因此基差是使用衍生工具管理现货风险必须考虑的因素，也是构建丰富期货交易策略的一个参考指标。为了更好地为实体企业服务，我国以大连商品交易所为代表，开发了基差交易平台，创新了期货价格+协议基差的现货定价方式，开发了基差互换、基差期权等新型场外衍生工具，开拓了现货风险管理新思路。本案例以此为契机，以国信期货“长协基差点价”服务河钢集团案例为例，介绍基差概念在我国的新应用，拓展学生的创新思维，开拓学生的专业视野。

【教学目标】

1. 价值目标

（1）认识基差管理在现货风险管理中的重要性，提升学生对现实问题的认知能力；

（2）培养为实体经济服务的金融工程创新思维；

（3）增强金融工程专业人才的社会责任感。

2. 知识目标

（1）掌握基差与基差贸易的概念；

（2）理解点价与一口价的差别；

（3）理解基差贸易如何将现货价格管理转换为期货价格管理。

3. 能力目标

（1）能够用金融工程的风险管理思维解释基差贸易服务实践的逻辑；

（2）增强利用金融工程技术和创新思维解决实际问题的能力。

【案例知识点】

（1）期货在风险管理中的应用；

（2）基差与基差风险管理。

【案例适用课程】

适用于金融工程和衍生金融工具课程。

【案例详情】

1. 引言

基差的常见定义为“现货价格－期货价格”，由于商品现货存在市场分散、价格不透明、市场定价效率低等特征，以标准品为标的的期货价格与现货价格间通常存在基差，而基差的不确定性甚至可能导致期货对现货的套期保值完全失效。如何管理基差给现货风险管理带来的风险？除了常规的优化期货套期保值比率的方式，还有哪些手段呢？基差贸易和点价交易为我们提供了新视角。

2. 点价与基差贸易简介

以未来需要买入商品为例，企业可以有三种选择：一是直接使用未来的现货即期价格买入，显然这种情况企业完全承受了未来现货价格波动的风险，这种风险使用期货对冲，又会面临期现价格不一致的基差风险；二是为了规避现货价格波动风险，使用传统的“一口价”来锁定未来的买卖价格，即通过商品远期合约锁定未来的现货价格，但这种方式在价格波动较大时，一方面可能面临合约本身亏损的风险，另一方面也可能面临对手违约的风险；三是使用现在贸易中流行的“点价交易”。

所谓的点价并不是在当前时刻去约定未来买卖现货的价格，而是在当前时刻约定期货和现货未来的基差水平，称之为升贴水，此时：

成交价 = 期货点价 + 约定基差（升贴水）

因此，如果约定的基差为正，则未来现货的价格比点价时的期货价格高，称之为升水，反之为贴水。此处的点价，即指在合同约定期限内，如大豆从巴西运到中国，船舶到港之前，现货买方可以根据期货行情确定交割时使用的期货价格，买方一旦在其中一天向卖方提出用这一天的期货盘面价作为交割时使用的期货价格，就是买方在这一天进行了点价。

所以，点价又称为作价，是指以某个月份的期货价格为计价的基础，以期货的价格加上双方所协商的升贴水来确定双方买卖现货商品价格的交易方式。

这种交易方式的优势包括如下几点：

（1）规避了期货价格和现货价格脱离带来的基差风险；

（2）以期货价格作为现货定价基准，更加透明、公允，节约交易成本，提高交易效率，更便于使用期货管理现货风险；

（3）以基差确定供求关系，以期货实现个体差异，降低贸易双方对抗性，避免更多合同的主观纠纷，有助于稳定供需关系；

（4）便于企业进行价格风险管理，助力企业经营和可持续发展。

点价交易在现货贸易中越来越受欢迎。为满足产业企业参与期货市场的个性化需求，促进期货定价功能发挥，大连商品交易所在 2017 年开始探索基差贸易，并在 2019 年推出基差交易平台，推广以“期货价格 + 基差”定价的现货贸易，首期上市铁矿石、聚乙烯、聚氯乙烯、聚丙烯四个品种，其基差贸易流程和基差交易平台如图 7 – 3 和图 7 – 4 所示。

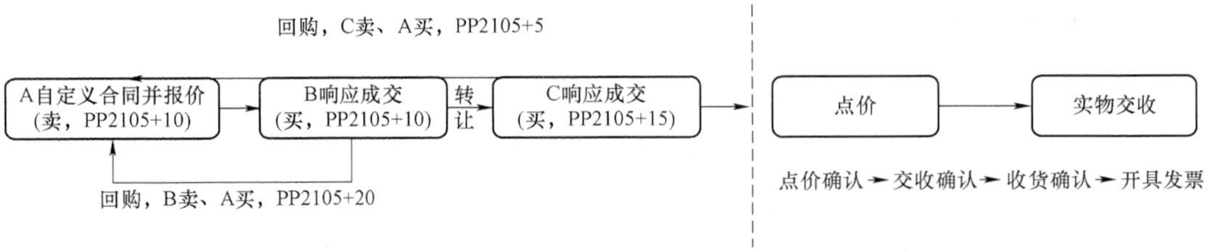

图 7－3　大连商品交易所基差交易平台的基差贸易流程

品种	品级	说明	交货地	最后交收日	基准合约	基差成交价	实时一口价	方向	数量(吨)
铁矿石	金布巴粉	FE：59...	曹妃甸港	20200408	i2005	-60.00	587.00	卖	10000
铁矿石	PB粉	FE：%...	日照或青岛	20200430	i2005	-10.00	637.00	买	10000
铁矿石	金布巴粉	以合同附件为...	曹妃甸港	20200408	i2005	-60.00	587.00	卖	10000
铁矿石	PB粉	FE：%...	日照或青岛	20200430	i2005	-10.00	637.00	卖	10000
铁矿石	PB粉	PB粉，FE...	鲅鱼圈港	20200331	i2005	45.00	692.00	买	10000
铁矿石	PB粉	双方约定PB...	山东港口（实...	20200331	i2005	0.00	647.00	买	10000

图 7－4　大连商品交易所基差交易平台行情示意图

截至 2021 年，大连商品交易所基差交易平台共完成 831 笔交易，合计 47 亿元货款，品种也扩充到 18 个，覆盖化工、黑色金属等 5 个板块，在基差贸易方面做出了积极的探索。

3. 基差贸易案例——国信期货“长协基差点价”服务河钢集团

基于历史经验，由国信期货协助，河钢集团与嘉吉投资于 2018 年 6 月 21 日签订基差贸易合同，总规模 200 万吨，首批 60 万吨。项目基差定为：－5 元/吨（京唐港和曹妃甸港），－10 元/吨（连云港）。

考虑到流动性，7 月交割品挂钩 I1809（2018 年 9 月交割的铁矿石期货），8—10 月挂钩 I1901，11—12 月挂钩 I1905.

在此期间，2018 年 7—10 月，北方港口 PB 粉基差由－12 元/吨震荡走强至 62.5 元/吨；连云港 PB 粉基差由－16.5 元/吨走强至 57.5 元/吨，并呈现持续走强趋势。因此现货价格＞期货价格，基差风险加大，而上述长期协议（业界一般称“长协”）基差定价合同就为河钢集团提供了很好的基差风险管理效果。

最终，河钢集团对首批 60 万吨，自 2018 年 7 月 20 日至 8 月 29 日共完成 35 次点价，节约成本 1 000 余万元，具体数据如表 7－1 所示。

表 7－1　河钢集团基差贸易风险管理效果

河钢采购	实际均价/（元/吨）	同期港口现货均价/（元/吨）
2018 年 7 月合计	471	470.7
2018 年 8 月合计	486.95	485.4
2018 年 9 月合计	482.06	497.7
剩余合计	498.9	529.3
合计	489.4	508.6
节省成本/万元		1 152

4. 案例讨论

在该案例中，可以针对点价交易与普通的一口价交易的差异，让学生进行讨论和交流，启发学生的创新意识，锻炼学生的分析能力。也可以给学生留下如下思考题：

你认为基于点价的基差交易中，买卖双方还有什么风险？如何管理？

5. 案例小结

中国有句古话"福兮祸之所伏，祸兮福之所倚"，基差是使用期货进行风险管理必须关注的风险源，但也为我们创新交易手段和交易产品提供了新的契机。金融工程也是在这种祸福转换中发展起来的学科，它协助市场不断地转祸为福，同时还要帮助避免因福生祸。

6. 案例参考资料

[1] 大商所基差交易平台：http://otc.dce.com.cn/.

[2] 中国期货业协会. 服务实体经济——期货经营机构优秀案例汇编（2017—2018）. 2019.

【案例 4】实践案例——期货基差交易策略实践任务

【案例摘要】实践出真知，再多的课堂讲授不如学生自主实践更有收获。本案例接续课程前一章的期货模拟交易，设计了一个体现学生个人创新度的市场实践任务，要求学生基于已有专业知识基础和自主获取的资源，设计一个期货的基差交易策略，并在期货模拟交易中实施，据此撰写基差交易策略实践报告，要求学生结合期货模拟交易经验和本章学习内容，通过自主关注市场资讯、学习行业分析报告设计一个逻辑自洽的期货交易策略，提高学生的自主学习能力、市场实操能力和创新能力。

【教学目标】

1. 价值目标

引导学生运用课程知识，在亲身参与中增强创新精神。

2. 知识目标

（1）了解我国商品期货和金融期货的交易规则；

（2）掌握期货基差交易策略的设计和应用。

3. 能力目标

（1）能够自主分析市场趋势和市场资讯信息，提升交易逻辑的构建能力和市场变现能力；

（2）能够理性认知自身风险承受能力，建立适合自身的期货交易敞口，形成好的交易习惯，增强风险管控意识；

（3）养成复盘习惯，提升客观认知交易得失的心理调节能力。

【案例知识点】

（1）基差的概念；

（2）期货的基差交易策略：期现套利、跨期套利、跨品种套利、跨市场套利。

【案例适用课程】

适用于金融工程、衍生金融工具和金融市场学课程。

【案例详情】

1. 实践目的

目的 1：结合市场行情，设计和实践期货基差交易策略，理解基差交易与趋势交易的风险和收益差异。

目的 2：综合利用所学各科专业知识学习期货的技术分析和基本面分析，培养自洽的交易逻辑。能够结合技术分析或者基本面分析有理有据地陈述自己期货品种选择、建仓和平仓的时间点选择的理由，训练自己的交易逻辑，避免盲目投机。

目的 3：养成交易复盘习惯，加强交易心理建设。体验盯市波动中的心理变化，结合专家指导，建立健康的交易心理。

2. 实践任务

参考可以自主获得的信息（如证券分析师的分析报告、个人对市场走势的观察或者预测，或其他能够获得的信息），每个学生独立设计一种基差交易策略（跨期套利、跨品种套利或者跨市场套利），在模拟交易中实施自己的策略，并在期货模拟交易结束日前完成开仓、持仓和平仓过程，结合策略实践撰写期货基差交易策略设计与实践分析报告。

3. 实践过程

整个实践交易过程由学生在课下通过线上模拟交易系统完成，账号由管理教师分配。

（1）通过券商、期货研究员的分析报告，以及金融资讯等实时行情资讯平台，了解我国当前的宏观环境、行业环境和期货市场的基本面信息，进行期货交易策略设计和交易决策，在模拟交易平台完成建仓、持仓和平仓全过程。

（2）查阅交易流水和交易账户的盈亏绩效，复盘交易逻辑的合理性，撰写期货基差交易策略设计和实践报告。

（3）分析报告内容要求，包括但不限于以下内容：建仓情况；建仓时间，开仓情况（如买入×份×期货，卖出×份×期货）；建仓理由；平仓时间，平仓理由；基差套利损益情况；各期货头寸损益；组合损益等，还可以根据持仓期间的期货价格变动，计算持仓期间组合的标准差等绩效指标。

需注意的是，策略报告需要附上持仓记录截图说明上述情况的真实性。

4. 实践评价

表 7–2 展示了对实践情况进行评价的方法。

表 7–2　　期货基差交易策略化设计与实践报告评分

姓名		学号		
实践得分				
项目名称	评分标准	满分	权重	得分
标准 1	是否完整完成期货基差策略实践	100	0.2	
标准 2	对市场和基差变动趋势分析的逻辑与设计的期货基差策略是否具有一致性	100	0.3	
标准 3	对于自行设计的期货基差策略实施的绩效评价是否客观、合理	100	0.3	
标准 4	实践报告撰写文笔流畅性，内容结构逻辑合理性，报告内容完整性	100	0.2	

第八章

互换的定价与应用

第一节　教 学 设 计

一、总体设计

1. 基本信息

课程名称：金融工程

知 识 点：互换的定价与应用

授课时间：第 8 周（线下 135 分钟，线上 90 分钟）

2. 学情分析

本章在之前远期和期货定价的基础上，继续沿用无套利定价的思想，使用债券组合或者远期组合复制互换的方式为互换进行定价，学习互换的市场发展、产品创新、交易策略和互换在风险管理中的应用。在此基础上，清晰回应我国衍生产品品种发展不均衡的疑问。

3. 教学思路

互换是金融工程的重要领域，本章针对互换产品的介绍、互换的定价与互换的应用等方面展开学习。引导学生理解互换管理风险的特点，理解互换市场蓬勃发展的动因，进一步能够解释我国利率和汇率衍生产品品种发展不均衡的原因，提升应用专业知识解决实际问题的能力；掌握如何利用互换进行套利，即比较优势原理的应用；掌握套利定价的复制技术在互换定价中的应用；了解场外合约的对手风险给产品定价带来的影响；理解如何应用互换动态管理风险；理解互换在促进我国人民币国际化中的作用，了解我国在人民币国际化方面取得的重大成就，提升民族自豪感；了解互换在我国实体企业创新运营模式、节约投融资成本、管理运营风险方面起到的重要作用，洞悉我国互换市场发展取得的成就。

4. 主要内容

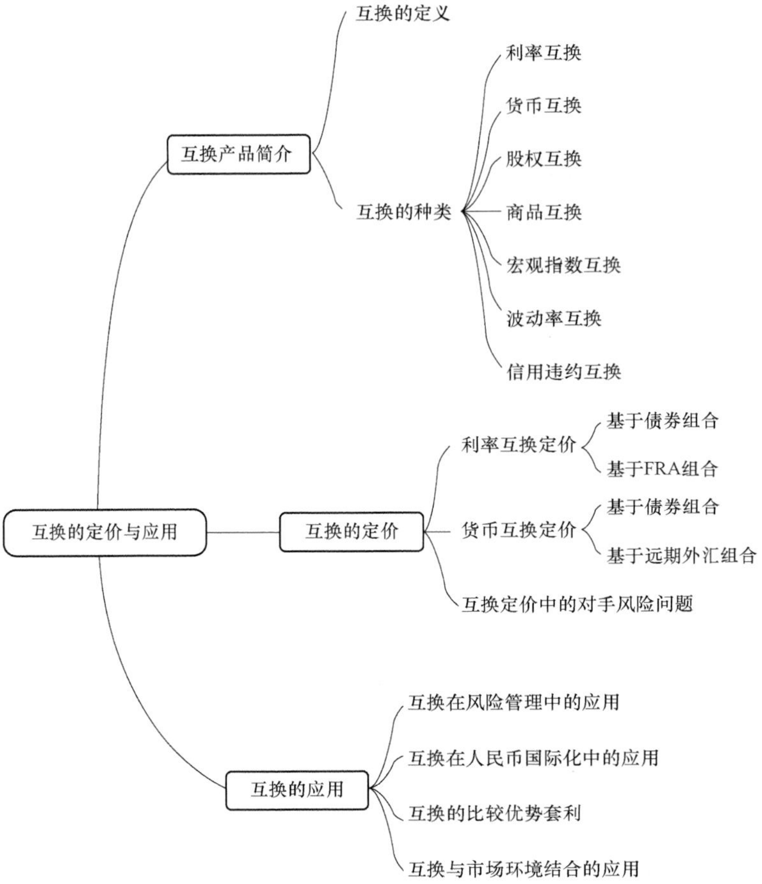

二、教学目标

1. 思政目标

（1）理论指导实践，提升应用专业知识解决实际问题的能力；

（2）了解我国人民币在国际化方面取得的重大成就，提升民族自豪感；

（3）了解世情国情，了解我国互换市场发展取得的成就。

2. 知识目标

要求记忆的内容：

（1）互换的常见分类：利率互换、货币互换；

（2）互换的其他产品：商品互换、股权互换、信用违约互换、波动率互换、宏观指数互换；

（3）普通利率互换的现金流特征；

（4）普通货币互换的现金流特征；

（5）比较优势的概念。

需要理解的内容：

（1）理解普通利率互换与货币互换的现金流存在差异的原因；

（2）理解互换改变风险性质的管理风险方式；

（3）利用利率互换的思想，了解波动率互换、商品互换等互换的基本应用；

（4）理解信用风险为互换定价带来的影响；

（5）理解人民币双边互换在促进人民币国际化方面的作用。

能够应用的内容：

（1）能够发现比较优势套利机会，基于双方要求设计互换产品实现双赢；

（2）能够结合互换灵活管理风险的方式，解释我国利率和汇率衍生产品品种发展不均衡的原因；

（3）能够结合对市场环境的预期，应用互换达到降本增益的目标；

（4）能够结合企业或机构需求，利用互换设计满足其需求的风险管理方案。

3. 能力目标

（1）能够通过债券组合或远期组合复制方式为利率互换、货币互换定价；

（2）真正理解互换的思想，提升利用互换解决实际问题的能力；

（3）对课程知识做到活学活用，提升自主学习能力。

三、教学重点和难点

1. 教学重点

（1）利率互换与货币互换的现金流特征；

（2）互换管理风险的特点；

（3）互换的比较优势套利；

（4）互换的定价。

2. 教学重点突出方法

对比分析研讨，情景教学，案例教学，逻辑推演法。

3. 教学难点

（1）互换思想的推广应用；

（2）理解人民币双边互换在人民币国际化中的作用；

（3）基于比较优势套利如何设计适合的互换产品；

（4）理解比较优势不是互换繁荣发展的唯一动力。

4. 教学难点的解决方法

案例教学，摆事实讲道理，举例。

四、课程思政实施过程

（1）在互换的分类中，除了学习利率互换、货币互换以外，还会学习股权互换、商品互换、波动率互换以及信用违约互换。在利率互换中，我们结合金融资讯的利率互换行情报价，让学生了解我国主要的利率互换基准利率、利率互换的期限品种等，并结合我国利率市场化改革，了解贷款市场报价利率（LPR）的作用；在货币互换中，我们以中国外汇交易中心（中国货币网）的货币市场品种介绍为例，让学生了解我国的人民币外币掉期和人民币外币货币掉期的区别和联系，并结合行情报价，了解互换掉期点报价的含义和解读方式；在商品互换中，我们以大商所商品互换平台为例，让学生了解我国商品互换的发展情况，包括基差互换、单个商品的互换等多个品种，并结合案例说明商品互换相对商品远期和商品期货的优势，让学生充分了解我国互换市场的最新发展，提升对中国金融市场的发展信心。

（2）在互换的风险管理特点部分，结合国家开发银行和中国光大银行完成的我国首例利率互换交易的案例，让学生了解双方签约的宏观背景和风险管理动机，具象化了解互换转换风险性质的风险管理特点。

（3）在互换的风险管理应用中，结合巴黎银行为墨西哥出口铜公司制订的综合贷款合同，让学生了解如何综合利用商品互换管理商品价格风险、利用利率互换管理利率风险和利用第三方管理账户隔离信用风险，达成低成本的贷款协议，提升学生应用专业知识解决实际问题的创新思维能力；通过麦当劳的互换应用案例，结合市场环境的互换套利案例，引导学生深刻理解互换如何做到灵活管理风险的目的。由此，通过研讨，让学生理解我国以及世界利率和汇率衍生产品品种发展不均衡的原因，做到知世情国情。

（4）在互换促进经济全球化部分，结合我国人民币国际化政策和中国人民银行的人民币国际化数据，了解人民币双边互换在人民币国际化中的作用，了解我国在人民币国际化方面取得的重大成就，提升学生的民族自豪感。

五、具体教学过程

教学步骤	教学内容	学生活动	设计意图
（线下 40 分钟） （1）复习互换的定义和市场特征。 （2）介绍利率互换的定义和现金流特点，并与学生研讨利率互换只交换利息差的合理性。提出问题，引出利率互换概念，研讨	**互换的定价与应用** 1 互换产品简介 1.1 互换的定义 复习互换的定义和市场特征。 1.2 互换的种类 总括性给出按照标的资产分类的互换产品。 （1）突出分析互换通过一个合约、多个小的现金流达到低成本管理风险的优势。提出问题，引出利率互换概念。除了常见的利率互换，是否还有其他品种，然后结合实际需求，介绍其他利率互换品种，借此引导学生开阔视野，理解场外产品的丰富多样性，防止学生思维固化。 （2）学习货币互换的定义和现金流特点，通过与利率互换的对比分析，研讨货币互换与利率互换的现金流差异。	（1）聆听教师讲授，主动跟随思考。 （2）学生需要根据教师给出的案例，结合实际分析内在逻辑	**思政点：** （1）提升学生透过现象看本质的创新思维能力； （2）引导学生了解互换产品种类的多样性，理解利率互换、指数互换、信用违约互换等互换产品的特点； （3）提升学生的思考能力，防止思维固化

续表

教学步骤	教学内容	学生活动	设计意图
货币互换与利率互换的现金流差异。 （3）介绍股权互换的定义、种类。 （4）以大商所商品互换平台为例，了解我国商品的互换发展情况，以及相对商品远期、商品期货的优势。 （5）举例：通过宏观指数与互换的案例启发学生理解互换创新的意义。 （6）进一步介绍类似思想的推广应用——波动率与方差互换	（3）引出我国的货币互换发展历史和首个案例，在此清楚解析人民币外汇掉期和人民币外汇货币掉期的区别，检查学生之前的资料查找和讨论情况。 （4）介绍股权互换的定义、种类，并通过与股权质押、配股投资等方式的比较，分析股权互换如何利用互换节约资金，实现杠杆投资。提醒学生了解股权互换的优势和杠杆风险。 （5）同样的互换特点用于商品，就是商品互换，以大商所商品互换平台为例，介绍我国商品互换发展以及相对商品远期、商品期货的优势。 （6）结合美国宏观指数互换案例和宏观指数互换的应用情景，说明如何利用其达到债务发行人和投资人双赢的目的，启发学生理解互换创新的意义。 （7）进一步简介类似思想的推广应用——波动率与方差互换。 （8）重点对比分析信用违约互换与上述互换产品的差异，以及信用违约互换在我国的发展和应用情况		
（线下 90 分钟） （1）对利率互换的定价、货币互换的定价的内容进行讲解，分析利率互换和货币互换的定价问题。 （2）探究互换定价中的对手风险问题	2 互换的定价 2.1 利率互换的定价 学习利率互换与债券组合的等价关系、与 FRA 的等价关系。 2.2 货币互换的定价 对于 2.1 和 2.2，通过复制手段，结合示例，探讨利率互换、货币互换与债券组合、远期合约组合的等价关系，然后基于不同组合，结合债券定价和远期合约价值计算，学习利率互换和货币互换的定价问题。 2.3 互换定价中的对手风险问题 分别讨论对手风险对机构和投资者的影响，以及对定价过程中变量取值的影响	（1）聆听教师讲授，积极参与讨论环节； （2）积极讨论“对手风险对机构和投资者的影响，以及对定价过程中变量取值的影响”	让学生进一步理解互换合约是如何定价的

续表

教学步骤	教学内容	学生活动	设计意图
（线上 90 分钟） （1）通过线上学习的方式学习“金融工程概论”慕课内容。 （2）学习互换在风险管理中的应用。 （3）讲授互换在人民币国际化中的应用； （4）讲授互换的比较优势套利； （5）讲授互换与市场环境结合的应用	3 互换的应用 3.1 互换在风险管理中的应用 学习：利率互换的典型应用；金融中介在利率互换中的作用；货币互换的实际案例应用；货币互换的作用——利率互换可以填补利率风险敞口；了解国家开发银行、股份制银行的互换动机。 3.2 互换在人民币国际化中的应用 学习利用互换促进人民币国际化，通过摆事实的方法说明互换是如何促进人民币国际化的。 3.3 互换的比较优势套利 学习：融资成本比较优势（利率互换）策略；融资成本比较优势（货币互换）策略。 3.4 互换与市场环境结合的应用 学习结合市场环境的互换套利策略，包括负债相关型互换、资产相关型互换、税收套利	（1）聆听教师讲授，了解本节学习要求； （2）理解本节重点内容“货币互换的流程”； （3）结合资讯和官方网站，了解我国双边本币互换的发展，了解我国的人民币国际化政策，了解我国互换市场发展取得的成就	（1）**思政点**：让学生了解我国人民币国际化方面取得的重大成就，提升他们的民族自豪感和专业责任感； （2）了解互换与市场环境结合的应用案例，理论联系实践
（线下 5 分钟） 小结	（1）总结本章内容； （2）布置本章课后作业； （3）发布下次课程预习任务； （4）通知学生进行前七章内容线上测验的安排； （5）通知学生业界实务讲座内容和安排	及时完成本章课后作业	提高学生总结提炼能力

本章参考资料：

（1）课程课件；
（2）王晋忠. 衍生金融工具. 北京：高等教育出版社，2019；
（3）冯建芬，邓军，聂晶，余湄，周荣喜，谢海滨. 对外经济贸易大学“金融工程概论”慕课. https://www.icourse163.org/course/UIBE－1206446827?from＝searchPage，2019；
（4）金融资讯终端、大连商品交易所官网、中国货币网。

第二节　典型课程思政教学案例

【案例 1】货币互换与人民币国际化

【案例摘要】互换虽然仅仅是远期合约的组合，但其多期现金流的特点使其具备更灵活的风险管理策略和更丰富的使用领域，其中人民币双边本币互换就在促进人民币国际化方面发挥了重要作用。本案例聚焦人民币双边互换 2009 年以来的发展情况以及互换后人民币在国外的应用情况，让学生了解互换产品更广泛和更高价值的应用，提升学生对我国经济发展和国际地位的认知，增强专业责任感。

【教学目标】

1. 价值目标

（1）认识发展人民币双边本币互换的重要意义，增强专业人才的社会责任感；

（2）结合互换的特点理解互换可以促进人民币国际化的原理，理论服务实践。

2. 知识目标

（1）了解人民币双边本币互换的概念；

（2）了解我国人民币双边本币互换的发展现状。

3. 能力目标

（1）能够用互换的原理解释人民币双边互换促进人民币国际结算的原因；

（2）增强利用金融工程技术和创新思维解决实体经济问题的能力。

【案例知识点】

（1）互换的交易策略；

（2）互换管理风险的特点；

（3）货币互换。

【案例适用课程】

适用于金融工程和衍生金融工具课程。

【案例详情】

1. 引言

人民币双边本币互换应用了货币互换、多期交换两种货币的原理，由中国人民银行协商签署互换协议，协议以一定的汇率互换一定数量的双方的货币量，用以增加对方的外汇储备以应对不测，是国家提高两国外汇储备以平衡两种货币的供需、稳定汇率、防止出现外汇市场混乱的重要举措。其他国家和地区通过与中国人民银行签署人民币双边本币互换协议，可以增加本国的人民币储备量，也可以用于商业银行、双边贸易中的人民币国际结算，进而增加人民币在国际结算中的应用，促进人民币的国际化。那么，我国人民币双边本币互换的发展情况如何呢？本币互换在人民币国际化中又起到了什么样的作用呢？

2. 双边本币互换的发展现状

2009 年以来，我国双边本币互换快速发展，截至 2019 年末，中国人民银行共与 39 个国家和地区的中央银行或货币当局签署了双边本币互换协议，覆盖全球主要发达经济体和新兴经济体以及主要离岸人民币市场所在地，总金额超过 3.7 万亿元人民币。图 8－1 是中国人民银行与其他国家和地区央行签订双边本币互换协议的情况，可以看到，从 2008 年促进人民币国际化政策启动以来，与中国人民银行签订双边本币互换协议的国家或地区数量以及签订金额都在逐年增加，说明储备人民币或使用人民币进行国际结算的国家数量在增加，体现了人民币国际地位的提升，也使得我国承担了更多的国际责任。

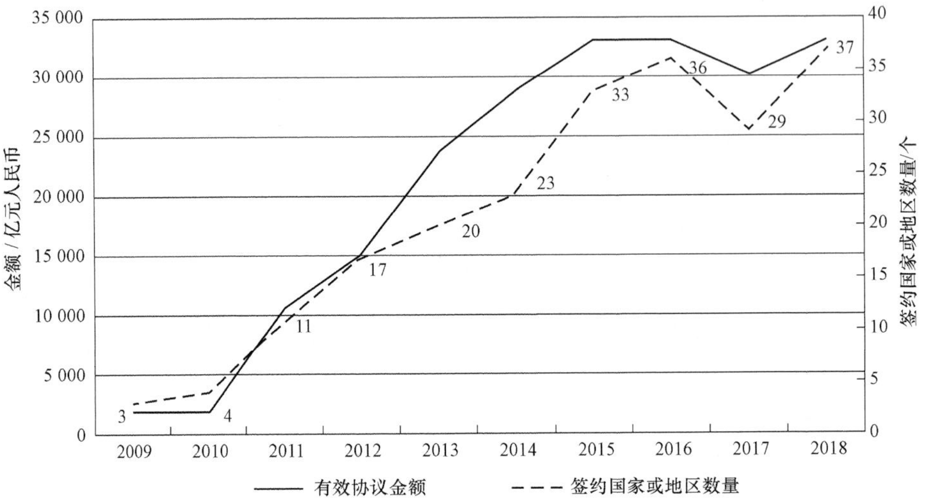

图 8－1　中国人民银行人民币双边本币互换协议的签署情况

资料来源：中国人民银行网站。

3. 双边本币互换对人民币国际化的作用

中国人民银行发布的人民币国际化报告指出，货币互换的签署可为相应国家或地区人民币市场的进一步发展提供流动性支持，促进人民币在境外市场的使用，也有利于贸易和投资的便利化，提升人民币的国际竞争力。

尤其国际金融危机爆发以来，国际贸易中主要结算货币——美元和欧元的汇率都经历了剧烈波动，同时，国际金融危机和世界经济放缓对贸易融资产生了较大冲击。在美元和欧元汇率的剧烈波动中，我国企业和贸易伙伴国企业普遍希望使用币值相对稳定的人民币进行计价和结算，从而规避使用美元和欧元结算的汇率风险。而国际金融危机以来中国人民银行与其他央行或货币当局签署的本币互换协议，为扩大使用人民币结算提供了资金来源。

中国人民银行表示，与有关央行或货币当局签署系列本币互换协议，一方面是为了应对短期流动性问题，另一方面还体现了对货币互换的创新，即支持互换资金用于贸易融资。其运作机制是，中国人民银行通过互换将得到的对方货币注入本国金融体系，使得本国商业机构可以借到对方货币，用于从对方进口的商品的支付。

在当前全球经贸增长乏力、外汇市场波动加剧、贸易融资萎缩的情况下，大量的人民币系列互换协议的签署，为扩大使用人民币结算提供了资金来源。人民币参与国际贸易结算试点的推行，使得互换货币可以从央行进入商业银行，进而进入企业，这为有关央行和货币当局通过互换协议获得的对方货币提供了一个回流渠道。图 8－2 汇总了双边互换的人民币在国外的应用渠道。

图 8－2 双边本币互换的人民币国际应用

通过一些数据，我们可以进一步看到我国人民币国际化的成果，相信双边本币互换在其中起到了重要的推动作用。

2015 年 8 月，人民币首次超越日元成为全球第四大支付货币，市场份额升至 2.79%，创历史新高，排名前三的美元、欧元、英镑所占份额分别为 44.8%、27.2%、8.5%。

2015 年 12 月 1 日，国际货币基金组织批准人民币加入特别提款权（SDR）货币篮子，2016 年 10 月 1 日正式生效。人民币成为继美元、欧元、英镑和日元之后，加入 SDR 货币篮子的第五种货币，权重为 10.92%，排名第三，超过日元。

2017 年 6 月 20 日，摩根士丹利资本国际公司（MSCI）宣布，将中国 A 股纳入 MSCI 新兴市场指数，这促进了中国境内市场与全球资本市场的进一步融合。

2018 年 3 月，彭博将中国国债和政策性银行债券纳入彭博巴克莱全球综合指数，人民币债券成为继美元、欧元、日元之后的第四大计价货币债券。

2019 年中国人民银行人民币国际化报告指出，自 2008 年推动人民币国际使用 10 年来，人民币已连续 8 年为中国第二大国际收付货币，全球第五大支付货币、第三大贸易融资货币、第八大外汇交易货币、第六大储备货币。全球已有 60 多个央行或货币当局将人民币纳入外汇储备。超过 32 万家企业和 270 多家银行开展跨境人民币业务，与中国实现跨境人民币收付的国家和地区达 242 个。

这充分展示了人民币重要的国际货币地位，彰显了人民币国际化的成效。

4. 结语

由我国人民币双边互换的发展可以看出，金融衍生工具不单单是微观企业和金融机构的风险管理工具，充分利用其转换风险性质的特点，也可以创新性地解决宏观层面的经济问题和国际贸易问题。学生除了掌握互换基本的定义、定价、风险管理特点等基本知识外，还应该注意身边事，尝试使用金融工程的创新思维理解身边事、处理身边事。

5. 案例参考资料

［1］冯建芬，邓军，聂晶，余湄，周荣喜，谢海滨．对外经济贸易大学“金融工程

概论”慕课. https://www.icourse163.org/course/UIBE－1206446827?from＝searchPage，2019.

［2］人民币国际化报告系列，中国人民银行官网，http://www.pbc.gov.cn.

【案例 2】互换综合应用案例的启示

【案例摘要】

通过墨西哥集团铜出口子公司 Mexicana de Cobre 融资案例的学习，理解互换在提高公司融资能力中发挥的作用。在本案例中，因为墨西哥债务危机，Mexicana de Cobre 的国内融资成本居高不下，同时一直被拦在国际资本市场之外，但是公司生产经营状况良好，如何在融资中利用自身的生产经营优势是一个亟待解决的问题，巴黎银行为其设计的融资方案完美地解决了这一问题，使得参与各方达成多赢的局面。学生通过本案例的学习，一方面培养自己结合实际需求，使用创新型金融工具提高企业融资能力的综合应用和创新能力，另一方面可以提高自己的社会责任感，在未来的实际工作中能秉承资本向善的信念，在追求利润的同时避免竭泽而渔。

【教学目标】

1. 价值目标

（1）培育学生经世济民、诚信服务、德法兼修的职业素养；

（2）启发学生服务实际需求，进行有价值的创新和应用。

2. 知识目标

（1）理解利率互换和商品互换的含义及应用；

（2）初步了解信用违约互换的含义和特点；

（3）认识互换在企业融资中的应用价值。

3. 能力目标

（1）具备对互换产品条款分析其设计合理性和风险特征的能力；

（2）具备结合实际需求，通过创新金融工具提高企业融资能力的综合应用和创新能力。

【案例知识点】

（1）利率互换和商品互换；

（2）信用违约互换。

【案例适用课程】

适用于金融工程和衍生金融工具课程。

【案例详情】

1. 引言

互换不仅能调整企业和机构资产负债的利率属性，也能够提高其融资能力，巴黎银行为 Mexicana de Cobre 提供的融资方案，充分利用 Mexicana de Cobre 的生产经营业务特点，一方面提高 Mexicana de Cobre 公司的融资能力，另一方面完美规避资金供给方银团面临的信用风险，并帮助其调整资产负债的利率风险敞口。

2. 案例简介

1982 年 8 月 12 日，墨西哥政府因外汇储备不足无法偿还外债，宣布暂停偿付外债，从而引发墨西哥债务危机，国际资本对墨西哥经济失去信心，很多外资撤离墨西哥市场，这种情形一直持续到 20 世纪 80 年代后期。Mexicana de Cobre（A 公司）是墨西哥集团铜出口子公司，公司生产和经营状况良好，但是在国内获取融资的成本非常高，同时，由于墨西哥债务危机，银行担心其信用风险问题，该公司一直被拦在国际资本市场之外，无法在国际上进行融资。

直到 1989 年，公司从巴黎银行牵头的 10 家银行组成的银团那里成功获得了固定利率为 11.48%、38 个月期的 2.1 亿美元的借款，从而代替墨西哥政府能够提供的 23%的借款。图 8－3 给出了具体的过程（图中的 B 公司是 Sogem 公司）。

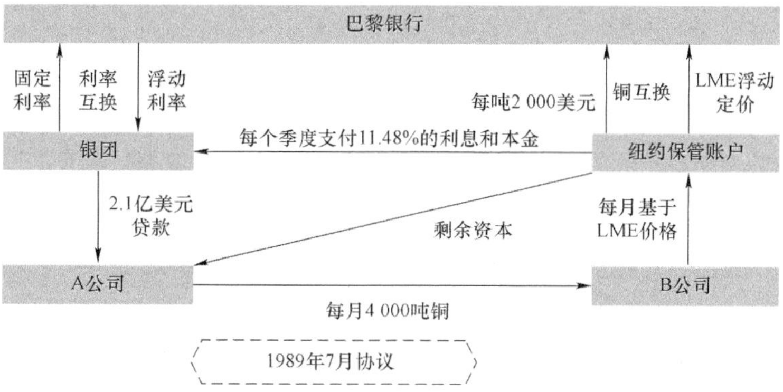

图 8－3 墨西哥铜出口的案例

3. 案例讨论

（1）该案例中，巴黎银行是如何使得交易参与方固有的信用和商品价格风险达到最小化的？

首先银团向 A 公司提供了 2.1 亿美元的固定利率贷款，为了保证 A 公司能够正常经营，有能力偿还贷款，规避银团面临的信用风险，巴黎银行协助 A 公司与下游企业 B 公司签订了铜的订购合同，每个月由 A 公司向 B 公司按照伦敦金属交易所的铜市场价格出售 4 000 吨铜，B 公司会将购买款项打入第三方保管账户——纽约保管账户，防止 A 公司得到货款不偿还贷款的违约风险。

但此时纽约保管账户面临着铜市场价格下跌的风险，可能会因为铜市场价格下跌，获得的收入无法偿还季度的本息。为了避免铜价格波动风险，巴黎银行与纽约保管账户进行了铜互换的交易，每个月向账户支付固定的铜价，收取浮动的铜市价，由此保证纽约保管账户每季度都能够偿本付息，剩余资金将返还 A 公司，保障 A 公司的流动运营资金。

对于银团而言，其负债通常是浮动利率，此次固定利率的贷款带来了负债和资产的不匹配，在本案例中可以通过利率互换解决。

（2）在本案例中，巴黎银行面临什么风险？风险的来源是什么？

在本案例中，巴黎银行因为利率互换合约会面临利率风险，因为铜互换合约会面临铜的价格风险，但是这两个风险都是市场风险，很容易通过市场上的金融工具进行对冲和管理。

（3）在本案例中，巴黎银行还可以为银团提供什么金融产品对冲 Mexicana de Cobre 的信用风险？进一步对你所给出的金融产品和本案例中的解决方案进行比较。

巴黎银行还可以为银团提供信用违约互换对冲 Mexicana de Cobre 的信用风险。在这里，信用违约互换以 Mexicana de Cobre 违约为触发事件，巴黎银行或者第三方机构为信用违约互换的出售方，银团为信用违约互换的购买方。在触发事件发生之前，银团定期向出售方支付保费，触发事件一旦发生，则由出售方为银团提供补偿。

与本案例中的方案相比，第一，银团需要为对冲信用风险定期支付保费，这部分额外支出通常会计入 Mexicana de Cobre 的贷款成本，使得 Mexicana de Cobre 的贷款利率升高。第二，本案例通过信用账户和铜互换合约对 Mexicana de Cobre 进行信用增级，一方面降低 Mexicana de Cobre 对银团的信用风险，另一方面改善 Mexicana de Cobre 的经营，从根源上降低 Mexicana de Cobre 的信用风险，并进一步降低社会的平均信用风险，是一个多赢的解决方案。而使用信用违约互换并没有改变 Mexicana de Cobre 的信用风险，对这个产品的滥用，还容易使得金融机构放松对贷款方的信用要求，放大和集聚社会的平均信用风险水平，引发金融危机，2008 年国际金融危机就是一个例子。所以，投资银行在给出解决方案时，在追求利润降低自身风险的同时要具备社会责任感，全面考虑各方利益，避免竭泽而渔。

4. 案例启示

在实践业务中，应该秉承诚信服务的理念，综合使用所学知识，兼顾交易各方的利益，同时具备社会责任感。在该案例中，巴黎银行通过第三方保管账户避免了 A 公司的信用违约风险，通过与 B 公司的长期供货合同保障了 A 公司的正常运营，通过铜互换规避了保管账户的铜价格波动风险，通过利率互换填平了银团的利率风险敞口。利用多个互换工具的复合达到了提升 A 公司负债能力的目的。

5. 案例参考资料

［1］冯建芬，邓军，聂晶，余湄，周荣喜，谢海滨. 对外经济贸易大学“金融工程概论”慕课. https://www.icourse163.org/course/UIBE－1206446827?from＝searchPage，2019.

［2］Laurent Jacque, Gabriel Hawawini. Myths and Realities of the Global Market for Capital: Lessons for Financial Managers. Journal of Applied Corporate Finance, 1993, 6(3): 81－90.

【案例 3】互换的风险管理——国开行与光大银行之约

【案例摘要】

通过学习我国首笔互换业务案例，了解我国利率互换的起源，了解企业如何根据自身的资产负债特征，选择合适的互换交易，调整资产负债结构，使得学生能够更好地理解国家发展战略和政策，并培养他们服务我国经济建设需要具备的专业技能和职业素养。案例介绍了中国首笔互换业务的内容，通过讨论，基于国家开发银行（简称“国开行”）和中国光大银行（简称“光大银行”）的资产负债表，分析这两家银行的资产负债结构特征，探讨它们选择互换交易的动机。最后，结合案例给出启示，国家开发银行和中国光大银行的互换交易说明，中国关于开展人民币互换交易的试点遵循了以市场为主导的创新机制原则，顺应了国内企业融资的需求。

【教学目标】

1. 价值目标

（1）了解相关专业和行业领域的国家战略和相关政策；

（2）培养学生理论联系实际的职业素养。

2. 知识目标

（1）了解我国开展互换业务的情况；

（2）认识互换在我国金融机构中的应用价值；

（3）理解利率互换在管理金融机构风险性质中的应用。

3. 能力目标

（1）具备在实践中根据企业或机构的资产负债表分析其风险特征和需求的能力；

（2）具备结合实际需求，选择互换产品的应用能力。

【案例知识点】

（1）企业资产和负债风险性质的分析；

（2）利率互换的风险管理特点。

【案例适用课程】

适用于金融工程和衍生金融工具课程。

【案例详情】

1. 案例背景

随着中国经济和国内金融市场的发展，企业和机构需要更加完善的资本市场和新型的融资工具及风险管理工具来为其健康发展保驾护航。为此，国内推出更多的包括人民币利率互换在内的金融衍生产品，关于开展人民币互换业务试点的通知刚刚发布，国家开发银行（简称“国开行”）和中国光大银行（简称“光大银行”）就达成了我国第一笔利率互换业务，这反映出这个产品创新是体现市场真实需求的，下面具体介绍这笔人民币互换业务的内容，并讨论分析参与双方的动机及效果。

2004 年 1 月 31 日，国务院发布《国务院关于推进资本市场改革开放和稳定发展的若干意见》指出：“建立以市场为主导的品种创新机制。研究开发与股票和债券相关的新品种及其衍生产品。加大风险较低的固定收益类证券产品的开发力度，为投资者提供储蓄替代型证券投资品种。积极探索并开发资产证券化品种。”

2006 年 1 月 24 日，中国人民银行发布《中国人民银行关于开展人民币利率互换交易试点有关事宜的通知》。2006 年 2 月 10 日，我国首笔利率互换业务由国开行与光大银行达成生效。这笔利率互换交易是 2005 年 10 月 10 日初步达成，名义本金为 50 亿元人民币，期限为 10 年，光大银行支付 2.95% 的固定利率，国开行支付以 1 年期定期存款利率为参考利率的浮动利率（当时是 2.25%）。

2. 案例讨论

表 8－1 至表 8－6 给出了国开行和光大银行的资产、负债和收入结构数据，对以下几个问题，我们可以基于这些数据展开讨论。

表 8－1　　**国家开发银行资产负债表**　　单位：百万元人民币

	2005 年	2004 年
资产总计	1 897 942	1 574 482
贷款余额	1 735 791	1 412 814
贷款	1 704 427	1 408 154
拆放同业	27 399	1 325
应收利息	3 965	3 335
信达债券、净额	100 610	103 154

续表

	2005 年	2004 年
投资证券	50 882	44 071
负债合计	1 767 432	1 467 009
发行债券	1 501 195	1 254 825
次级债券	40 301	20 006
所有者权益	130 510	107 473

资料来源：国家开发银行 2005 年年度报告。

表 8－2 国家开发银行利润表 单位：百万元人民币

	2005 年	2004 年
利息收入	92 585	71 994
贷款	89 076	68 780
信达债券	2 250	2 250
存放中央银行和存放同业款项	220	304
交易性和投资债券	948	622
其他	91	38
利息支出	52 606	40 953
发行债券及次级债券	46 317	36 660
向其他机构借款	4 226	3 740
客户及同业存放款项	2 063	613
利息收入净额	39 979	31 041

资料来源：国家开发银行 2005 年年度报告。

表 8－3 国家开发银行资产负债到期时间分布 单位：百万元人民币

到期日	2005 年			2004 年		
	资产	负债	净值	资产	负债	净值
3 个月以内	100 408	152 021	（51 613）	78 797	119 216	（40 419）
3～12 个月	165 214	235 034	（69 820）	126 336	131 980	（5 644）
1～5 年	644 611	631 091	13 570	556 640	563 531	（6 891）
5～10 年	446 486	546 751	（100 265）	435 687	569 630	（133 943）
10～15 年	412 357	106 171	306 186	292 277	26 256	266 021
15 年以上	128 816	96 364	32 452	84 745	56 396	28 349

资料来源：国家开发银行 2005 年年度报告。

表 8－4　　国家开发银行贷款发放行业分布　　单位：十亿元人民币

行业	2005 年	2004 年
电力	105.9	74.2
公路	106.6	101.5
铁路	7.1	5.4
石油石化	12.6	8.5
煤炭	6.5	5.8
邮电通信	14.5	18.2
农、林、水利	11.6	9.5
公共基础设施	188.4	165.2
其他	93.5	51.4
合计	546.7	439.7

资料来源：国家开发银行 2005 年年度报告。

表 8－5　　中国光大银行资产负债结构表　　单位：千元人民币

	2005 年	2004 年
流动资产	308 273 001	257 063 958
短期贷款	128 707 898	129 557 002
短期投资	18 611 566	20 827 934
一年内到期的长期债权投资	12 486 656	7 650 472
……		
长期资产	196 078 321	151 260 772
中长期贷款	118 814 628	85 450 272
长期债权投资	65 469 334	55 076 352
长期股权投资	71 551	72 996
……		
资产总额	511 328 879	416 435 721
流动负债	464 887 102	377 219 542
短期存款	272 610 275	250 164 225
短期储蓄存款	53 035 281	43 414 244
……		

续表

	2005 年	2004 年
长期负债	49 436 931	44 706 598
长期存款	34 249 550	29 430 351
长期储蓄存款	5 060 302	3 281 546
……		
债务总额	514 324 033	421 926 140

资料来源：中国光大银行 2005 年年度报告。

表 8-6　　中国光大银行利润表　　单位：千元人民币

	2005 年	2004 年
利息收入	13 721 708	12 800 345
贷款	12 586 562	11 311 689
贴现利息收入	1 135 146	1 488 656
金融企业往来收入	1 978 016	1 354 410
投资收益	3 256 139	2 305 783
利息支出	6 854 964	5 498 127
单位存款利息支出	5 511 971	4 748 575
储蓄存款利息支出	1 051 774	588 939
……		

资料来源：中国光大银行 2005 年年度报告。

（1）分析双方达成此互换的动机。

首先来看国开行的互换动机，这需要分析国开行的资产和负债情况。债券发行是国开行最主要的资金来源，2005 年其债券融资比例达到 84%，其中中长期债占 86%左右；而国开行的资金去向以贷款为主，包括中长期贷款和短期贷款。中长期贷款期限在 1 年以上，主要用于基础设施、基础产业和支柱产业的基础设施和技术改造项目；短期贷款期限在 1 年以内（含 1 年），用于解决国开行业务范围内、中长期贷款合同执行完毕前所需短期资金。其收入来源就是净利息收入，即：

净利息收入 = 贷款利息收入 – 债券利息支出

具体来说，国开行的资产主要由长期浮动利率贷款组成，资产的 90% 由贷款构成，主要去向为电力、公共基础设施等；而负债方面债券负债占84%，其中又以固定利率长期债券居多。这就带来了资产和债务的期限结构不匹配。

其次，我们再来分析光大银行互换的动机。光大银行作为商业银行，其负债主要由流动负债构成，大约占到负债总额的90%，其中短期存款占70%，而由于当时的市场环境，其资产主要由短期利率贷款和长期固定利率贷款构成。长期资产占资产总额的38%，同样存在资产与负债利率的不匹配！

光大银行办理固定利率的贷款业务与当时的利率环境有关。当时，市场利率已经到了历史低位，同时市场预期未来利率将逐步上升，因此市场对固定利率房贷的需求越来越强烈。具体利率的变动情况如图8-4所示。

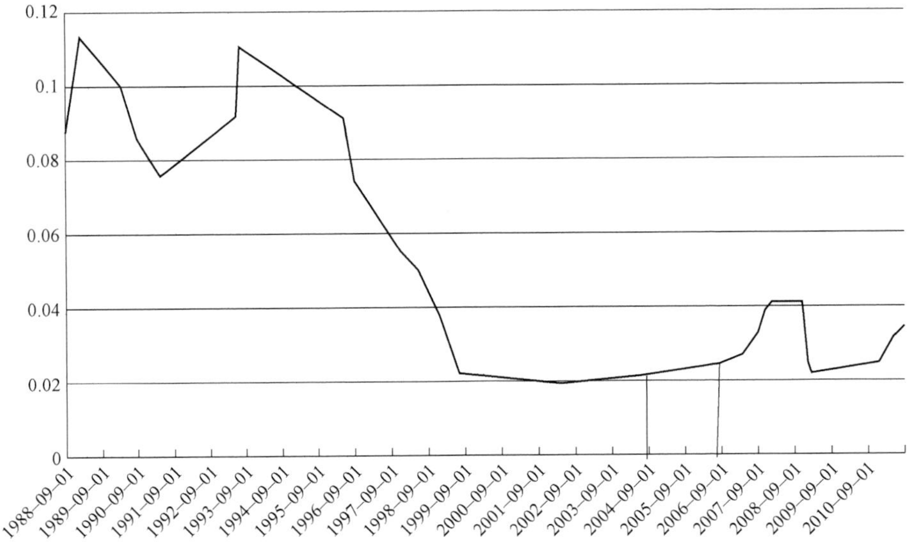

图8-4　我国银行1年期存款利率变动情况

从图8-4中可以看到，2005年至2006年，我国利率正处于上升通道，因此，为客户提供固定利率房贷或者固定利率房贷与浮动利率房贷互相转换业务可以为光大银行吸引更多的贷款客户，所以光大银行在当时就推出了固定利率的房贷业务以及房贷转换业务，由此产生了长期的固定利率贷款。

（2）通过互换，两家银行达成的结果是什么样的？

通过互换，两家银行的利率匹配结果如图8-5所示。

国开行从利率互换中获得固定利率收益，同时向市场支付固定利率负债，然后从贷款中获得浮动利率收益，来支付利率互换中的浮动利率成本，不但填平了其利率风险敞口，而且锁定了长期的利息差收益。光大银行支付固定利率，换来了一年期浮动利率。

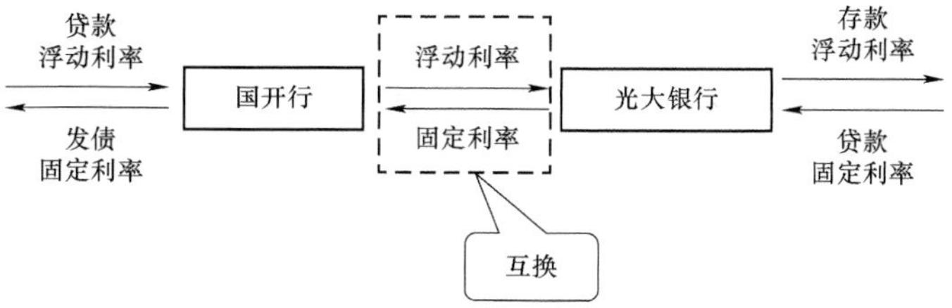

图 8-5 国开行和光大银行的互换管理风险的效果

（3）如何看待光大银行在这份合约中支付 2.95% 的固定利率，获得较低的一年期浮动利率（当时是 2.25%）？

这表面看是一宗赔本的买卖，其实结合光大银行在利率互换交易前后推出的业务综合考察就会发现，光大银行在利用利率互换这一工具进行资产负债结构的调整。从中国第一笔利率互换交易的分析可以看出：利率互换成为两个银行规避利率风险、平衡自身资产负债结构、降低融资成本的工具，这是一次双赢的合作。

3. 案例启示

《中国人民银行关于开展人民币利率互换交易试点有关事宜的通知》的发布，为中国企业风险管理提供了新的金融工具。企业在选择金融工具进行风险管理时，需要综合分析企业的资产负债结构，明确需求，不单纯以短期盈利为目的。

4. 案例参考资料

[1] 冯建芬，邓军，聂晶，余湄，周荣喜，谢海滨. 对外经济贸易大学“金融工程概论”慕课. https://www.icourse163.org/course/UIBE-1206446827?from=searchPage，2019.

[2] 中国人民银行关于开展人民币利率互换交易试点有关事宜的通知银发（〔2006〕27 号）.（2006-02-10）[2023-11-02]. https://www.gov.cn/ztzl/2006-02/10/content_185188.htm.

[3] 国务院关于推进资本市场改革开放和稳定发展的若干意见（国发〔2004〕3 号）.（2004-01-31）[2023-11-02]. https://www.gov.cn/gongbao/content/2004/content_63148.htm.

[4] 国家开发银行. 国家开发银行 2005 年年度报告. 2006.

[5] 中国光大银行. 光大银行 2005 年年度报告. 2006.

第九章

期权产品与市场简介

第一节 教学设计

一、总体设计

1. 基本信息

课程名称：金融工程

知 识 点：期权产品与市场简介

授课时间：第 9 周（线下 135 分钟）

2. 学情分析

学生在之前的授课中对期权的概念有了基本的了解，本章将对其特点、损益特征、头寸杠杆风险、产品分类和保证金交易等进行深入细致的学习。

3. 教学思路

期权是金融工程中重要的衍生品工具，本章首先介绍期权的定义与损益分析，并通过期权的分类和各类产品，让学生了解我国截至目前已经推出的期权产品情况，理解现货期权与期货期权的差别；结合案例说明期权的杠杆风险；学生应掌握期权在风险管理方面与远期类产品（包括远期、期货和互换）的差异；结合丰富的案例和数据资料讲述奇异期权，引导学生理解期权产品的创新方式、创新逻辑和创新动机；理解“保险 + 期货”帮扶模式中期权产品创新设计的原因，深入理解金融产品创新来源于实践、服务于实践的原则，引导学生建立从实际需求出发的创新思维，同时让学生知世情国情，端正学习态度。本章将帮助学生理解期权场内和场外交易机制差异；结合我国 50ETF 期权、豆粕期权等商品期货期权了解期权市场交易机制，如期权的保证金制度以及期权保证金计算公式的设计逻辑，提升对问题的逻辑分析能力。

4. 主要内容

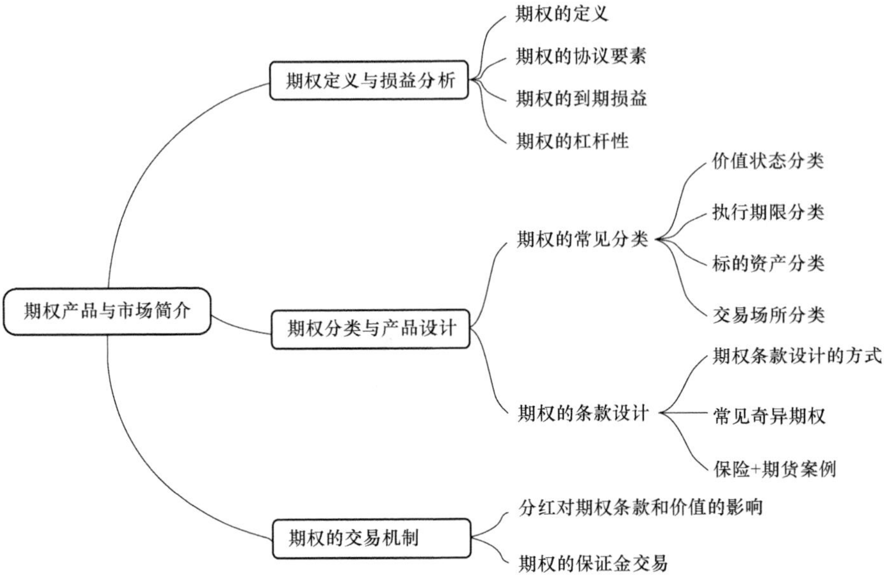

二、教学目标

1. 思政目标

（1）通过对“保险＋期货”、中央一号文件的介绍帮助学生了解相关专业和行业领域的国家战略、法律法规和相关政策；

（2）通过对我国期权市场发展的分析，引导学生了解世情国情民情；

（3）通过 50ETF 期权模拟交易和组织期权做市大赛，引导学生了解我国期权市场的交易机制，培育学生经世济民、诚信服务、德法兼修的职业素养；

（4）引导学生建立从实际需求出发的创新思维。

2. 知识目标

要求记忆的内容：

（1）普通期权的定义、各头寸到期损益公式及到期损益图；

（2）期权的各种分类；

（3）我国场内期权的品种和条款；

（4）期货期权的执行方式；

（5）利率上限、利率下限、利率双限、互换期权的概念；

（6）给出保证金的计算公式，利用提供的数据可以计算出保证金额度；

（7）二值期权、回望期权、亚式期权、障碍期权的基本损益情况。

需要理解的内容：

（1）理解期权管理风险的方式；

（2）理解期权与远期/期货的联系与差异；
（3）理解期权产品的创新方式、创新逻辑和创新动机；
（4）理解“保险＋期货”农业帮扶模式中期权产品创新设计的原因；
（5）理解期权的场内和场外交易机制差异；
（6）了解期权的保证金制度，以及期权保证金计算公式的设计逻辑。

能够应用的内容：

（1）能够分析现实中遇到的期权产品条款设计的合理性；
（2）能够结合实际需求，应用期权设计原则，设计合理的期权产品。

3. 能力目标

（1）将需求转化为产品设计条款的创新能力；
（2）根据期权产品条款分析其损益特征和风险特征的分析能力。

三、教学重点和难点

1. 教学重点

（1）期权的头寸和损益特征；
（2）期权的常用分类和具体品种：按价值状态分类、按执行期限分类；
（3）期权产品创新的方式；
（4）“保险＋期货”中期权的作用；
（5）中央一号文件的含义；
（6）期权的保证金交易。

2. 教学重点突出方法：线上学习与线下讲授相结合，举例法，对比分析法，借助金融资讯终端等权威平台摆事实讲道理，交易实践

（1）线上学习与线下讲授相结合：课前布置线上教学视频学习任务，课后进行线上章节知识检测，课中进行核心知识点研讨，并结合线上互动调动学生主观能动性。

（2）举例法：以我国50ETF期权为例，说明期权分类在市场中的应用；以不同“保险＋期货”中的期权设计为例，说明如何设计期权、改进不足。

（3）对比分析法：对比我国期货期权和现货期权的执行方式，说明期货期权与现货期权的差异；对比价格保险与普通财险和寿险的差异，说明使用期权的必要性。

（4）摆事实讲道理：使用金融资讯终端展示我国市场中50ETF期权的行情和不同期权的价值状态；列举中央一号文件的原文，说明国家对“保险＋期货”模式的鼓励。

（5）交易实践：向学生发布50ETF期权模拟交易任务，以及期权做市大赛预告，通过交易实践使学生切身感受期权市场的保证金交易机制和杠杆风险。

3. 教学难点

（1）如何理解虚值期权的投资者偏好；
（2）“保险＋期货”如何精准帮扶三农；

（3）为何期货期权更多是美式期权；

（4）理解期权保证金的金额设定为何如此复杂（与标的资产密切相关）。

4. 教学难点的解决方法：情境实验法，摆事实讲道理，逻辑推理法，自主求知

（1）情景实验法：通过 SPOC 平台“投票”功能，设置投资者需求，让学生投票，模拟市场投资者的交易态度，说明部分投资者偏好虚值期权的合理性。

（2）摆事实讲道理：结合“保险＋期货”实际的运营模式，从赔付条件方面分析如何做到精准，从保费补贴渠道说明其帮扶特征。

（3）逻辑推理法：结合 95%以上的期货合约提前平仓了结的特点，说明将期货期权设置为美式期权防止期货交割风险的合理性。

（4）自主求知：结合 50ETF 期权的条款，说明保证金的差异，引导学生预习下一章，了解期权的无套利价格特征。

四、课程思政实施过程

（1）在期权分类中，结合我国 50ETF 期权的条款介绍看涨、看跌期权以及平值、实值、虚值期权的概念和实际交易中上述分类的价值和意义；结合我国已经推出的所有场内期权品种，介绍我国场内交易的品种——欧式期权和美式期权的情况，并结合期货盯市结算的交易特点，引导学生理解商品期货期权为何偏好美式期权，通过理论知识与实践的结合让学生了解期权市场的世情国情民情；在介绍奇异期权后，结合 2016 年以来我国中央一号文件推广的“保险＋期货”的农业帮扶模式，探讨期权产品条款设计丰富的原因和条款设计需要考虑的因素，并通过浙商期货 4 个“保险＋期货”项目案例，介绍如何利用金融工程专业知识为实体经济服务，引导学生建立从实际需求出发的创新思维，同时学习“保险＋期货”在我国 2020 年脱贫攻坚和抗击新冠疫情中的作用，以及在促进乡村振兴中的作用，潜移默化地宣传习近平新时代中国特色社会主义思想，学习我国“十四五”规划内容，普及我党全心全意为人民服务的根本宗旨。在案例学习过程中，通过提问的方式增加保险公司风险管理的方式、我国对期货公司等金融机构的穿透式监管等政策的学习，帮助学生建立实践中的合规意识，培育学生经世济民、诚信服务、德法兼修的职业素养。

（2）结合 50ETF 期权的条款引导学生了解我国期权市场的交易机制以及期权保证金交易与期货的区别。结合豆粕期权、白糖期权的交易规则引导学生了解期货期权的行权问题，以及期权保证金计算的复杂性。

（3）布置课下模拟交易任务，指导学生以 50ETF 期权为例，进行期权的模拟交易，进行期权市场的交易实践。交易实践在课程中要求学生在课下进行为期 1 个月的模拟交易，提升学生对我国期权市场的认知和实践能力。

五、具体教学过程

教学步骤	教学内容	学生活动	设计意图
（60 分钟） 通过举例了解期权损益公式、损益图及风险特征；通过案例了解期权买卖双方的杠杆特征	**期权产品与市场简介** 1 期权定义与损益分析 1.1 期权的定义 了解期权的定义和市场特征 1.2 期权的协议要素 1.3 期权的到期损益 了解看涨看跌期权在空头、多头情况下的盈亏情况。 1.4 期权的杠杆性 结合案例，探讨期权的杠杆性，如通过中航油事件案例了解空头杠杆风险	学生可结合线上自主学习相关教学视频，积极参与课堂互动	让学生从总体上了解期权合约的基本特点与性质
（20 分钟） （1）线下研讨：介绍期权的价值状态分类，并提出问题。 （2）线上互动：抛出问题，利用 SPOC 投票进行情景实验；并与学生交流其选择理由。 （3）摆事实讲道理：结合金融资讯终端解释知识点。 （4）情景分析：假设投资者的心理活动，说明在此心理活动下选择虚值期权的合理性。 （5）以执行期限的不同区分期权种类。 （6）场内期权与场外期权的不同。 （7）讲解我国期权市场发展与标的资产不同的期权类型，如人民币对外汇期权，利率上限及下限，互换期权	2 期权分类与产品设计 2.1 期权的常见分类 （1）价值状态分类（7 分钟）：平值、实值、虚值 以看涨期权为例，首先介绍价值状态的含义，说明平值、实值、虚值的英文以及在实践中遇到的简写的含义，让学生学会和业界对话。 其次，结合金融资讯终端，以 50ETF 期权为例展示市场中期权的价值状态，让学生了解市场应用。 最后，进行情景实验，利用学生的投票选择，说明为何市场参与者会关注价值状态，以及购买虚值期权的投资者心理，进一步解释不同价值状态的期权市场活跃度有差异的原因。 （2）执行期限（2 分钟）：欧式、美式、百慕大式，展示我国截至目前推出的场内期权产品，结合统计数据进行分析，说明商品期权发展速度明显快于金融期权，并启发学生思考原因，为下面的“保险＋期货”案例做铺垫。 （3）交易场所（1 分钟）：场内与场外，说明我国交易商品期权的四大交易所，并提醒学生前往正规交易所交易的重要性。 （4）标的资产分类（10 分钟）：针对我国 2020 年新推出的利率期权以及繁荣发展的期货期权市场，结合我国的产品详细介绍利率上限、下限、互换期权的定义和到期损益情况，针对期货期权，以我国豆粕期权为例，对比美国的期货期权和我国的现货期权，学习期货期权的条款和交易制度	（1）聆听教师讲授，主动跟随思考。积极回答教师提出的问题。 （2）积极参与线上教学互动。 （3）积极参与情景分析，思考市场参与者关注价值状态的原因。 （4）登录金融资讯终端进行期权实操	（1）让学生了解期权的价值状态分类，并以我国股指期权为例，让学生理解期权价值的重要性。 （2）让学生了解我国期权市场的现状，通过金融资讯终端实操提高实践能力。 （3）**思政点：**引导学生通过对我国期权市场发展的分析了解世情国情民情

续表

教学步骤	教学内容	学生活动	设计意图
（30 分钟） （1）课前线上自主学习。学习“金融工程概论”慕课教学视频，讲解期权条款设计的方式与常见的奇异期权。 （2）启发式教学：强化创新思想的应用，引导学生举一反三，理解其他类似期权的设计，说明创新的原则。 （3）自问自答：主动提出学生可能存在的疑惑，引起注意，促进逻辑思考，然后给出回答。 （4）线上互动：设置抢答互动，引导学生积极思考。 （5）对比分析法与案例分析法相结合：讲解保险+期货案例，并对比价格保险与普通财险和寿险的差异，说明使用期权的必要性；同时，阐述国家对民生的关注程度，并对如何设计期权达到扶贫目的进行提问，引导学生对期权进行实践创新。 （6）归纳总结：对每个案例总结其优势与不足，引出后续改进案例	2.2 期权的条款设计 （1）期权条款设计的方式。 结合期权合约的要素，运用排列组合的方法介绍期权条款设计的方式。 （2）常见的奇异期权。 复习普通期权的到期损益公式→引出常见奇异期权诸如障碍期权、亚式期权、回望期权的损益及其与普通期权的联系与区别，说明“万变不离其宗”的创新规律。 提出问题，引导学生思考奇异期权是不是为了复杂而复杂，说明创新的原则。 （3）保险+期货案例。 首先解释“保险+期货”在我国出现的社会背景；其次结合其运行模式，解释参与各方在其中的作用；最后回顾金融工程的作用，说明该模式下的风险管理优势。 中间穿插提问：保险公司为何不采取传统财险、寿险类似的风险管理方式？引发学生思考和研讨。让学生理解使用期权的必要性。 在理解“保险+期权”模式的优势后，结合我国中央一号文件说明国家政策对其的支持和鼓励，自然引出一号文件的含义和国家对国计民生的重视。 紧接着，提问：如何设计期权达到扶贫目的，通过问题导向引出浙商期货的“保险+期货”的创新历程	（1）学生应在课前主动完成慕课视频的学习。 （2）聆听教师讲授，主动跟随思考。 （3）积极参与线上答题互动。 （4）结合资讯和官方网站，进一步了解我国“保险+期货”的作用，了解我国的精准扶贫政策与合规的重要性	（1）让学生对期权合约中的要素设计有一定的认知。 （2）基于常见的期权种类，进一步了解奇异期权与普通期权的关联。 （3）引导学生举一反三，加强学生的创新能力。 （4）增强学生利用金融衍生产品知识解决实际金融问题的能力。 （5）**思政点：**通过对“保险+期货”以及中央一号文件的介绍，帮助学生了解在实践中合规的必要性与相关专业和行业领域的国家战略、法律法规和相关政策的具体实施情况
（20 分钟） （1）举例子并对比分析中美股票标的资产分红方式的不同，理解标的资产分红对期权的影响。 （2）讲解期权保证金的计算方法。 （3）交易实践法：向学生发布 50ETF 期权模拟交易任务	3 期权的交易机制 3.1 分红对期权条款和价值的影响 以股票为例，对比我国和美国对于股票分红的处理差异，分析分红对期权的影响。对于我国以 50ETF 期权为例，结合上交所的规定理解我国针对分红的期权调整政策，另外以金融资讯终端的数据为例，分析如何发现分红的影响，以及分红后市场期权产品的变化。 3.2 期权的保证金交易 以我国 50ETF 期权为例，进行保证金计算的情景分析，了解 50ETF 卖方保证金的要求。给学生布置期权模拟交易任务，以 50ETF 期权为例进行期权的模拟交易，使学生切身了解期权的交易机制	（1）聆听教师讲授，提升学习积极性和主动思考能力。 （2）积极参与期权模拟交易实践	（1）帮助学生了解分红对期权的影响。 （2）了解期权的保证金交易制度。 （3）**思政点：**通过 50ETF 期权模拟交易和组织期权做市大赛，引导学生了解我国期权市场的交易机制和杠杆风险；培育学生经世济民、诚信服务、德法兼修的职业素养

续表

教学步骤	教学内容	学生活动	设计意图
（5分钟） 小结	（1）总结本章内容； （2）布置线上期权模拟交易任务； （3）发布下次课程预习任务	（1）进行课后线上模拟交易。 （2）及时完成本章作业。 （3）预习下一章的课程内容	（1）提高学生的总结能力，回归本章内容，加深记忆点。 （2）增强学生的实践经验与自主性

本章参考资料：

（1）课程课件；

（2）王晋忠. 衍生金融工具. 北京：高等教育出版社，2019；

（3）冯建芬，邓军，聂晶，余湄，周荣喜，谢海滨. 对外经济贸易大学“金融工程概论”慕课. https://www.icourse163.org/course/UIBE－1206446827?from＝searchPage，2019；

（4）金融资讯终端、大连商品交易所官网、中国货币网。

第二节　典型课程思政教学案例

【案例1】“保险＋期货”中的期权设计

【案例摘要】针对众多期权品种，学生自然会提出疑问，为何设计如此纷繁复杂的期权产品？本案例从我国期货、“保险＋期货”助力乡村振兴视角展现了我国经济实践对于丰富期权品种的需求和期权设计如何满足需求的过程。案例介绍了“保险＋期货”助农模式实施的过程，解析了期货和期权在其中的作用，解释了其“精准帮扶”的原理，并进一步介绍了该帮扶模式的国家政策支持和发展现状，其中涉及中央一号文件、期货公司合规运营、价格保险与保险公司常规业务的差异等内容。以期货公司的实践为例，学习如何设计期权条款以达到更好的“保险＋期货”帮扶效果，其中涉及美式期权、亚式期权、收入保险、巨灾产品等专业概念以及“点价”交易的实务概念。最后，总结案例内容，启发学生认识到，要更好地服务我国经济建设，需要具备良好的专业技能和职业素养。

【教学目标】

1. 价值目标

（1）帮助学生了解相关专业和行业领域的国家战略、法律法规和相关政策，牢固树立法治观念；

（2）引导学生了解我国期权市场发展的国情民情；

（3）培育学生经世济民、诚信服务、德法兼修的职业素养；

（4）启发学生培养服务实际需求的创新思维。

2. 知识目标

（1）掌握“保险＋期货”农业帮扶模式的含义和实施过程；

（2）了解中央一号文件的含义；

（3）认识期权在乡村振兴中的应用价值；

（4）了解美式期权和亚式期权的差异；

（5）了解业界术语——“点价”的概念；

（6）了解价格保险和收入保险的含义；

（7）理解价格保险与常规保险业务的风险管理方式差异。

3. 能力目标

（1）具备对在实践中遇到的期权产品条款进行分析的专业能力；

（2）具备结合实际需求，设计合理、合规期权产品的创新能力。

【案例知识点】

（1）期权的分类；

（2）期权的创新设计。

【案例适用课程】

适用于金融工程和衍生金融工具课程。

【案例详情】

1. 引言

前面我们已经学习了诸多期权品种，诸如普通欧式期权和美式期权、依赖平均值的亚式期权、依赖极值的回望期权以及设置触碰水平的障碍期权等等，为什么期权会有如此丰富的类别和如此纷繁复杂的条款呢？其实这些条款的设计更多来自实际应用的需求，比如我国“保险＋期货”农业帮扶中的期权产品。

2.“保险＋期货”的运作流程

那么什么是“保险＋期货”呢？“保险＋期货”是中国期货业与保险业为解决农民收入保障问题合作探索出的一种新型助农模式，最早由大连商品交易所于 2015 年联合会员单位探索实施，助力我国脱贫攻坚，称之为“期货精准扶贫”，目前成为我国大力推广的一种助力乡村产业发展的农业帮扶模式。“保险＋期货”如何做到精准帮扶呢？我们通过图 9－1 来了解一下。

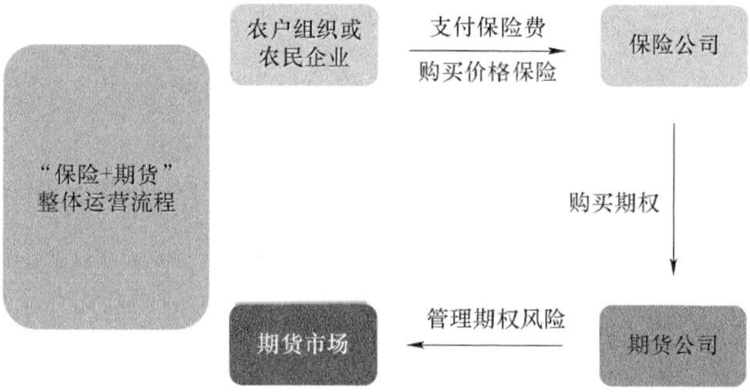

图 9－1 "保险＋期货"运营流程

结合图 9－1，在这种模式下，由保险公司向农户组织或是农民企业提供农业保险，比如价格保险。当农产品未来价格下跌给农户带来损失时，由保险公司向农户进行赔付，以此保证农户的收入。然后，保险公司向期货公司或者被称为期货公司的资产管理子公司购买场外期权，转移未来的赔付风险，而期货公司对于出售的期权，会进一步通过期货市场进行风险管理。

通过这种方式，在价格下跌时，农户通过价格保险获赔，保险公司通过执行期权获赔，期货公司利用自己的专业技术在期货市场上对冲赔付风险，也能在一定程度上获益。因此，在这种模式下，期权、期货起到了重要的风险转移作用，让专业的人做专业的事，达到了多方共赢的效果。

3. "保险＋期货"在我国的应用

在此过程中，我们还要给学生解答三个疑问：

（1）精准帮扶体现在哪里？

（2）保险公司为何不用传统手段管理价格保险的风险？

（3）为何提到期货公司的资产管理子公司？

针对问题（1），从"保险＋期货"的运营过程可以看到，农户从保险公司获取价格保险需要支付保费，但如果所有保费都由农户承担是不切实际的，农户不会愿意还没播种就先支付一笔费用，因此这部分费用 80%左右来自帮扶单位如大商所、期货公司、龙头企业或者政府财政补贴，农户只需支付 20%左右的费用。自然这部分保费补贴只有真正从事农业生产的农户才可以获得，未来的赔付也只有从事农业生产的农户根据实际收入获取，也就达到了精准帮扶的目标。

针对问题（2），我们知道，保险公司的传统保险业务如寿险或者财险，更多通过风险分散的方式进行风险管理，参保的客户越多，风险分散得越好，因为不可能所有的参保客户同时死亡或者同时财产受损，因此可以用众多参保客户的保费，支付可能发生的少量赔付，所以我们可以在日常生活中遇到众多保险从业人员在推销保险。但价格保险不同，因为农产品价格是市场化的，其价格波动具有一致性，一旦价格下跌，所有该产品的保单都要赔付，而这个风险无法通过增加参保人去分散。无法分散的风险，就可以通过金融工程的风险转移技术进行管理，这就是场外期权起到的作用了。

最后，由于合规限制，为了保护投资者利益，从事经纪业务的期货公司本身不能直接从事期权的买卖业务，为此期货公司一般通过成立独立运营的资产管理子公司来进行场外期权的交易，因此在“保险+期货”模式中，真正参与其中的是期货公司的资产管理子公司。

我们可以看到这种帮扶方式使得真正进行种植的农民获得了保障，实现了精准帮扶的目标。因此，这种模式也获得了我国政府的大力支持。它从 2016 年以来就被连续写入中央一号文件。2016 年，一号文件要求“稳步扩大‘保险+期货’试点”，2021 年发展为“发挥‘保险+期货’在服务乡村产业发展中的作用”，拓展了该模式的服务广度和宽度，文件原文总结如表 9－1 所示。

表 9－1　　中央一号文件对“保险+期货”模式的肯定

年份	中央一号文件针对“保险+期货”的原文
2016	稳步扩大“保险+期货”试点
2017	积极引导涉农企业利用期货、期权管理市场风险，稳步扩大“保险+期货”试点
2018	深入推进农产品期货期权市场建设，稳步扩大“保险+期货”试点，探索“订单农业+保险+期货（权）”试点
2019	扩大农业大灾保险试点和“保险+期货”试点
2020	优化“保险+期货”试点模式，继续推进农产品期货期权品种上市
2021	发挥“保险+期货”在服务乡村产业发展中的作用
2022	优化完善“保险+期货”模式
2023	发挥多层次资本市场支农作用，优化“保险+期货”

这里需要解释一下什么是“中央一号文件”？中央一号文件是指中共中央每年发布的第一份文件，而这份文件 1982 年以来一般都是关于农业发展的。所谓“民以食为天”，老百姓的菜篮子、粮袋子是关系国计民生的大事，作为每年发布的第一份文件，体现了“三农”问题在中国特色社会主义建设中“重中之重”的地位。“保险+期货”连续被提及，也说明了该模式行之有效的风险管理效果被认可。这一点也可以从《中国期货市场年鉴（2020 年）》中得到体现。

该年鉴中提到，2020 年，我国在 26 个省（区、市）开展了 210 个“保险＋期货”试点项目，惠及 93.5 万农户、40 万户建档立卡贫困户，助力我国 2020 年全面脱贫攻坚。

因此，围绕实体经济需求，设计针对性的期权产品，可以让金融工程更好地为实体经济服务，为企业稳健经营保驾护航。

4.“保险＋期货”中的期权设计——浙商期货的实践

如何设计针对性的期权产品？我们以浙商期货的 4 个“保险＋期货”实践项目为例探讨期权产品的设计问题。

2015 年，浙商期货推出了一个嫩江大豆的项目，产品信息如表 9－2 所示。

表 9－2　　2015 年浙商期货的嫩江大豆项目简化信息

标的资产：2 000 吨大豆
执行价格：4 250 元/吨
保险时间：2015 年 7 月 8 日—2015 年 11 月 30 日
执行方式：美式，农民通过点价执行价格保险
偿付公式：max（4 250－S_u, 0），S_u 为点价时刻期货盘面价
结果：农户最多获赔 350 元/吨

从表 9－2 可以看出，这个项目中的标的资产是 2 000 吨的大豆，保障价格为 4 250 元/吨，保险周期是在大豆收获之后的销售期，表中日期是 2015 年 7 月 8 日到 2015 年 11 月 30 日。它的执行方式是美式的，就是农户在整个保险期间，可以根据每天自己对价格的预判来决定是否要赔付，如果想以某天的价格为准，获得赔付，就可以在这一天进行点价。比如，大豆期货价格在 4 000 元/吨时进行了点价，则最终的赔付额等于(4 250－4 000)元/吨，1 吨可以获赔 250 元。因此，它的偿付公式是 max(4 250－Su, 0)，这个 Su 就是农户点价当日期货的盘面价格。这个产品最终使得有些农户最多 1 吨获赔 350 元。

产品优点：这种美式期权使得农户可以自主选择赔付的时点和市场价格。

产品不足：一是它过度依赖农户个人的行情判断，所以每一个参与保险的农户，获得的赔付收入可能是不一样的；二是它只是以某一点的价格为基准进行赔付，没有覆盖整个种植季平均销售收入的变动。

针对这个问题，浙商期货在其 2016 年的嫩江大豆项目中，使用了欧亚式期权，如表 9－3 所示。

表 9-3　　2016 年浙商期货的嫩江大豆项目简化信息

标的资产：14 500 吨大豆
执行价格：3 750 元/吨
保险时间：2016 年 6 月 24 日—2016 年 11 月 30 日
执行方式：欧亚式，到期偿付
收益公式：3 750 – $\overline{S}$，$\overline{S}$ 为保险期内期货结算价平均值
结果：大豆价格大涨，无赔付

标的资产是 14 500 吨大豆，保价水平是 3 750 元/吨。产品赔付不再依赖于农户点价，而是依赖于整个有效期期间大豆价格的平均值，当平均值低于保价水平时，农户统一获得赔付。当然，这个项目因为当年大豆价格大涨，最终并没有产生任何的赔付。

这个产品的优点是：解决了 2015 年项目中没有覆盖整个种植期内销售收入的问题，更贴近农户的实际销售收入风险。

不足之处：它依赖到期前所有时点的价格变动，这种情况下可能使得农户错过最佳的赔付时机。

2017 年，进一步改进项目条款，将赔付方式改成美式和欧亚式结合的方式，如表 9-4 所示。

表 9-4　　2017 年浙商期货嫩江大豆项目简化信息

标的资产：14 500 吨大豆
执行价格：3 874 元/吨
保险时间：2017 年 6 月 25 日；2017 年 11 月 30 日
执行方式：美式+欧亚式
收益公式：max（3 874 – S_u, 0）或 max（3 874 – $\overline{S}$, 0），$\overline{S}$ 为 11 月期货日结算价平均值

标的资产为 14 500 吨大豆，执行价格为 3 874 元/吨。赔付额度会根据农户选择的方式变化。如果农户在保险期间某一天进行了点价，这时它的赔付就是保价水平 3 874 元与点价时期货盘面价之间的差额；如果农户在到期之前没有进行点价，它的赔付就是保价水平与 11 月期货价格平均值之间的差额。

最终这个产品的赔付是从 9 月到 10 月，有很多农户通过点价的方式得到了一定的获赔金额，累计达 174 万元，具体如表 9-5 所示。

表 9-5 项目赔付情况

点价日期	点价农户数	规模/吨	获赔金额/万元
9月11—13日	3	4 400	40.62
9月21日	1	240	2.86
10月17—18日	10	7 660	96.66
10月20日	1	500	5.2
10月24—26日	3	1 700	29.1

当然，前面这三个年份的浙商期货项目都是对价格做的保险，但是在实践中我们发现对价格做保险还不能够完全满足保障农户收入的需求，比如 2016 年大豆产区遭遇干旱减产，导致价格上涨，而亩产量下降，农户总体收入下降，但价格保险此时失去了作用。

考虑到这种情况，在 2017 年，浙商期货在其宝泉岭农场的大豆项目中改成了收入保险，如表 9-6 所示。

表 9-6 2017 年浙商期货的收入保险 + 期货项目简化信息

标的资产：6 000 吨大豆，承保面积 4.3 万亩
保障收入：490 元/亩
产品设计示例：假设大豆保障亩产量为 0.148 吨/亩，保险责任水平为 85%，约定价格为 3 900 元/吨，那么保额 = 0.148 × 0.85 × 3 900 = 490 元/亩

它的标的资产是 6 000 吨大豆和 4.3 万亩的承保面积。保障的收入按 1 亩的收入来算，也就是说，如果未来农户 1 亩的收入低于 490 元，保险公司就可以给农户进行赔付。由示例可以看出，490 元的金额来自对实际亩产量和大豆实际价格的衡量。

当然，这个案例给保险公司的风险转移带来了一些难度，因为在期货市场只有价格的变动并不能体现亩产量的变化，所以在这里保险公司需要通过多个渠道转移风险。比如价格方面，可以通过跟期货公司签订保障价格是 3 900 元/吨的看跌期权来形成保护；而亩产量方面，需要通过再保险公司进行风险转移，由再保险公司承担量产降低带来的额外赔付风险。

当然，对于再保险公司来讲，我们还需要思考其能够使用什么金融手段去管理这部分超额赔付。为此，我们可以继续设计比如天气衍生产品，因为这种亩产量的波动会跟天气有关系，如果市场上有相应的天气期货或者巨灾期货、巨灾债券等金融产品，再保险公司也可以去转移这部分产量的风险。最终这个产品的结果是，在产量和价格一起下跌的情况下，农户总共获赔了309万元，达到了很好的避险效果。

5. 结语

从上面期权条款的改变过程，我们可以看到期权条款的设计更多来自实际需求；商品的金融化带来了这种风险管理的需求，而实际需求的差异化又带来了我们丰富的金融产品创新。作为金融工程的专业人才，也只有切实深入企业，了解真正的需求，才能够设计出更具针对性的金融产品。同时，在学生阶段，我们需要熟悉金融工程的理论、技术和工具，才能灵活应对未来不断出现的新需求。

6. 附件：教学活动设计

（1）教师活动：主导教学过程，掌控教学进度，串联教学内容。通过线上互动平台（如SPOC）的抢答、提问等功能，引导学生主动参与教学活动，提升学生参与的积极性和主动性。比如，对于案例中提到的保险公司风险管理的差异问题，可以让学生尝试回答。

（2）学生活动：对教师提出的问题进行思考、讨论和作答；积极针对课程内容，通过线上互动平台弹幕功能发表自己的观点，提出自己的疑惑，进行师生互动。

7. 案例参考资料

［1］冯建芬，邓军，聂晶，余湄，周荣喜，谢海滨. 对外经济贸易大学“金融工程概论”慕课. https://www.icourse163.org/course/UIBE－1206446827?from＝searchPage，2019.

［2］2016—2023年每年中央一号文件，www.gov.cn.

［3］中国期货业协会. 服务实体经济——期货经营机构优秀管理汇编（2017—2018）. 2019.

［4］中国证券监督管理委员会，中国期货业协会. 中国期货业协会中国期货市场年鉴（2020年）. 北京：中国财政经济出版社，2021.

【案例2】实践案例——期权模拟交易

【案例摘要】实践出真知，再多的课堂讲授都不如学生自主实践更有收获。本案例展现组织学生通过模拟交易软件，对50ETF期权进行为期1个月的期权模拟交易的教学，使得学生能够通过交易实践，了解我国期权市场的交易规则，树立正确的交易态度，培养健康的交易心理，通过自主关注市场资讯、学习行业分析报告建立合理的交易逻辑，提升交易合规的职业素养，提高学生的自主学习能力、市场实操能力和逻辑思维能力。

【教学目标】

1. 价值目标

（1）通过交易实践培养学生敬畏市场、关注风险管控、遵守市场规则的职业素养；

（2）熟悉中国期权市场交易机制，知世情国情民情。

2. 知识目标

（1）了解我国金融期权的交易规则；

（2）体验杠杆交易的投机风险性；

（3）学习期权交易的绩效评价指标。

3. 能力目标

（1）能够自主分析市场趋势和市场资讯信息，提升交易逻辑的构建能力和市场变现能力；

（2）能够理性认知自身风险承受能力，建立适合自身的期权交易敞口，形成好的交易习惯，增强风险管控意识；

（3）提高学生的自主学习能力和逻辑思维能力。

【案例知识点】

（1）期权交易相关概念：保证金制度、盯市结算、开仓、持仓、平仓、多头、空头；

（2）期权交易盈亏的计算；

（3）50ETF 期权的条款。

【案例适用课程】

适用于金融工程和衍生金融工具课程。

【案例详情】

1. 实践目的

目的 1：熟悉我国期权条款和期权市场的交易规则。学生根据金融资讯平台，获取行情资讯信息，了解我国目前的宏观经济背景，形成自己的股市预期，选择相应执行价和到期月份的看涨期权或者看跌期权的单个期权或者期权组合进行交易实践，实践自己的市场预期策略，分别完成期权多头和空头的开仓、持仓和平仓过程，了解我国期权交易的时间段、证券账户的资金划转，不同订单指令（市价指令、限价指令）的提交，订单从提交到成交需要满足的条件，账户金额随行情波动的变动情况，期权交易绩效指标的计算等，理解期权杠杆交易的特点。

目的 2：培养自洽的交易逻辑。能够结合自身对于市场的预期和理解有理有据地陈述自己期权品种选择、建仓和平仓的时间点选择的理由，训练自己的交易逻辑，避免盲目投机。

目的 3：养成交易复盘习惯，加强交易心理建设。体验盯市波动中的心理变化，结合专家指导，建立健康的交易心理。

2. 实践任务

每个学生使用在期货模拟交易时配给的 500 万元虚拟交易资金，在期权交易账户中配给一定额度，自任务发布日期起，每个学生在 1 个月内独立完成不少于 4 笔期权的开平仓交易。

3. 实践过程

整个实践交易过程由学生在课下通过线上模拟交易系统完成，账号由管理教师分配。

（1）登录自己的模拟账户，根据自己的交易兴趣，完成向个股期权账户的银证转账，用于下一步的期权持仓操作。

（2）自主了解期权交易应该注意的事项、操作规范、交易逻辑建立原则和风险管控常识。

（3）通过券商、期货研究员的分析报告，以及实时行情资讯平台，了解我国当前的宏观环境、行业环境和股市的基本面信息，进行期权交易决策，在模拟交易平台完成期权多头开仓或者期权空头开仓的操作。

（4）养成盯市习惯，关注市场行情变化和保证金账户资金变动情况，寻找平仓时机，完成期权平仓操作。

（5）查阅交易流水和交易账户的盈亏绩效，复盘交易逻辑的合理性。

4. 实践评价

期权模拟交易实践评分标准如表 9－7 所示。

表 9－7　　期权模拟交易实践评分

<table>
<tr><td>姓名</td><td colspan="3"></td><td>学号</td></tr>
<tr><td>实践得分</td><td colspan="4"></td></tr>
<tr><td>项目名称</td><td>评分标准</td><td>满分</td><td>权重</td><td>得分</td></tr>
<tr><td>标准 1</td><td>期权模拟交易次数是否达到要求，在要求次数以上即为满分，少一次扣 20 分，没有交易不得分</td><td>100</td><td>0.5</td><td></td></tr>
<tr><td>标准 2</td><td>模拟交易排名按账户总排名计算，排名前 10%为满分，排名每下降 10%，扣 5 分，没有交易不参与排名，不得分</td><td>100</td><td>0.5</td><td></td></tr>
<tr><td>注：模拟交易排名标准</td><td colspan="4">综合账户日平均收益、日平均标准差和日无风险利率，计算夏普比率，根据夏普比率高低进行排名，以模拟交易系统给出的最终总排名结果为准，最终排名为模拟交易任务结束日的排名情况；为激励学生积极参与和加强学生风险管控意识，也可以设定持仓比例限制和违规惩罚措施</td></tr>
</table>

第十章

期权的价格特征

第一节　教 学 设 计

一、总体设计

1. 基本信息

课程名称：金融工程

知 识 点：期权的价格特征

授课时间：第 10～11 周（线下 270 分钟，线上 135 分钟）

2. 学情分析

学生在上一章对期权的类型、到期损益特征、杠杆性和交易机制有了比较清楚的认识。这一章将逐步过渡到期权价格的合理估值上，本章在精准定价之前，首先利用无套利定价原理分析期权价格应该满足的无套利区间，方便在市场中发现无模型依赖的套利机会。

3. 教学思路

本章内容包含期权价值的影响因素、期权的价值结构、欧式期权和美式期权的上下限及套利策略设计、美式期权提前执行的可能性、期权的平价关系及其应用。教学将采取线上、线下相结合的方式进行，部分课程内容将通过线上授课与实验完成，增加讲授内容的生动性和鲜活性。

4. 主要内容

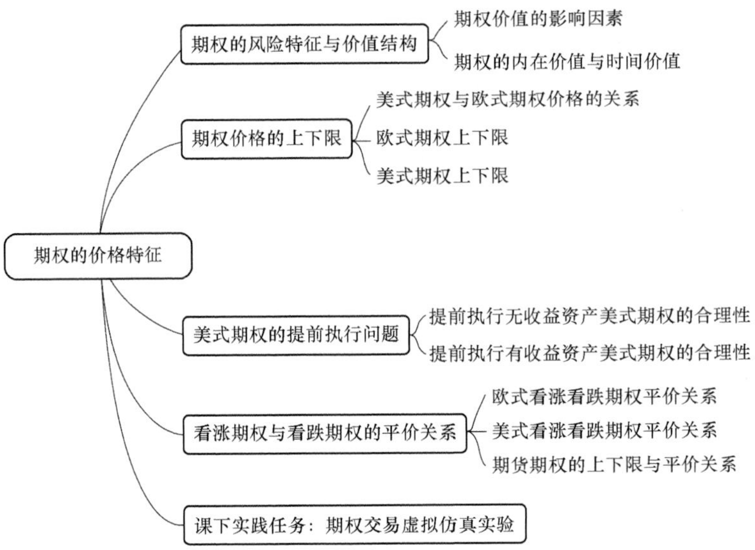

二、教学目标

1. 思政目标

（1）培养学生的团队协作意识，养成民主协商、和谐相处、合理分工、优化配置的团队协作习惯；

（2）小组协作要充分体现敬业、诚信、友善的社会主义核心价值观；

（3）帮助学生了解相关专业和行业领域的国家战略、法律法规和相关政策，了解我国的市场交易机制；

（4）引导学生注重学思结合、知行统一，增强学生勇于探索的创新精神、善于解决问题的实践能力；

（5）启发学生开展开放性研讨，培养学生分析问题的辩证思维。

2. 知识目标

要求记忆的内容：

（1）期权的内在价值和时间价值；

（2）期权价值的影响因素；

（3）欧式期权和美式期权价格的上下限；

（4）不同情景下欧式期权看涨看跌期权平价关系；

（5）不同情景下美式期权看涨看跌期权平价关系。

需要理解的内容：

（1）能够直观理解美式期权提前执行问题，以及红利对提前执行的影响；

（2）能够理解每种影响因素对期权价格影响的逻辑；

（3）理解看涨看跌期权平价关系的应用价值；

（4）利用期权与波动率价格的关系，理解看涨看跌期权隐含波动率的关系；

（5）理解时间衰减对期权投资的影响。

能够应用的内容：

（1）期权的价格特征，能够利用套利原理推演其他期权合理的价格关系；

（2）能够灵活应用看涨期权和看跌期权的平价关系挖掘市场隐含信息；

（3）能够利用期权与其影响因素的关系解释市场中可能出现的价格变动现象；

（4）能够应用期权的无套利关系验证我国期权市场的有效性；

（5）能够应用期权价格的无套利关系发现市场中的套利机会，设计合理的套利策略；

（6）能够应用套利原理推演考虑交易摩擦的情况下期权价格的无套利关系。

3. 能力目标

（1）具备举一反三的理论推广应用能力；

（2）具备运用辩证思维看待问题的能力。

三、教学重点和难点

1. 教学重点

（1）期权价格与影响因素的关系；

（2）期权的时间价值特征；

（3）欧式期权与美式期权价格的无套利关系；

（4）美式期权提前执行的合理性；

（5）看涨看跌期权的平价关系。

2. 教学重点突出方法：线上实验与线下讲授结合，逻辑推演，对比分析法，借助金融资讯等平台了解理论实践的有效性，虚拟仿真实验，启发式教学

线上实验与线下讲授结合：利用“期权虚拟仿真实验”，设置不同参数，检验期权价格与影响因素的关系，并借助其中的市场实证功能检验 50ETF 期权平价关系的特征。

3. 教学难点

（1）内在价值定义的选择；

（2）美式期权提前执行问题的理论解释；

（3）美式期权平价关系的证明。

4. 教学难点的解决方法：课上研讨争论，逻辑推演，启发式教学

课上研讨争论：教师给出两种内在价值的定义，分别指出两种定义的理由，引导学生研讨，发表自己的观点，最后归纳总结，说明各自的优劣和应用情景，让学生学会辩证思维，理解不是所有事情都非此即彼，学习从辩证的角度看问题。

四、课程思政实施过程

（1）针对期权内在价值的定义，不同学者和业界专家具有不同的观点，教师带领学生共同讨论这些观点的合理性和存在的问题，引导学生理解市场的不同参与者选择不同定义的原因，让学生理解金融概念和数学公理化概念的区别，学习看问题的辩证科学态度。

（2）向学生布置线下“期权交易虚拟仿真实验”任务，指导学生对期权的价值特征进行实验检验，并对我国期权市场的有效性进行实证分析，该任务以小组为单位完成实验操作、实验结果记录和实验报告撰写，要求学生能够结合课堂理论知识分析实验结果。该实验软件以“保险＋期货”为背景，生动地为学生展现出如何使用期权的价格特征解释价格保险的保险费表现，实验软件通过动画方式嵌入了我国“保险＋期货”扶贫效果的新闻报道，让学生了解专业学习的价值；在小组作业中要求学生写明小组分工，培养学生在团队内进行民主协商、和谐相处、合理分工、优化配置的本领，提升他们的团队协作能力。

五、具体教学过程

教学步骤	教学内容	学生活动	设计意图
（线下 30 分钟） （1）线上实验与课堂讲授相结合：先通过“期权交易虚拟仿真实验”软件对六个影响因素逐一进行分析，讲述期权价格和六大影响因素之间的关系，再进一步引领学生探究六大影响因素的作用是否相互独立。 （2）介绍内在价值和时间价值的定义、时间价值的变化特点和衰减特征。线下研讨辩论与线上互动相结合，设定问题：不同价值状态的期权还会有什么差别？引导学生思考，并总结内在价值定义的分歧。 （3）归纳总结	**期权的价格特征** 1 期权的风险特征与价值结构 首先，结合“期权交易虚拟仿真实验”软件的单因子分析实验结果，对六个影响因素逐一进行分析，尤其对于到期期限与欧式期权价值关系的不确定性，通过设定不同的参数可以看到期权价值与到期期限之间的关系会受到其他因素变动的影响。结合双因子分析进一步了解期权价格与六个因素的非线性特征。 其次，教师介绍期权内在价值的不同定义，并给出定义的理由，组织学生研讨，利用智慧树“抢答”功能，请学生分享自己的观点，并进行辩论。 再次，教师归纳总结学生的观点，并结合实践中不同情景下的选择说明不同定义适用的情景。引导学生学习辩证看问题的科学思维。 最后，在“立即执行”的价值作为内在价值的定义下，学习时间价值的特征，并结合“期权虚拟仿真实验”，让学生通过实验操作了解时间价值的变化特点和衰减特征	（1）聆听教师讲授，主动跟随思考。 （2）针对教师提出的期权内在价值问题进行抢答，分享观点。 （3）学习教师在“期权交易虚拟仿真实验”软件上的实际操作	（1）学习期权价格与六大影响因素的关系。 （2）了解期权内在价值的不同定义，期权的时间价值特征。 （3）**思政点**：引导学生培养辩证看问题的科学思维方式

续表

教学步骤	教学内容	学生活动	设计意图
（线下 100 分钟） （1）总结欧式期权、美式期权、期货期权的上下限及平价关系并进行逻辑推演。 （2）引导学生使用一种无套利方法自主推演上下限关系。 （3）虚拟仿真实验，借助我国 50ETF 期权的数据实证检验我国期权市场价格是否满足期权上下限关系。 （4）启发式教学，通过特殊情况的讲解来引导学生思考不同条件下如何进行上下限证明，同时引导学生思考现实中存在低于下限的情况	2 期权价格的上下限 （1）采取先总后分的方式，总结期权价格的上下限结论。 （2）指导学生使用无套利定价原理构建组合的证明思路。引导学生学习两种采用无套利原理进行结果推演的思路：正向组合法和反证法。 （3）教师只做一个关系的示范，其他给出学生提示，由学生自行完成推演过程。 （4）总结上述无套利证明的规律，放松假设，举一反三，在考虑交易成本的情况下，利用类似无套利证明方式推演期权价格的无套利区间，引导学生扩大金融工程定价原理的应用范围，让学生认识到金融工程定价原理应用的广泛性。 （5）推演完成后，借助“期权交易虚拟仿真实验”实证检验我国 50ETF 期权价格满足上下限的情况	（1）聆听教师讲授，主动跟随思考。 （2）针对使用无套利定价原理构建组合的证明思路进行课堂交流。 （3）学生采用无套利原理进行结果推演。 （4）学习“期权交易虚拟仿真实验”的实际操作	（1）掌握期权价格的上下限结论。 （2）掌握考虑交易成本和禁止卖空等特殊情况时的上下限证明。 （3）掌握我国 50ETF 期权价格满足上下限的情况。 （4）**思政点：**培养学生举一反三的学以致用的能力
（线下 5 分钟） 对本节课的内容进行回顾，做小结	本节课小结： 总结本节课内容；布置课后预习任务	聆听教师对本节课的总结，主动跟随思考，并预习相关内容	让学生回顾期权价格的无套利关系与价格的上下限，思考我国商品期货期权是否可能提前行权的问题
（线下 50 分钟） （1）针对美式期权提前执行的合理性问题进行课堂讲授。 （2）逻辑推演：利用无套利定价原理推演美式期权提前行权的条件与合理性。 （3）提问研讨在利好的市场环境下不提前执行期权如何获益的问题。采取启发式教学	3 美式期权的提前执行问题 区分标的资产是否发放红利，探讨美式看涨期权和美式看跌期权提前执行的可能性。 首先，从直观上解释提前执行的合理性问题。 其次，利用无套利定价原理推演结论的合理性。 最后，针对学生可能存在的疑惑，主动抛出问题，和学生研讨在利好的市场环境下不提前执行期权如何获益的问题。让学生了解期权获益不是只有执行一条路	（1）聆听教师讲授，主动跟随思考。 （2）积极回答在利好的市场环境下不提前执行期权如何获益的问题。 （3）跟随教师利用无套利定价推演美式期权提前行权	（1）了解美式期权提前执行的合理性。 （2）能够自行推演美式期权提前执行，做出美式期权是否应提前执行的判断。 （3）了解红利对提前执行的影响

续表

教学步骤	教学内容	学生活动	设计意图
（线下 80 分钟） （1）启发式教学：先给出平价关系，再对其关系进行证明。 （2）案例分析法：如何通过期权价格的无套利关系发现市场中的套利机会。 （3）利用虚拟仿真实验验证平价关系来说明现在市场中的平价关系。 （4）学生自主推演美式期权平价关系。 （5）线上互动：设置随机点名，引导学生积极思考	4 看涨期权与看跌期权的平价关系 （1）区分欧式期权和美式期权，汇总给出平价关系的结论。 （2）通过智慧树平台“随机点名”，由学生完成欧式看涨看跌期权平价关系的推演。 （3）对于欧式平价关系，教师介绍多种应用的情景。 （4）指导学生通过“期权交易虚拟仿真实验”了解我国 50ETF 期权市场平价关系的满足情况。 （5）对于美式期权平价关系，教师首先给出无套利证明的思路，并选择其一进行推演演示。剩余由学生自主协助教师完成推演。 （6）针对期货期权，区分欧式期权和美式期权，分析其与其他欧式期权和美式期权平价关系的关系	（1）聆听教师讲授，了解本章学习要求。 （2）理解本节重点内容“看涨看跌期权的平价关系”。 （3）积极参与线上教学互动，回答问题。 （4）自主完成欧式看涨看跌期权平价关系的推演。 （5）学习“期权虚拟仿真实验”实际操作	（1）理解看涨看跌期权平价关系的应用价值。 （2）通过看涨看跌期权平价关系挖掘市场隐含信息。 （3）培养学生通过期权价格的无套利关系发现市场中的套利机会，设计合理的套利策略的能力。 （4）**思政点：**帮助学生了解相关政策具体实施情况，了解我国的市场交易机制
（线下 5 分钟，线上 135 分钟） 线下对本章进行总结，线上自主完成期权交易虚拟仿真实验	课堂小结： 总结本章线下内容； 提出学生学习要求； 布置线上虚拟仿真实验任务； 发布虚拟仿真实验任务手册	（1）认真完成教师布置的学习任务。 （2）完成虚拟仿真实验任务，进行实际操作。 （3）预习下一章的知识点	（1）提高学生总结能力。 （2）增加学生对实际期权产品的应用与实操能力。 （3）**思政点：**培养学生民主协商、和谐相处、合理分工的团队协作能力。充分体现平等、诚信的社会主义核心价值观

本章参考资料：

（1）课程课件；
（2）约翰·赫尔. 期权、期货及其他衍生产品（原书第 10 版）. 王勇，索吾林，译. 北京：机械工业出版社，2018；
（3）金融资讯终端、期权交易虚拟仿真实验。

第二节　典型课程思政教学案例

【案例 1】如何认识期权“内在价值”的定义分歧

【案例摘要】关于期权的内在价值定义，学界和业界一直有不同的定义，孰对孰错？为何会存在分歧？本案例从应用情景角度与学生研讨这一分歧存在的合理性，启发学生使用辩证唯物主义的思想看待问题，很多现实问题并不是“非黑即白”，脱离了应用背景单独讨论问题会失去问题本身的意义，因此理论联系实际、结论与前提对应才能认识现象的本质。

【教学目标】

1. 价值目标

（1）学习用辩证唯物主义方法分析学术定义的分歧；

（2）注重理论联系实际。

2. 知识目标

（1）掌握期权的内在价值与时间价值；

（2）理解不同内在价值定义下时间价值的差异；

（3）了解市场不同参与者对“内在价值”不同定义的应用逻辑。

3. 能力目标

（1）提升使用辩证唯物主义分析问题的能力；

（2）提升对金融问题追本溯源的分析研究能力。

【案例知识点】

期权的内在价值与时间价值。

【案例适用课程】

适用于金融工程课程。

【案例详情】

1. 引言

期权是唯一能够体现标的资产波动性的衍生产品，波动性为期权带来的价值通过“时间价值”的概念来体现，因此期权价格被分解为内在价值和时间价值，内在价值体现了执行期权带来的价值，时间价值体现了未来标的资产价格波动带来的价值。由于时间价值定义为期权价格－内在价值，因此时间价值的特征与内在价值的定义有直接的联系，而关于期权的内在价值定义，不同学者和业界专家存在不同的观点。

2. 期权内在价值的第一种定义及应用

约翰·赫尔（John C. Hull）在《期权、期货及其他衍生产品》[①]一书第10章中以“期权内在价值是指期权立即执行能够带来的价值”作为定义，并借此定义了实值期权（In-the-money Option，ITM）、平值期权（At-the-money option，ATM）和虚值期权（Out-the-money Option，OTM）。此时，普通看涨期权和看跌期权的内在价值分别为：

看涨期权：$\max(S_t - X, 0)$

看跌期权：$\max(X - S_t, 0)$

这一定义直观形象，也容易理解，作为交易品种的分类方式更容易实施，故交易所在推出不同执行价格的期权时也采用了这种定义方式。比如，我国上海证券交易所（简称“上交所”）的50ETF期权条款（见表10－1）中指出，新到期月份的50ETF期权上市会推出“1个平值合约、4个实值合约、4个虚值合约”[②]。

表10－1　上交所50ETF期权条款（部分）

合约标的	上证50交易型开放式指数证券投资基金（“50ETF”）
合约类型	认购期权和认沽期权
合约单位	10 000份
合约到期月份	当月、下月及随后两个季月（3、6、9、12月为季月）
行权价格	9个（1个平值合约、4个实值合约、4个虚值合约）

但这一定义也会存在一些问题，比如对于深度实值欧式期权而言，会出现时间价值为负的情况，这与大家习惯上了解的结论“时间价值是非负的”是矛盾的。如在图10－1中，我国50ETF看跌期权就出现了时间价值为负的情况。

3. 期权内在价值的第二种定义及应用

因交易员更关心期权波动率的影响，故John C. Hull在《期权、期货及其他衍生产品》（原书第10版）第20章介绍隐含波动率时解释说，交易员经常用执行价$X=F_0$表示平值期权，其中F_0表示与期权具有相同到期期限、相同标的资产的远期价格，因为期权执行价是到期行权的成本或者收益，使用远期价格则体现了在同一时间点的价值比较，更具合理性。此时，欧式看涨期权和看跌期权的内在价值被修订为：

① 此书作为金融工程的经典教材，截至2021年原版已经更新到第10版，关于内在价值的观念该书一直有探讨，此处以第10版为例介绍。

② 在2015年50ETF期权推出时，上交所规定是1个平值、2个实值、2个虚值；2017年12月，上交所对这一条款进行了更改，希望借此覆盖更广范围的标的资产价格波动。

欧式看涨期权： $\max((F_t - X)e^{-r(T-t)}, 0)$

欧式看跌期权： $\max((X - F_t)e^{-r(T-t)}, 0)$

在此定义下，时间价值必然是非负的，因此很多教材中给出结论“期权的时间价值非负”。

代码	名称	现价	涨跌	涨跌幅	今开	最高	最低	成交量	成交金额	期权成交量	期权持仓量	成交量PCF
510050	上证50ETF	2.508	-0.029	-1.14%	2.529	2.539	2.506	9.27亿	23.38亿	109.63万	145.49万	97.50%

纹类 主力期货 上交所 深交所 中金所 上期所 上期能源 大商所 广期所 郑商所 港交所

认购				全部	认沽			
最新价	价值状态	内在价值	时间价值	行权价	最新价	价值状态	内在价值	时间价值
2024年06月(到期日2024-06-26;剩余33个自然日、22个交易日;合约乘数10000)						F 2.516	ATM IV 13.59%	
0.4626	实值	0.4658	0.0010	2.050	0.0003	虚值	0.0000	0.0003
0.4130	实值	0.4158	0.0003	2.100	0.0004	虚值	0.0000	0.0004
0.3688	实值	0.3658	0.0014	2.150	0.0003	虚值	0.0000	0.0003
0.3149	实值	0.3158	0.0013	2.200	0.0004	虚值	0.0000	0.0004
0.2651	实值	0.2658	0.0015	2.250	0.0007	虚值	0.0000	0.0007
0.2180	实值	0.2158	0.0034	2.300	0.0014	虚值	0.0000	0.0014
0.1704	实值	0.1658	0.0053	2.350	0.0030	虚值	0.0000	0.0029
0.1247	实值	0.1158	0.0086	2.400	0.0067	虚值	0.0000	0.0068
0.0828	实值	0.0658	0.0168	2.450	0.0160	虚值	0.0000	0.0161
0.0494	实值	0.0158	0.0335	2.500	0.0336	虚值	0.0000	0.0335
0.0271	虚值	0.0000	0.0271	2.550	0.0616	实值	0.0342	0.0275
0.0140	虚值	0.0000	0.0141	2.600	0.0969	实值	0.0842	0.0128
0.0061	虚值	0.0000	0.0061	2.650	0.1394	实值	0.1342	0.0057
0.0030	虚值	0.0000	0.0030	2.700	0.1863	实值	0.1842	0.0025
0.0016	虚值	0.0000	0.0016	2.750	0.2326	实值	0.2342	-0.0006

图 10－1　我国 50ETF 期权的时间价值

资料来源：Wind 资讯终端。

这个观点被我国学者普遍认可和采用，如郑振龙和陈蓉（2020）的《金融工程》，王晋忠（2019）的《衍生金融工具》等。之所以被普遍接受，原因在于学者认为欧式期权本身不具有立即行权的权利，因此立即行权的价值不能被看作欧式期权的内在价值，而交易员也更希望通过内在价值计算出的时间价值能够更准确地展示波动性对期权价值的真实影响，因为期权交易员更多不是通过期权价格趋势获益，而是通过波动率获益。

4. 期权内在价值的第三种定义及应用

John C. Hull 在其教材的第 20 章进一步指出，波动率微笑的另一种定义方式为隐含波动率与期权 Delta 之间的关系，利用这种方式，交易员有时会采用 Delta 来区分平值、实值和虚值期权，Delta 绝对值为 0.5 的为平值期权，小于 0.5 的为虚值期权，大于 0.5 的为实值期权。这种方式在我国也有应用，2011 年，我国银行间市场推出外汇期权合约，《全国银行间外汇市场人民币对外汇期权交易规则》（中汇交发〔2011〕第 34 号）第十三条规定：“会员在交易系统上对某个人民币对外币货币对进行买入和/或卖出报价，报价以该货币对隐含波动率为标的。……交易双方就波动率达成一致后，再根据即期汇率、执行价格、期限、金额、本外币利率等定价参数，就期权费进行双边询价并达成交易。”因此，我国外汇期权将 Delta 等于 0.5 的记为平值期权，记为 50－Delta。

5. 我国学者对于期权内在价值定义的改进

郑振龙和陈蓉（2020）的《金融工程》提到，即使是普遍被接受的第二种定义，还是存在不严谨的地方，因为第二种定义仅仅考虑了欧式期权不能提前行权的问题，而美式期权的内在价值还是延续了第一种定义，但第一种定义下立即执行的价值也不能够完全包含美式期权的内在价值，因为美式期权可以立即行权，也可以拥有欧式期权到期行权的权利，因此立即执行的价值并未体现最优行权的所有价值。因此，郑振龙教授将“期权内在价值”修订为“不考虑标的资产价格波动情况下，期权条款赋予期权多头的最高价值”。在这一定义下，无红利标的资产的美式期权的内在价值在完美市场中被修订为：

美式看涨期权：$\max((F_t - X)e^{-r(T-t)}, 0)$

美式看跌期权：$\max(X - S_t, 0)$

有现金红利和有红利率标的资产的美式期权精确的内在价值则更加复杂，同时郑振龙教授还考虑了完美市场和限制卖空的不完美市场的公式差异。

郑振龙教授的定义无疑是非常精确的，且保证了期权时间价值非负，但理解起来也是最复杂的。

6. 案例讨论

（1）上述四种定义，学生会认可哪一种呢？

其实我们在深入分析后可以发现，其各个观点是在不同的考量下产生的，如交易所制定的规则必须简单易懂，要考虑应用广泛性、投资者认知普适性，因此弱化了学术严谨性，选择了简单直观的第一种定义方式，并由此衍生出平值、实值、虚值的分类。为了与交易所的规定一致，我国的金融数据库如 Wind 资讯终端①、同花顺资讯终端等都采用了第一种定义方式给出期权的内在价值和时间价值，所以我们才发现在数据库中看到的时间价值为负。但对于交易员而言，他们具有更专业的期权交易技术，需要更精准的价值衡量来做出自己的交易决策，因此他们会选择与隐含波动率相关的方式来定义期权的价值状态。所以，我们需要用辩证唯物主义的观点来分析实际中存在的学术争议，以理清逻辑，发现问题的解决方案。

（2）时间价值一定不能为负吗？

根据时间价值的定义，时间价值体现了未来标的资产价格波动为期权多头带来的价值，由于期权多头未来只有权利，没有义务，有利的波动会给期权多头带来正向收益，而不利的波动因为多头放弃行权，不会带来负向价值，因此从理论上讲，时间价值是非负的。

但期权内在价值计算方式的不统一，导致由期权价格与内在价值之差内生计算的时

① Wind 资讯终端自 2022 年 1 月 4 日起更改了内在价值的定义，意图使用第二种定义解释欧式期权的内在价值，但根据其帮助文档的原理解释，欧式看涨期权的内在价值定义为 $\max(F-X,0)$，明显存在忽略货币时间价值的错误，读者可以关注和追踪其是否会继续修订错误。

间价值可能出现负值的情况。比如在第一种定义下，欧式期权的时间价值就可能为负，因为欧式期权无法提前行权，其内在价值被定义为立即行权的价值本身存在偏误，此时时间价值为负恰恰表明了美式期权提前执行的权利可以带来价值，当然美式期权的时间价值不应该出现负值。由此，大家可以看到“期权时间价值非负”与“现实计算中时间价值可能为负”同时存在且具有合理性。理解这一现象的关键是能够科学辩证地对待内在价值定义的差异。

7. 结语

由此可见，常见的金融术语也会有不同的定义和解释，毕竟“术语”都是人为定义的，并非类似数学的“公理”，尤其人文学科的术语，在应用方面会与语境相关。因此，大家在应用术语理解各种结论时，一定要先去了解术语真正的含义，在特定含义下去理解后续的结论，即不能忽略前提，而只追求结论，只有辩证地了解前因后果，才能不迷茫。

8. 案例参考资料

［1］约翰·赫尔. 期权、期货及其他衍生产品（原书 10 版）. 王勇，索吾林，译. 北京：机械工业出版社，2018.

［2］郑振龙，陈蓉. 金融工程. 5 版. 北京：高等教育出版社，2020.

［3］王晋忠. 衍生金融工具. 北京：高等教育出版社，2019.

【案例 2】实验案例——期权的价格特征实验

【案例摘要】“保险+期货”的精准扶贫新模式自 2016 年以来连续 4 年被写入中央一号文件，大力支持了农业发展，其中金融创新产品——期权功不可没。期权在我国的发展时间比较短，属于新生事物。由于期权价值的非线性特点，期权价值的影响因素较多，定价机理相对复杂，但期权仍然是一种重要的风险管理工具，具有其他衍生工具所不具备的风险保护特点，能够在避免未来损失的同时，保留未来受益的可能，因此被广泛应用于价格保险、收入保险、投资组合保险中。为了更形象生动地展现期权价格的特征，本实验引导学生自主对期权的价格特征进行探索，全部实验覆盖 3 个期权知识点，构造了 7 个实验模块，融数值实验与市场实证于一体，形成了全面认识期权价值变动特征的有机整体。希望学生通过实验操作理解期权价值的相关概念及其作用，理解期权价值与六大影响因素间的互动关系，掌握不同期权时间价值衰减的特征，洞悉我国期权市场的套利机会，理解交易成本对期权价值特征的影响，为期权人才培养提供技术支持。

【教学目标】

1. 价值目标

（1）了解我国“保险+期货”助农模式，培养学生金融服务实体经济的职业精神；

（2）了解我国期权市场的作用，坚定“四个自信”；
（3）培养学生民主协商、和谐相处、合理分工的团队协作精神；
（4）培养学生勇于探索的创新精神、善于解决问题的实践能力。

2. 知识目标

（1）理解期权价值的相关概念及其作用；
（2）理解期权价值与六大影响因素间的互动关系；
（3）掌握不同期权时间价值衰减的特征；
（4）洞悉我国期权市场的套利机会；
（5）理解交易成本对期权价值特征的影响。

3. 能力目标

（1）提升学生的团队协作能力；
（2）提升学生的自主学习能力和动手能力；
（3）提升学生的创新能力和写作分析能力。

【案例知识点】

（1）期权价值的影响因素；
（2）期权的内在价值与时间价值；
（3）期权的时间价值衰减；
（4）欧式看涨看跌期权上下限；
（5）欧式看涨看跌期权平价关系。

【案例适用课程】

适用于金融工程和衍生金融工具课程。

【案例详情】

1. 实验目的

期权与其他远期类衍生工具不同的是，由于期权价值的非线性特点，期权价值的影响因素较多，定价机理相对复杂。即使如此，期权仍然是一种重要的风险管理工具，具有其他衍生工具所不具备的风险保护特点，能够在避免未来损失的同时，保留未来受益的可能，因此被广泛应用于价格保险、收入保险、投资组合保险中。但单独投机期权又具有很大的杠杆性风险，因此让学生通过参与真实市场交易了解该产品不现实——成本高、风险大、过程复杂，金融产品的价格本身也具有不可逆、不可重复的特性，无法真实体验现实中可能发生的各种情景。因此，本项目通过构建“三情景、七模块、十特点”实验教学体系，多层次、立体化地展现了期权价格与影响因素间的互动关系，希望达到以下目的：

（1）理解期权价值的相关概念及其作用。期权价值具体包括时间价值、内在价值、实值期权、平值期权、虚值期权等，不同价值状态的期权其市场活跃度、市场交易者、价值的杠杆性、价值变动幅度以及受其他因素影响的大小都有很大差异，是参与期权交易必须了解的概念。本项目实验既可以分析不同价值状态期权价格变动的差异，又可以分析时间价值与期权价值状态之间的关系。

（2）理解期权价值与六大影响因素间的互动关系。期权价值与其六个主要影响因素之间存在不同的非线性关系，通过实验可以更深入、形象地展现每个影响因素的作用机理和影响程度，同时可以分析多个因素对期权价值的交叉影响。

（3）掌握不同期权时间价值衰减的特征。期权的时间价值衰减体现了到期期限对期权价值的影响，通过实验可以分析不同价值状态期权的时间价值衰减特点。

（4）验证我国实际市场中期权上下限和平价关系的成立情况。

2. 实验任务

本实验（见图 10－2）主要依据期权产品的特点和无套利定价原理，还原了各因素对普通欧式期权价值的真实影响，模拟了期权时间价值的动态变化，并在考虑交易成本影响的情况下，检验了不同频率下我国 50ETF 期权市场和铜期权的真实表现。

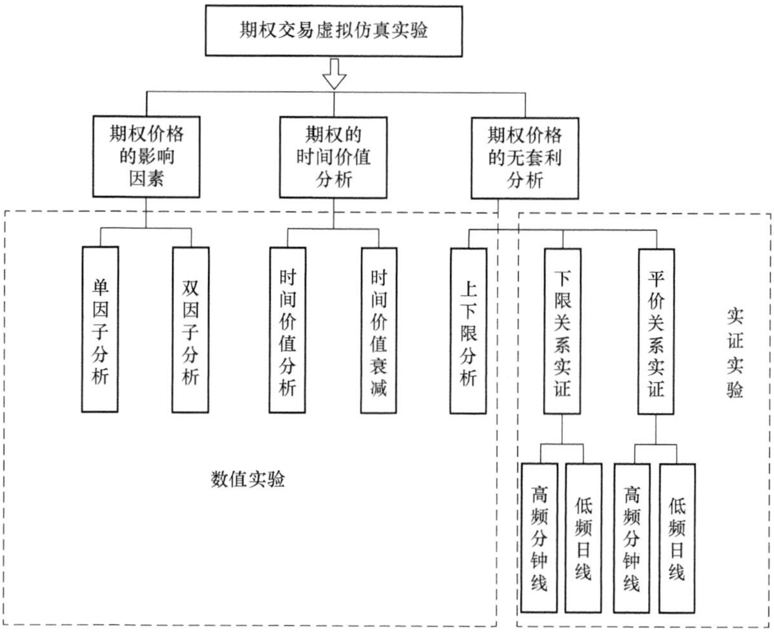

图 10－2 期权交易虚拟仿真实验

在实验中，建议将一个教学班分成若干个小组，每个小组不超过 3 人，在理论知识学习后给学生小组布置实验任务，学生自行在教学网站上进行实验，撰写报告，提交给教师评分。

本实验教学内容包括 3 个知识点类别、7 个实验模块（见图 10－2），需要 3 个学时左右完成实验任务，每个实验任务需要的学时和讨论任务设置如下。

实验一：单因子分析

实验目的：让学生了解标的资产价格、执行价格、到期期限、无风险利率、标的资产波动率、便利收益率因素对看涨或看跌期权价值的影响。

实验讨论：Black-Scholes 欧式期权定价公式中标的资产价格、执行价格、到期期限、无风险利率、标的资产波动率、便利收益率六大因素，其中一个因素的变动对期权价格会产生怎样的影响？是正向影响还是负向影响？如何解释？

实验拓展：当无风险利率大于、小于、等于便利收益率时，到期期限会对期权价格产生怎样的影响？当期权处于不同价值状态（实值、平值、虚值）时，到期期限会对期权价格产生怎样的影响？

实验二：双因子分析

实验目的：让学生了解期权价格的六大影响因素对期权价格的交叉影响，重点分析标的资产价格与到期期限，标的资产价格与波动率，标的资产价格与无风险利率，执行价格与波动率等双因素对期权价值的交互影响。

实验讨论：针对不同到期期限，比较期权价值随标的资产价值变化的规律。针对不同波动率，比较期权价值随标的资产价值变化的规律。针对不同的无风险利率，比较期权价值随标的资产价值变化的规律。针对不同波动率，比较期权价值随标的执行价格变化的规律。

实验拓展：根据 B-S 公式，解释为什么会有这些规律？

实验三：时间价值分析①

实验目的：本实验分析欧式看涨期权和看跌期权的时间价值随标的资产价格的变动情况，观察相同执行价、相同标的资产、相同到期日的看涨和看跌期权的时间价值变动有何规律。

实验讨论：看涨和看跌期权的时间价值与标的资产价格关系图表现了二者怎样的关系？

实验拓展：资产价格取何值时时间价值最大？深度虚值、实值的看跌期权和看涨期权的时间价值分别呈现怎样的特点？

实验四：时间价值衰减

实验目的：基于“时间价值衰减”实验分析不同价值状态期权（实值、虚值和平值）的时间价值随着到期期限临近的衰减速度。

实验讨论：对于看涨期权和看跌期权，随着到期日临近，不同价值状态期权的时间价值衰减速度如何变化？时间价值是正是负？为什么？

实验拓展：改变执行价格，使期权达到深度虚值和深度实值，随着到期日的临近，时间价值的变化呈现怎样的特点？

---

① 本实验中在计算时间价值时，内在价值采用的是本章案例 1 中的第一种定义方式，即期权立即执行的价值。

实验五：上下限分析

实验目的：分析标的资产价格、执行价格、到期期限、无风险利率、标的资产波动率、便利收益率因素对看涨期权和看跌期权满足上下限关系的影响。

实验讨论：不考虑便利收益率的情况，通过变动标的资产价格、到期期限、行权价格、波动率、无风险利率等，在同一幅图中画出期权价格和对应上下限的曲线，验证在任何情况下，期权价格是否在上下限范围之内，各因素对期权满足上下限关系有什么影响？

实验六：下限关系实证

实验目的：借助我国 50ETF 期权、上证 50ETF 的市场日线数据和分钟高频数据实证检验我国期权市场价格是否满足期权下限关系。

实验讨论：根据股票市场的表现，区分不同市场环境（牛市、熊市、震荡市），探究不同市场环境下的下限关系满足情况，或者区分分钟数据和日间数据，探究不同频率下的下限关系满足情况。

实验拓展：若不同市场环境或不同频率数据下限关系满足情况不一致，试解释原因。

实验七：平价关系实证

实验目的：本实验依托考虑成本的欧式看涨期权和看跌期权下限公式，借助我国 50ETF 期权、上证 50ETF，铜期权和铜期货的市场日线数据和分钟数据实证检验我国期权市场价格是否满足看涨期权和看跌期权平价关系，以此分析我国期权市场的有效性和套利机会，实验者可以根据自己的主观判断选择。

实验讨论：分析统计数据，判断所选择的不同时间区间、不同市场环境下的看涨、看跌合约 50EFT 期权平价关系是否成立。若不成立，试解释原因。

实验拓展：什么特征的期权对平价关系的满足程度较优？

3. 实验手段

（1）多情景下的期权交易虚拟仿真实验。

实验网址：https://www.ilab-x.com/details/page?id=6808&isView=true。（需要每个学生使用自己的手机号完成平台注册后使用）。或通过数量金融实验教学中心网站链接网址 http://fe.uibe.edu.cn/qflab/zxzy/ qqxnfzsyrj/index.htm，选择多情景的期权交易虚拟仿真实验进入实验。实验指导手册、实验操作指导视频均可以在实验平台中直接查看。

（2）B-S 公式工作簿（仅能够完成数值实验部分的操作）。

实验软件使用与各实验的操作步骤指导视频：金融工程实验任务 3——期权市场认知与期权价格性质实证实验手册，链接网址：http://fe.uibe.edu.cn/qflab/zxzy/sykczl/64336.htm。

若实证分析部分不使用“多情景的期权交易”软件平台，建议只做日间数据。

① 从金融资讯终端下载目前在交易的各执行价的 50ETF 期权的结算价数据以及同

日期的标的资产 50ETF 的收盘数据，分析日频率下期权上下限和看涨看跌期权平价关系是否满足，若不满足，有什么规律。尝试分析不满足的原因，撰写实践分析报告。（提示：无风险利率可以选择 Wind 期权定价计算器中给出的无风险利率。）

② 从金融资讯终端中下载铜期权上市以来的各执行价格下的期权结算价数据，以及同日期标的资产豆粕期货的结算价数据，分析日频率铜期权上下限是否满足，分析铜期权的看涨看跌期权的不等式关系是否满足，撰写实践分析报告。（提示：铜期权在 2021 年 11 月份前，可以看作标的资产支付红利率的欧式期权，红利率等于无风险利率。）

③ 学生自行开发的工具，如 Matlab 软件等。

4. 实验要求

（1）教师活动。教师需提前掌握期权理论和期权市场基本动态，可以解答学生理论知识疑惑；熟悉实验操作内容和实验软件操作方式，以便组织和引导学生小组开展期权模拟仿真实验；教师还应知悉实验可能出现的结果，对学生提交的实验报告进行评价和指导。

（2）学生活动。学生以小组形式开展实验，不超过 3 人 1 组并设置 1 名组长，通过分工协作和小组内部讨论的方式得出实验结论，在实验结束后，以小组方式形成最终实验报告提交给教师。

（3）实验任务布置。课堂布置实验任务，学生在网站自行观看操作步骤和背景介绍。

（4）实验报告格式。实验报告封面见附件，说明组员信息；实验报告封面后的第一页说明小组成员分工。实验报告样例，仅格式和分析内容供参考，网址：http://fe.uibe.edu.cn/qflab/zxzy/xssybg/index.htm。

（5）小组分工及分工讨论内容。

① 小组规模：约 3 名学生为 1 组。

② 小组成员组合要求：知识和能力具有一定的互补性，包括理论知识储备、软件操作、文献阅读和数据分析能力，小组内部应共同决策并做好实验记录分工。

③ 小组内部讨论内容包括：每个实验对应的理论知识理解，在实验开始之前对可能出现的实验结果预期进行讨论；明确实验目的和具体操作方法；得到实验结果，对结果进行分析讨论，形成实验报告。

5. 实验结果评分标准

本项目以实验报告为准进行考核，分组完成的实验，需要说明小组成员的分工。考核评分表可参考表 10－2。

表 10－2　　分组完成实验报告的评分表

<table>
<tr><td colspan="6">小组成员信息（每组不超过 3 人）</td></tr>
<tr><td>姓名 1</td><td></td><td>学号 1</td><td colspan="3"></td></tr>
<tr><td>姓名 2</td><td></td><td>学号 2</td><td colspan="3"></td></tr>
<tr><td>姓名 3</td><td></td><td>学号 3</td><td colspan="3"></td></tr>
<tr><td colspan="6">实验评分</td></tr>
<tr><td>项目名称</td><td>评分标准</td><td>满分</td><td>学生 1 得分</td><td>学生 2 得分</td><td>学生 3 得分</td></tr>
<tr><td>总得分</td><td></td><td>100</td><td></td><td></td><td></td></tr>
<tr><td>成员分工情况</td><td>分工合理，每名成员工作量相当</td><td>10</td><td></td><td></td><td></td></tr>
<tr><td>实验报告撰写</td><td>格式规范，条理清晰，文笔流畅，逻辑结构安排合理，体现了创新意识和研究能力</td><td>30</td><td></td><td></td><td></td></tr>
<tr><td rowspan="2">实验任务完成情况</td><td>负责的实验任务全部顺利完成，数值实验情景全面，充分考虑了各因素对不同价值状态的期权价格特征的影响情况，实证实验充分考虑了不同市场环境和价值状态期权的市场表现</td><td>30</td><td></td><td></td><td></td></tr>
<tr><td>对实验结果的分析合理、解释充分</td><td>30</td><td></td><td></td><td></td></tr>
</table>

6. 案例参考资料

［1］约翰·赫尔. 期权、期货及其他衍生产品（原书 10 版）. 王勇，索吾林，译. 北京：机械工业出版社，2018.

［2］郑振龙，陈蓉. 金融工程. 5 版. 北京：高等教育出版社，2020.

第十一章

期权的二叉树模型

第一节　教学设计

一、总体设计

1. 基本信息

课程名称：金融工程

知 识 点：期权的二叉树模型

授课时间：第 11～12 周（线下 215 分钟）

2. 学情分析

（1）学生通过之前所学的无套利定价原理的应用，基本掌握了套利定价原理的思想；

（2）学生在上一章了解了期权价格的无套利区间，但还不了解其精确定价；

（3）学生已经具备了概率论、应用随机过程的知识基础。

3. 教学思路

本章内容包含二叉树期权定价原理、二叉树模型实际应用的参数设置、二叉树模型的其他应用和二叉树模型实验。本章主要采取线下教学的方式。首先，介绍二叉树期权定价的基本假设，结合风险中性定价原理和无套利定价法，讲解使用二叉树模型为欧式期权和美式期权进行定价；以单步二叉树模型为基础，继续延伸两步二叉树模型，在形成对比的同时，解释希腊字母动态保值思想；并理解无套利定价和风险中性定价两种原理的内在联系；在课堂教学中引导学生自己完成多步模型下的动态套利与套保策略设计，培养学生的计算能力与学习能力。其次，讲述如何将标的资产的波动率体现在模型参数中，以及随着二叉树步数增加参数的取值问题，并教导学生通过查阅 Wind 资讯终端“期权计算器”，学习计算器原理帮助文档，了解理论模型的应用价值，提升学生理论结合实践的能力。最后，通过介绍二叉树模型在敏感度分析和奇异期权定价中的应用来拓展学生的思维，并布置以小组为单位的实验任务。

4. 主要内容

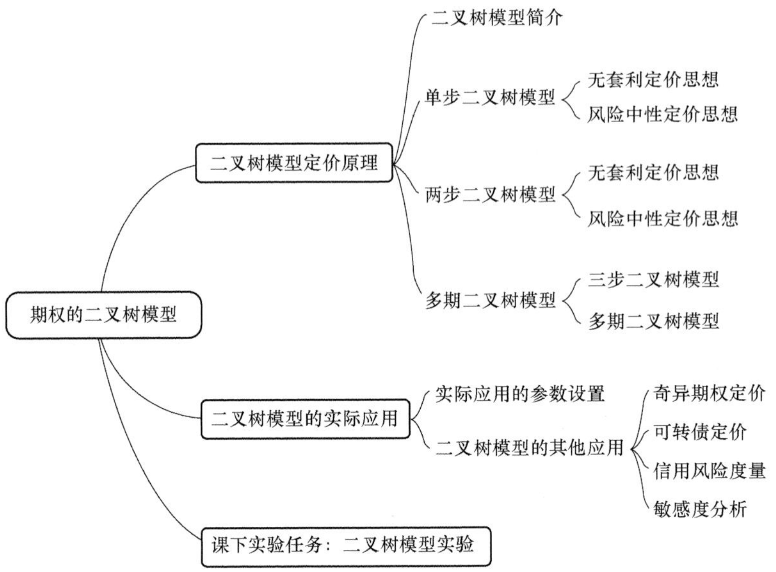

二、教学目标

1. 思政目标

（1）使学生了解二叉树模型在我国期权市场中的应用，理论结合实践；

（2）通过小组协作的方式完成二叉树模型实验，学生学会在团队中民主协商、和谐相处、合理分工、优化配置，增强团队协作精神；

（3）在小组分工时充分体现敬业、诚信、友善的社会主义核心价值观；

（4）通过设计实验研究任务，引导学生注重学思结合、知行统一，培养学生勇于探索的创新精神、善于解决问题的实践能力。

2. 知识目标

要求记忆的内容：

（1）二叉树模型的市场假设；

（2）二叉树模型模拟的价格分布特点；

（3）Delta 动态套期保值；

（4）风险中性概率的计算；

（5）资本资产定价原理。

需要理解的内容：

（1）理解套利定价和风险中性两种原理的内在联系；

（2）理解期权动态套期保值的思想；

（3）理解应用二叉树模型定价期权的优势和不足；

（4）理解二叉树模型可以用于定价和分析的产品；

（5）理解二叉树模型的概率特征；

（6）理解金融二叉树模型与计算机二叉树模型的区别与联系；

（7）理解为何期权定价需要假设标的资产的价格分布；

（8）进一步理解风险中性定价的便利性。

能够应用的内容：

（1）能够利用二叉树模型为任何已知损益公式的产品定价，包括美式产品、路径依赖产品、期货期权；

（2）能够基于两步二叉树模型，对价格不合理的产品给出套利策略实现的全过程。

3. 能力目标

（1）具备利用二叉树模型完成欧式期权和美式期权数值定价的量化能力；

（2）能够通过小组写作完成实验任务，具备撰写完整的实验报告的数据分析能力。

三、教学重点和难点

1. 教学重点

（1）二叉树模型下期权的无套利定价和风险中性定价的实施过程；

（2）如何从单步二叉树模型推广到多步二叉树模型；

（3）期权的动态套保；

（4）期权的套利策略设计；

（5）二叉树模型在实践中的应用。

2. 教学重点突出方法：逻辑推演，实验与讲授结合，借助金融资讯等权威平台摆事实讲道理

（1）逻辑推演：分别就单步二叉树模型和两步二叉树模型给出无套利定价和风险中性定价实施的过程，一方面强化推演过程的教学，另一方通过单步二叉树模型和两步二叉树模型的对比，更能凸显出风险中性定价在定价方面的便利性，而套利定价原理则直接给出了存在套利机会的套利策略。

（2）实验与讲授相结合：利用自主开发的二叉树模型实验软件展示二叉树模型的实际应用，以及向理论价值收敛的数值方法特点。

3. 教学难点

（1）理解套利定价与风险中性定价的内在联系；

（2）多步二叉树下套利策略的动态调整；

（3）二叉树模型的收敛性。

4. 教学难点的解决方法：情景分析，举例，自主实验

（1）情景分析：在单步二叉树模型下，首先通过推理展现二者定价的一致性，然后通过符号一般化推理过程，让学生清晰看到风险中性定价其实是在套利定价过程中发现的数学规律的一个应用，通过数学技术创造带来定价便利的风险中性环境。

（2）举例：在两步二叉树模型和三步二叉树模型下，给出实际价格与理论价格不相符的情形，教师带领学生利用套利定价原理逐步完成动态套利策略的实施过程，并展示实施效果。

（3）自主实验：通过自主实验检验二叉树模型的收敛性，以及欧式期权和美式期权估值的差异。

四、课程思政实施过程

（1）首先介绍实践应用中的 CRR 二叉树模型如何将实际的标的资产价格波动幅度应用在二叉树模型参数设计中，然后介绍红利对 CRR 模型参数设置的影响，最后结合 Wind 资讯终端的期权定价计算器了解二叉树模型在我国期权理论价值计算、希腊字母计算中的应用，提升学生理论结合实践的能力。

（2）通过使用自主研发的二叉树实验软件，指导学生对美式期权的提前执行问题、美式期权的价格特征、期货期权的价格特征、数值方法的收敛性问题等进行实验检验，引导学生理解美式期货期权提前执行的合理性问题，该任务以小组为单位完成实验操作、实验结果记录和实验报告撰写，要求学生能够结合课堂理论知识分析实验结果。在小组作业中要求学生写明小组分工，帮助学生学会在团队中民主协商、和谐相处、合理分工、优化配置，提升学生的团队协作能力。

五、具体教学过程

教学步骤	教学内容	学生活动	设计意图
（5 分钟） （1）介绍本章主要知识点、学习目标； （2）介绍二叉树模型的历史背景与提出者； （3）说明二叉树模型的基本假设和基本特点	**期权的二叉树模型** 1 二叉树模型定价原理 1.1 二叉树模型简介 简单介绍二叉树模型的提出者、与计算机二叉树的差异，二叉树模型的市场假设，以及二叉树模型的特点，说明介绍二叉树模型而不是直接进行解析定价的原因	（1）聆听教师讲授，主动跟随思考； （2）知晓本章学习要求并预习相关内容； （3）与教师共同探讨二叉树模型定价的基本假设	（1）掌握二叉树模型被广泛应用的原因； （2）了解二叉树模型基本特点； （3）为本章后续内容打下坚实基础

续表

教学步骤	教学内容	学生活动	设计意图
（40 分钟） （1）讲授无套利定价的定义和风险中性定价的定义； （2）启发教学，结合案例使学生计算无套利定价思想下和风险中性定价思想下的期权价值，定价结果完全一致，提出为什么定价一致的问题，引导学生进一步思考，并共同完成推导过程。发现无套利定价与风险中性定价的关系； （3）逻辑推演：推演无套利思想下的定价过程与风险中性定价思想的定价过程； （4）布置练习题：让学生熟悉相关计算与知识点； （5）对比分析：对比欧式和美式期权定价过程的差异； （6）发布相关业界讲座信息	1.2 单步二叉树模型 （1）给出一个数值例子； （2）回忆无套利定价的技术——复制技术，以复制无风险组合为例，说明定价思路，然后展现二叉树模型下期权无套利定价的过程； （3）结合风险中性定价原理，推导二叉树模型下期权的风险中性定价； （4）抛出思考问题：二者的定价结果完全一致，为什么？ （5）带着问题，用一般符号表达式重现套利定价过程，推导出一般表达式，引导学生发现，如果人为定义一个参数为概率，则套利定价就是风险中性定价； （6）同时，教师带领学生验证该概率使得所有可复制资产期望收益为无风险概率，由此引出后面内容； （7）介绍资本资产定价理论，说明二者的关系； （8）布置课堂练习，检查学生的掌握情况； （9）举例解释美式期权定价过程的差异； （10）小结：单步二叉树模型下的定价公式	（1）聆听教师讲授，并跟随教师思路进行思考； （2）积极思考并回答教师提出的问题——无套利定价和风险中性定价的定价结果完全一致，为什么？ （3）自行完成单步二叉树的练习	（1）掌握单步二叉树模型下期权的套利定价和风险中性定价的定义和公式； （2）理解风险中性与套利定价内在统一的数学原理，掌握资本资产定价理论； （3）**思政点**：了解单步二叉树模型的具体应用，提升理论和实践结合的能力，通过基础的课程培养，让学生举一反三，加强学生的创新能力培养
（50 分钟） （1）板书：结合数值例子，带领学生计算欧式看涨期权的价值；	1.3 两步二叉树模型 （1）为让学生看到无套利定价的更多应用，采用复制期权方式使用无套利方法为期权定价，此间提出问题：随着二叉树步数的增加，Delta 值是否会发生变化？ （2）引导学生发现复制过程组合的动态调整，让学生了解期权需要动态套保的思想； （3）设定存在套利机会的情景，带领学生共同展示如何基于上述复制过程完成套利策略的设计和实施过程，让学生了解套利定价为套利策略设计带来的便利；	（1）聆听教师讲授，并跟随教师思路进行思考与计算； （2）积极思考并回答教师提出的多个问题，如“远期合约的套期保值和期权的套期保值策略中，你看到什么差别”；	（1）掌握如何从单步二叉树模型推广到两步二叉树模型，为后续学生自行推导到多步二叉树模型打下基础； （2）掌握期权的动态套保思想；

续表

教学步骤	教学内容	学生活动	设计意图
(2) 启发式研讨：利用智慧树进行互动，提出问题“当二叉树步数增加时，Delta 是否会变化”，引发学生思考和讨论，得出“现实的套期保值策略是一个动态调整过程”的结论； (3) 对比分析：远期和期权定价对比，无套利和风险中性对比，并引出风险中性定价； (4) 通过实际的数值例子给出实际价格与理论价格不相符的情形，进而讲述 Delta 动态套保与期权的倒推定价； (5) 布置课堂练习	(4) 总结示例给出的启发，提出研讨问题，让学生对比分析远期和期权定价过程的差异，以及套利定价过程的复杂性，研讨后引出风险中性定价内容； (5) 通过风险中性定价让学生更深刻地认识到风险中性定价的便利性，以及二叉树模型前提假设带来的定价便利性； (6) 通过二叉树模型分别对欧式期权和美式期权定价，展现二者在多步二叉树定价中的差异，并组织学生进行课堂练习	(3) 完成课堂布置的相关习题	(3) 掌握两步二叉树模型下的不同的定价方法，包括无套利定价、风险中性方法等
(20 分钟) 启发式教学：给出三步二叉树模型下期权的定价案例，引导学生自己通过前面知识点完成计算，以自主学习为主	1.4 多步二叉树模型 (1) 有了前文的比较，从定价层面上，到三步二叉树直接根据前面的规律展示风险中性定价过程，由学生自主计算完成； (2) 启发学生推广到更多步后的实施步骤，以及欧式期权和美式期权估值时的不同计算过程	(1) 聆听教师讲授，并跟随教师思路进行思考与计算； (2) 自主推演课程中的三步二叉树与多步二叉树的计算过程	(1) 具备利用二叉树模型完成欧式期权和美式期权数值定价的量化能力，为其定价； (2) 引导学生举一反三，加强学生的创新能力培养
(30 分钟) (1) 介绍 CRR 二叉树，并演示单步二叉树、两步二叉树、多步二叉树，体现 CRR 二叉树模型如何将实际的标的资产价格波动幅度应用在二叉树模型参数设计中；	2 二叉树模型的实际应用 2.1 实际应用的参数设置 (1) 介绍如何将标的资产的波动率体现在模型参数中，以及随着二叉树步数增长，参数的取值问题； (2) 总结欧式期权和美式期权倒推定价的过程； (3) 布置课堂练习，让学生借助实验软件完成欧式期权和美式期权定价，了解软件的使用； (4) 介绍无红利、有红利率以及期货期权应用二叉树模型定价时参数的变动，并结合实验软件进行操作；	(1) 聆听教师讲授，并跟随教师思路进行思考与计算； (2) 完成教师布置的课堂练习； (3) 登录 Wind 资讯终端进行期权定价实际操作	(1) 掌握实际二叉树模型应用的参数设置； (2) 掌握欧式期权和美式期权倒推定价； (3) **思政点**：了解二叉树模型在我国期权市场中的应用，了解理论模型的应用价值，提升学生理论结合实践的能力

续表

教学步骤	教学内容	学生活动	设计意图
(2)课堂练习:具体布置习题,让学生充分练习定价方法; (3)实验操作:结合 Wind 资讯终端解释知识点和模型原理; (4)介绍红利对 CRR 模型参数设置的影响	(5)指导学生查看 Wind 资讯终端期权定价计算器,了解二叉树模型在资讯中的应用,结合平台的工具帮助文件,用课堂知识解读其模型原理		
(40 分钟) 课堂讲授: (1)总结二叉树在其他方面的应用; (2)给出具体的数值例子,介绍二叉树模型下回望期权的定价; (3)提出本章的计算要求,并结合案例进行结构化产品估值; (4)总结二叉树模型的优点与不足、应用范围等	2.2 二叉树模型的其他应用 (1)介绍二叉树模型在奇异期权定价、可转债定价、信用风险度量、敏感度分析方面的应用; (2)以三步二叉树下回望期权的定价为例,展示二叉树模型定价回望期权的过程,说明二叉树在定价强路径依赖期权方面存在的不足,因而存在改进的空间	(1)聆听教师讲授,并跟随教师思路进行思考与计算; (2)通过案例,学生自主完成结构化产品估值	(1)掌握二叉树模型的优点与不足; (2)了解二叉树的其他应用; (3)利用二叉树模型为任何已知损益公式的产品定价
(30 分钟) (1)对本章进行总结; (2)讲述二叉树实验任务(线上学习实验指导); (3)学生进行实验实操,熟悉实验软件; (4)要求学生课后分组完成实验报告	(1)总结本章内容; (2)布置线上作业; (3)发布下次课程预习任务; (4)布置下节课实验任务,引导学生前往数量金融实验教学中心,线上观看实验指导,了解实验任务,线下下载实验软件进行小组实验; (5)指导学生课堂上熟悉实验操作	(1)复习本章知识点并完成教师布置的课程作业; (2)下载实验软件,观看实验指导,进行小组实验; (3)预习下一章的知识点	(1)提高学生总结能力; (2)提高学生的实操能力:对相关问题进行实验检验; (3)**思政点**:任务是以小组为单位,要求学生写明小组分工,培养学生在团队内实现民主协商、和谐相处、合理分工、优化配置,提升团队协作能力

本章参考资料:

(1)课程课件;

(2)约翰·赫尔. 期权、期货及其他衍生产品(原书第 10 版). 王勇,索吾林,译. 北京:机械工业出版社,2018;

(3)金融资讯终端、二叉树模型实验软件(自制)。

第二节　典型课程思政教学案例

【案例】实验案例——期权的二叉树模型

【案例摘要】前一章通过实验让学生自主研讨了欧式期权的价格特征和我国金融期权市场的有效性问题，并在前一章留下了一个问题：美式期货期权是否会提前执行？我国除了欧式的金融期权，还有更丰富的美式期货期权。本案例就让学生以小组为单位，通过二叉树模型探讨美式期权的价格特征，自主探究美式期货期权是否会提前执行的答案，加深学生对于我国商品期货期权特征的理解，提升学生的自主学习能力、动手能力和研究能力。

【教学目标】

1. 价值目标

（1）增强学生对我国商品期权的认知，知国情民情；

（2）培养学生民主协商、和谐相处、合理分工的团队协作精神；

（3）培养学生的社会主义核心价值观；

（4）培养学生勇于探索的创新精神、善于解决问题的实践能力。

2. 知识目标

（1）理解美式期权价值与影响因素之间的关系；

（2）了解二叉树模型的数值收敛特征；

（3）熟悉美式期权提前执行问题的影响因素；

（4）掌握商品期货期权的定价；

（5）理解二叉树模型实施的条件。

3. 能力目标

（1）提升学生的团队协作能力；

（2）提升学生自主学习能力和动手能力；

（3）提升学生的研究能力和写作分析能力。

【案例知识点】

（1）美式期权价值的影响因素；

（2）美式期权的上下限；

（3）商品期货期权的定价；

（4）美式期权提前执行问题；

（5）二叉树模型数值近似的特点；

（6）二叉树模型的应用条件。

【案例适用课程】

适用于金融工程和衍生金融工具课程。

【案例详情】

1. 实验目的

（1）分析执行价、到期期限、无风险利率、股价波动率、股票初始价格、股票红利等因素的变动对美式期权价值到底有什么影响，与欧式期权是否存在差异。

（2）计算看涨美式期货期权价值和欧式期货期权价值，验证美式看涨期货期权是否会提前执行；计算美式看跌期货期权和欧式看跌期货期权的价值，验证二者差异的大小和变化规律，可以改变因素取值，看不同情境下的影响程度。

（3）分析二叉树模型步数的增加对期权价值估计的精确度有无影响（以普通欧式期权为例）。

（4）验证无收益资产的美式期权是否存在提前执行的可能性。

（5）验证美式期货期权的上下限是否成立。

2. 实验方法

（1）影响因素分析。在给定的二叉树步长（30 步）下，通过对执行价、到期期限、无风险利率、股价波动率、股票初始价格、股票红利等数据进行不同程度的改变来观察美式期权价值的变化规律。

（2）美式期货期权提前执行问题。将红利率设定为无风险利率，可计算欧式期货期权、美式期货期权定价问题，可以根据美式看涨期货期权价值是否高于欧式看涨期货期权价值，分析美式看涨期货期权的提前执行问题。美式看跌期货期权价值与欧式看跌期货期权的价值对比则可以体现红利率对美式看跌期权的影响。

（3）估计精确度分析。在给定的数据下，通过不断增加步长，如从 2 步到 200 步的不断变化，来观察期权价值的变化，计算每次变化前后的价值误差，观察误差是否有减小趋势。

（4）通过改变各种条款，在标的资产价格满足无套利假设（直观体现：概率大于 0）情况下，比较无红利资产的美式看涨期权和欧式看涨期权价值的大小关系。

（5）验证美式期货期权的上下限是否成立。通过改变各种影响因素的价值，比较美式期货期权和其上下限之间的关系，分析其价值是否一直在其上下限之内。有兴趣的学生也可以选择我国商品期权如豆粕期权、白糖期权、玉米期权等，探讨实际市场中的美式期货期权上下限成立的情况。

3. 实验手段

（1）（欧式期权和美式期权）二叉树定价—新.xlsm（函数方式或者子程序方式，两个文件选择其一即可）。实验指导网址为 http://fe.uibe.edu.cn/qflab/zxzy/sykczl/64332.htm。实验指导手册和实验操作指导视频均可以在实验平台中直接查看。

（2）学生自行开发工具，如基于 Matlab 软件的工具箱等。

4. 实验要求

（1）教师活动。教师需熟悉实验操作内容和实验软件操作方式，以便组织和引导学生以小组形式开展期权模拟仿真实验；教师还应知悉实验可能出现的结果，对学生提交的实验报告进行评价和指导。

（2）学生活动。学生以小组形式开展实验，每 3 人一组并设置 1 名组长，通过分工协作和小组内部讨论的方式得出实验结论，在实验结束后，以小组方式形成最终实验报告并提交给教师。

（3）实验任务布置。课堂布置实验任务，指导学生操作实验软件，学生在网站自行观看操作步骤，完成实验，并撰写实验报告。

（4）实验报告格式。实验报告封面需说明组员信息，实验报告封面后的第一页说明小组成员分工。实验报告样例仅参考格式和分析内容，可参考但不可抄袭。

（5）小组分工及分工讨论内容具体如下：

① 小组规模：每 3 名学生为 1 组。

② 小组成员组合要求：知识和能力具有一定的互补性，包括理论知识储备、软件操作、文献阅读和数据分析能力，小组内部应共同决策并做好实验记录分工。

③ 小组内部讨论内容包括：每个实验对应的理论知识理解，在实验开始之前对可能出现的实验结果预期进行讨论；明确实验目的和具体的实验操作方法；得到实验结果，对结果进行分析讨论，形成实验报告。

5. 实验结果评分标准

本项目以实验报告为准进行考核，分组完成的实验需要说明小组成员的分工。考核评分表可参考表 11－1。

表 11－1　　分组完成实验报告的评分表

<table>
<tr><td colspan="6">小组成员信息（每组不超过 3 人）</td></tr>
<tr><td>姓名 1</td><td></td><td>学号 1</td><td colspan="3"></td></tr>
<tr><td>姓名 2</td><td></td><td>学号 2</td><td colspan="3"></td></tr>
<tr><td>姓名 3</td><td></td><td>学号 3</td><td colspan="3"></td></tr>
<tr><td colspan="6">实验评分</td></tr>
<tr><td>项目名称</td><td>评分标准</td><td>满分</td><td>学生 1 得分</td><td>学生 2 得分</td><td>学生 3 得分</td></tr>
<tr><td>总得分</td><td></td><td>100</td><td></td><td></td><td></td></tr>
<tr><td>成员分工情况</td><td>分工合理，每位成员工作量相当</td><td>10</td><td></td><td></td><td></td></tr>
<tr><td>实验报告撰写</td><td>格式规范，条理清晰，文笔流畅，逻辑结构安排合理，体现了创新意识和研究能力</td><td>30</td><td></td><td></td><td></td></tr>
</table>

续表

实验评分					
项目名称	评分标准	满分	学生 1 得分	学生 2 得分	学生 3 得分
实验任务完成情况	负责的实验任务全部顺利完成，数值实验情景全面，充分考虑了各因素对不同价值状态的期权价格特征的影响情况	30			
	对实验结果的分析合理，解释充分	30			

6. 案例参考资料

［1］约翰·赫尔. 期权、期货及其他衍生产品（原书 10 版）. 王勇，索吾林，译.北京：机械工业出版社，2018.

［2］郑振龙，陈蓉. 金融工程. 5 版. 北京：高等教育出版社，2020.

第十二章

期权的 Black-Scholes-Merton 定价模型

第一节 教 学 设 计

一、总体设计

1. 基本信息

课程名称：金融工程

知 识 点：期权的 Black-Scholes-Merton 定价模型

授课时间：第 13～14 周（线下 270 分钟）

2. 学情分析

（1）学生基本掌握了套利定价原理的思想；

（2）学生更深入地理解了风险中性定价原理和套利定价原理；

（3）学生已经具备概率论、应用随机过程的知识基础。

3. 教学思路

Black-Scholes-Merton（B-S-M）模型是期权定价的重要工具。本章通过介绍欧式期权定价的轶事引出 B-S-M 模型，激发学生的学习兴趣；通过有效市场假说逐步引出布朗运动，理解布朗运动与股票价格的相似性；采取线下教学与实验相结合的方式，讲解 B-S-M 公式的推导与应用；结合具体数值例子，引导学生举一反三，解决其他模型下的产品定价问题；在模型参数估计部分，结合案例了解期权在预测市场波动方面的重要作用；基于期货与现货的关系讲解 Black 模型，以及 Black 模型与 B-S-M 模型的关系；通过总结 B-S-M 模型的优势、不足与对策，帮助学生客观地认识 B-S-M 模型。

4. 主要内容

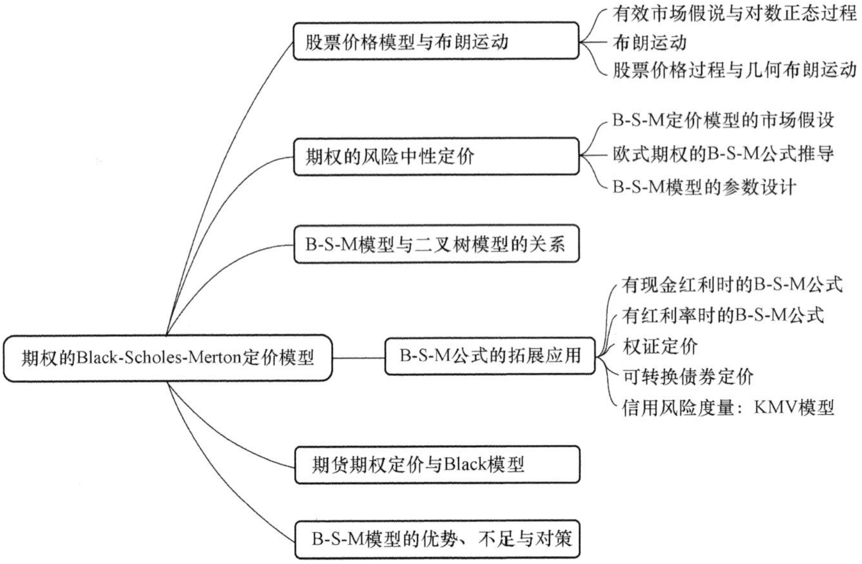

二、教学目标

1. 思政目标

（1）了解我国期权市场的隐含波动率曲面，并能够借助课程理论知识分析产生隐含波动率曲面的原因，求真理、悟道理、明事理；

（2）掌握 Black-Scholes-Merton（B-S-M）期权定价公式的拓展应用，培养学生透过现象看本质的科学思维；

（3）引导学生关注时事动态，加强专业敏感性，培养严谨的治学态度。

2. 知识目标

要求记忆的内容：

（1）B-S-M 定价模型的市场假设；

（2）欧式期权的 B-S-M 定价公式，包括无红利、有现金红利、有红利率情景；

（3）B-S-M 期权定价公式的拓展应用；

（4）Black 期货期权定价模型。

需要理解的内容：

（1）几何布朗运动的特点；

（2）理解使用几何布朗运动为标的资产价格建模的原因；

（3）B-S-M 期权定价公式的风险中性推导过程；

（4）Black 期货期权定价模型与 B-S-M 模型的关系；

（5）B-S-M 模型与二叉树模型的关系；

（6）客观认识 B-S-M 模型的巨大贡献，以及应用领域、优势和不足。

能够应用的内容：

（1）理解 Black 模型的核心思想，能够使用 Black 模型为期货期权、现货期权进行估值，理解 Black 模型反映出的创新思维；

（2）能够利用本章知识解读 Wind 资讯终端“期权计算器”的期权定价公式，了解 B-S-M 模型在我国期权市场中的应用；

（3）能够正确应用理论模型解决实际问题，比如原油价格为负为期权定价理论带来的影响。

3. 能力目标

（1）运用应用随机过程的知识，掌握 B-S-M 期权定价公式在风险中性定价方法下的推导过程，并能够举一反三，可以分析其他模型下的产品定价问题，强化持续学习能力；

（2）通过 Cox-Ross-Rubinstein（1976）、Black-Scholes（1973，1974）、Merton（1974）经典英文文献学习，了解模型产生的过程和实证分析方法，提升学生的终身学习和自主学习能力。

三、教学重点和难点

1. 教学重点

（1）Black-Scholes-Merton（B-S-M）的市场假设；

（2）Black-Scholes-Merton 期权定价公式的风险中性定价过程；

（3）Black 期货期权定价模型。

2. 教学重点突出方法：实验与讲授结合，逻辑推演，举例，借助金融资讯终端等权威平台摆事实讲道理

实验与讲授相结合：利用蒙特卡洛模拟实验结果检验概率论中的中心极限定理，说明使用正态过程为标的资产收益率建模的合理性。

3. 教学难点

（1）实际概率环境的价格过程与风险中性环境下的价格过程的关系；

（2）如何理解 Black 模型简化了利率期权的定价过程是一种思维的转变；

（3）Black 模型与 B-S-M 模型的关系；

（4）Black-Scholes 公式的推导过程。

4. 教学难点的解决方法

举例，逻辑推演，板书，对比分析。

四、课程思政实施过程

（1）通过对“2020 年 4 月芝加哥商品交易所（CME）原油价格为负，是否还可以使用 Black 模型为原油期权进行定价”问题的研讨，理论指导实践，注重理论应用的前提，提升学生解决金融问题的专业敏感性，同时结合原油价格为何可以报出负价解析 CME

更改规则导致的市场乱象和中国银行“原油宝”巨亏事件，引出我国大力发展商品衍生产品市场、丰富商品风险管理工具、提升商品的国际定价权对我国企业稳健经营的重要性，增强学生的社会责任感和爱国情怀。

（2）通过组织学生讨论模型应用的情景，引导学生不盲目崇拜，不滥用模型，在认可 B-S-M 模型重大贡献的同时，也能够认识到作为模型本身存在的应用局限，提升学生理论学习的辩证思维能力。

五、具体教学过程

教学步骤	教学内容	学生活动	设计意图
（45 分钟） （1）讲故事：介绍欧式期权定价的轶事，引起学生对于本章内容的学习兴趣； （2）线上互动：抛出问题，检查学生对知识点的掌握程度，引导学生积极参与课堂学习； （3）对比分析：通过布朗运动和股票价格的对比分析，解释几何布朗运动为标的资产价格建模的原因； （4）数值实验：利用蒙特卡洛模拟实验说明使用正态过程为标的资产收益率建模的合理性； （5）讨论实际概率环境与风险中性环境的关系	**期权的 Black-Scholes-Merton 定价模型** 1 股票价格模型与布朗运动 利用风险中性定价原理做初步推导，说明假设标的资产价格过程对期权定价的必要性。 以欧式期权定价轶事说明期权定价理论推出的复杂性。 1.1 有效市场假说与对数正态过程 线上互动，提问有效市场假说的内容，考查学生对先修课程的掌握程度。 将弱有效市场翻译为概率语言，得到弱有效市场下标的资产价格过程应该满足的条件：独立增量性，马尔科夫性。 以股价时序图佐证过程假设的合理性。 1.2 布朗运动 用蒙特卡洛模拟验证独立同分布中心极限定理，说明使用布朗运动建模的合理性。 进一步通过性质对比和形象化比喻，让学生更容易理解使用布朗运动的原因。 什么在一定程度上与花粉颗粒的运动相仿？ 1.3 股票价格过程与几何布朗运动 分析直接用布朗运动建模的问题，引出几何布朗运动。结合应用随机过程的伊藤公式推导几何布朗运动下标的资产在风险中性下的表达式，并讨论实际概率环境与风险中性环境的关系	（1）聆听教师讲授，并积极跟随教师讲解进行思考； （2）复习选修课知识点内容与上章知识点； （3）积极回答有效市场假说的内容； （4）推导几何布朗运动下标的资产在风险中性下的表达式	（1）理解使用几何布朗运动为标的资产价格建模的原因； （2）掌握风险中性与实际概率下的股价关系； （3）**思政点：**复习先修课知识，加强学生的持续学习意识。帮助学生了解理论知识的实际应用，提升学生的实践能力

续表

教学步骤	教学内容	学生活动	设计意图
（45 分钟） （1）对比分析法：首先讲述 B-S-M 定价公式的市场假设条件，结合二叉树的市场假设条件进行对比； （2）数学推演法，逐步推导 B-S-M 公式； （3）课堂练习，带领学生进行应用练习； （4）数值实验，给出具体的数值案例，通过二叉树模型实验软件和 B-S-M 公式实验软件进行对比计算，比较结果，引发学生对于二叉树和 B-S-M 公式之间关系的思考； （5）波动率的计算，先介绍历史数据法，再介绍隐含波动率法	2 期权的风险中性定价 2.1 B-S-M 定价模型的市场假设 对比分析 B-S-M 模型下的假设与二叉树模型假设的区别与联系。 2.2 欧式期权的 B-S-M 公式推导 带领学生利用随机过程知识完成公式推导，部分推导由学生完成。 通过示例说明公式的应用，让学生体验解析公式的便利性。 结合二叉树模型实验软件＋B-S-M 公式实验软件，计算示例，引导学生思考二叉树与 B-S-M 公式间的关系。 通过课堂练习，强化知识记忆。 2.3 B-S-M 模型的参数估计 对于模型参数的实际估值，结合价格过程进行讲授，让学生了解如何通过实际数据计算模型参数，进一步应用模型解决实际期权定价问题。提高学生的实践能力。 启发学生逆向思维，引出隐含波动率的概念，进一步介绍隐含波动率的实际应用，学习该概念的实践应用	（1）聆听教师讲授，并积极跟随教师讲解进行思考； （2）积极对比二叉树和 B-S-M 公式，包括市场假设与推导公式，思考推导的内在逻辑； （3）完成课堂练习内容，巩固知识点； （4）动笔推导欧式期权的 B-S-M 期权定价公式	（1）掌握 B-S-M 定价公式的市场假设； （2）掌握 B-S-M 期权定价公式的风险中性定价推导过程与最终结论。 （3）**思政点**：了解我国期权市场的隐含波动率曲面，并能够借助课程理论知识分析产生隐含波动率曲面的原因，求真理、悟道理、明事理；运用应用随机过程的知识，解析定价公式推导过程，引导学生举一反三，进而可以分析其他模型下的产品定价问题，强化持续学习能力
（20 分钟） 逻辑推演	3 B-S-M 公式与二叉树模型的关系 结合独立同分布中心极限定理，引导学生将标的资产的几何布朗运动过程转换为二叉树模型的价格递推公式，说明二叉树模型是结合布朗运动的一种数值近似方法。 对本次课程内容进行小结。 布置课后预习任务	（1）复习上一节关于二叉树的知识点； （2）认真听讲，完成课后任务和预习任务	（1）掌握 B-S-M 模型与二叉树模型的关系； （2）提升学生的自主学习能力和总结能力

续表

教学步骤	教学内容	学生活动	设计意图
（90 分钟） （1）启发教学：将支付现金红利和不支付现金红利的股票定价进行对比，引申出考虑现金红利的B-S-M公式。 （2）案例教学：有收益资产美式看涨期权定价、考虑红利率的B-S-M公式；股本权证定价；可转债解析定价；信用风险度量的 KMV 模型	4 B-S-M 公式的拓展应用 结合无套利定价原理，通过标的资产价格过程的等价替代方式，给出 B-S-M 模型在考虑现金红利或者红利率后的调整，并介绍可应用的产品：外汇期权及部分美式期权。 结合有现金收益的美式看涨期权提前执行的特点，学习如何使用 B-S-M 公式近似求解美式看涨期权价值。 进一步展现，只要问题可以转换为期权问题，就可以使用 B-S-M 公式，包括主权信用风险度量的 KMV 模型、可转债定价、权证定价、存款保险定价等。让学生了解 B-S-M 公式的广泛应用	（1）聆听教师讲授，并积极跟随教师讲解进行思考。 （2）完成课堂练习与相关应用练习。 （3）积极参与讨论，回答教师提出的问题	（1）掌握欧式期权定价公式的拓展应用。 （2）**思政点**：学习多角度看问题。引导学生透过现象看本质，拓展专业知识的应用价值
（65 分钟） （1）期货期权的定价公式。 （2）逻辑推演法：欧式看涨期货期权的定价公式。 （3）对比分析法：Black 模型与 B-S-M 公式之间的对比，并提出问题“如何理解业界偏好 Black 模型定价现货期权”，引出Black模型的贡献。 （4）进行时事研讨：2020 年 4 月原油期货价格为负带来的期权定价影响	5 期货期权定价与 Black 模型 首先利用无套利定价原理，向学生解释为何期货可以被看作红利率等于无风险利率的现货资产，从而得到期货期权的定价公式及 Black 模型下的定价结果。 启发学生改变角度看待 Black 模型的应用，将 B-S-M 现货期权定价公式统一到 Black 模型下，展示学者 Black 的重大贡献，启发学生学会多角度看问题。 提出时事研讨问题：2020 年 4 月原油期货价格为负，是否还可以使用 Black 模型为原油期权进行定价？	（1）聆听教师讲授，并积极跟随教师讲解进行思考。 （2）学生需要根据教师给出的案例结合实际分析内在逻辑。 （3）积极参与讨论，回答教师提出的问题。 （4）讨论 B-S-M 模型的应用局限性和改进方式、我国在原油定价权方面存在的困难	（1）理解 Black 模型的核心思想。 （2）能够使用 Black 模型为期货期权、现货期权进行估值。 （3）**思政点**：学习从多角度看问题；理论指导实践，注重理论应用的前提，提升专业敏感性，解决金融问题；培养严谨的治学态度，并结合案例反映我国在原油定价上遇到的困难，普及我国为原油期权定价做出的不懈努力，提升学生的爱国情怀和社会责任感

续表

教学步骤	教学内容	学生活动	设计意图
（5 分钟） （1）归纳总结 B-S-M 定价模的贡献与不足。 （2）提出替代解决办法	6 B-S-M 模型的优势、不足与对策 6.1 B-S-M 模型带来的革命 6.2 B-S-M 模型难以解决的问题 6.3 替代解决办法——数值方法	（1）聆听教师讲授，并积极跟随教师讲解进行思考。 （2）讨论模型难以应用的情景以及解决办法	（1）掌握 B-S-M 模型的优势、不足与对策。 （2）**思政点**：引导学生不盲目崇拜，不滥用模型，在认可 B-S-M 模型重大贡献的同时，能够认识到模型本身存在的应用局限，提升学生理论学习的辩证思维

本章参考资料

（1）课程课件；

（2）约翰·赫尔. 期权、期货及其他衍生产品（原书第 10 版）. 王勇，索吾林，译. 北京：机械工业出版社，2018；

（3）金融资讯终端、Black-Scholes 模型实验软件（自制）。

第二节　典型课程思政教学案例

【案例 1】理论研讨——Black 模型与 Black-Scholes 模型

【案例摘要】

在 Black-Scholes（1973）的期权定价模型之后，Black（1976）在此基础上提出了 Black 模型，很多业界人士说，相对于 Black-Scholes 模型，他们更喜欢使用 Black 模型进行现货期权定价和隐含波动率计算，本案例希望通过研讨 Black 模型与 Black-Scholes 模型的关系以及 Black 模型的应用价值启发学生认识到看待问题的视角创新带来的价值，提升学生的创新意识和辩证思维能力。

【教学目标】

1. 价值目标

正确认识 Black 模型的价值和创新动机，培养学生创新思维。

2. 知识目标

（1）掌握 Black 模型的基本假设和定价公式；

（2）理解 Black 模型与 Black-Scholes 模型的区别与联系。

3. 能力目标

提升学生多视角分析问题的逻辑思辨能力。

【案例知识点】

（1）Black 期货期权定价模型；

（2）Black-Scholes 期权定价模型；

（3）欧式期货期权；

（4）欧式现货期权。

【案例适用课程】

适用于金融工程课程。

【案例详情】

1. 引言

我国大连商品交易所在 2017 年首推场内商品期货期权——豆粕期权，开启了商品期权快速发展的时期，也使得 Black 模型在课程教学中受到关注。Black 在 1976 年发表了一篇关于商品期权定价的论文。由于现货市场的分散性和差异性，商品现货价格的市场透明度和定价效率相对较弱，因此商品期权基本上是商品期货的期权。因此，Black（1976）以远期价格建模为基础，研究了欧式期货期权的定价问题，被称为 Black 模型。实践中，该模型不但应用于欧式商品期货期权，也被业界广泛应用于个股或者股指现货期权。

2. Black 模型与 Black-Scholes 模型的关系

针对欧式期权，Black 模型和 Black-Scholes 模型可以说具有相互包含的关系。

（1）Black-Scholes 模型推出 Black 模型的期货期权定价。

首先直观理解通过 Black-Scholes 模型如何得到 Black 模型。我们知道如果不考虑其他因素的影响，则期货理论价格等于远期价格，因此在期货有效期内，任何时点的期货价格都是对相同交割日期的远期价格的报价。根据风险中性定价，我们假设期货的红利率为 q，则有

$$F_t = e^{(r-q)(T-t)} E^*(F_T) \tag{1}$$

由于期货价格到期会收敛到现货价格，于是有 $F_T = S_T$，代入式（1），则

$$F_t = e^{(r-q)(T-t)} E^*(S_T) \tag{2}$$

而在远期价格计算时，我们知道

$$F_t = E^*(S_T) \tag{3}$$

式（2）和式（3）同时成立，意味着

$$q = r$$

由此，期货可以被看作红利率等于无风险利率的标的资产，这一点也可以理解为是期货采取盯市结算带来的。每日盈亏被体现在账户中，故其盈利或者亏损都可以被看作每日进行了无风险投资。

如此，欧式期货期权的定价相当于红利率等于无风险利率的标的资产的欧式期权定价问题，因此令红利率等于无风险利率，期货价格替换现货价格就可以通过 Black-Scholes 模型推出 Black 模型的结果，以普通看涨期权为例，即

$$C_t = e^{-r(T-t)}[F_t N(d_1) - XN(d_2)] \tag{4}$$

$$d_1 = \frac{\ln\left(\frac{F_t}{X}\right) + \frac{1}{2}\sigma^2 (T-t)}{\sigma\sqrt{T-t}}, d_2 = d_1 - \sigma\sqrt{T-t} \tag{5}$$

因此，有人说 Black 模型只是 Black-Scholes 模型的特殊情形。

（2）Black 模型解释 Black-Scholes 模型的现货期权定价。

其实 Black 模型也可以涵盖 Black-Scholes 模型所有情形的现货期权定价问题。

我们假想一个期货期权要求标的期货的到期日和期权的到期日相同，比如都假设为 T，根据期货在到期日价格收敛到现货价格，即公式 $F_T = S_T$ 成立，如果存在以相同现货为标的、到期日相同的欧式期权，同样以看涨期权为例，我们必然有

$$C_S(T) = \max(S_T - X, 0) = \max(F_T - X, 0) = C_F(T) \tag{6}$$

即现货期权和此假象的期货期权在到期日的价值是相同的，根据无套利定价原理，二者在期初的价值也是相同的，因此有

$$C_S(t) = C_F(t) \tag{7}$$

当然，此时我们得到的是期货价格或者远期价格表示的现货期权的价格，如果回归到现货价格，则可以将远期价格与现货价格间的不同关系代入式（4）和式（5），就很容易得到各种情景下的结果：

若标的现货不支付红利，则 $F_t = S_t e^{r(T-t)}$；

若标的现货支付现金红利，则 $F_t = (S_t - I_t)e^{r(T-t)}$；

若标的现货支付连续红利率，则 $F_t = S_t e^{(r-q)(T-t)}$。

其中，I_t 表示期权有效期内现金红利的折现值，q 表示红利率。

所以，不同情形下现货期权的定价都可以统一在 Black 模型下，而现货红利带来的影响被屏蔽在远期价格的计算中，因此我们可以说 Black 模型对 Black-Scholes 模型有一种去繁就简的效果。

（3）Black 模型去繁就简的有效应用——利率期权定价。

翻阅 Black（1976）和 Black-Scholes（1973），由于 Black（1976）是在 Black-Scholes

（1973）的基础上推衍而来，文章并不复杂，内容也不多，但其研究视角的创新为一些复杂的期权定价带来了简便方法，典型的就是利率期权。

我们常见的利率期权更多在场外，包括利率上限、利率下限、互换期权和债券期权。由于利率在利率期权估值时不但是贴现因子，还是期权收益的标的变量，因此对利率期权的定价我们不能假设利率为常数，也不能假设其为标量，而必须是具有不确定性的随机过程，需要为整个利率期限结构进行随机建模。此外，即使是国债期权，由于国债到期回归面值的特性，假设其价格满足几何布朗运动也是不合理的。这些都为利率期权定价带来较大难度。

但 Black 模型给了我们一个很好的视角，我们不去为即期利率进行建模，而是为期权到期日的互换协议利率或者债券远期价格进行建模，由于债券远期价格或者远期互换协议利率都是对同一交割时点价格或者利率水平的预测，因此只考虑波动性，而不需要考虑时间变动带来的时间价值，即无论债券远期价格还是远期利率，都可以假设其服从下列过程：

$$\mathrm{d}F_t = \sigma F_t \mathrm{d}W_t \tag{8}$$

此时，很容易求解出以债券远期价格或者互换远期协议利率表示的债券期权或者互换期权的价值。当然，债券远期价格的波动性可以通过债券远期报价或者通过债券现货价格推导的债券远期价格估计，当前债券远期价格也可以通过债券现货价格计算，互换协议利率也是如此。

如以欧式看涨债券期权为例，其定价公式可以表示为

$$C = P(0,\mathrm{T})[F_B N(d_1) - XN(d_2)] \tag{9}$$

$$d_1 = \frac{\ln\left(\frac{F_B}{X}\right) + \frac{1}{2}{\sigma_B}^2 T}{\sigma_B \sqrt{T}}, d_2 = d_1 - \sigma_B \sqrt{T} \tag{10}$$

$$F_B = (B_0 - I) / P(0,T) \tag{11}$$

此处，式（11）表示债券远期价格 F_B 与债券即期价格 B_0 的关系。

3. 业界为何对股票期权偏好 Black 模型

无论国内还是国际，针对个股期权或者股指期权，很多业界投资者更喜欢使用 Black 模型进行期权定价或者风险指标如 Delta、Gamma 等希腊字母或者隐含波动率的计算。这是为什么呢？

关于这一点，如果仔细比较股票现货市场、股票期货市场和股票期权市场，就不难发现：首先，在场内产品的交易机制上，股票期货（包括个股期货和股指期货）和股票期权的交易机制更相似，同样不限制买入和卖出，交易场所和交易时间类似，同样采取

保证金交易和盯市结算，因此可以剔除交易机制带来的影响；其次，从实际投资组合构建上，由于股票现货的卖空限制，股票期权的风险管理更多通过股票期货进行，也就是说实践中期权的套利策略设计更多使用的是期货和期权组合，这也会使得期权的价格与期货的价格表现更接近。即使是场外期权的交易商，对于场外个股期权更多也是通过期货来进行风险头寸管理。所以，虽然股票期权很多以股票现货或者现券指数为标的，但业界更喜欢用 Black 模型进行定价和风险指标计算。比如，我们对 2023 年 6 月到期的沪深 300 股指期权定价或者风险指标进行计算，我们可以采用 2023 年 6 月到期的沪深 300 股指期货报价计算沪深 300 股指期权的价值，进而计算其隐含波动率。

郑振龙和陈蓉（2020）①基于 2020 年 2 月 10 日沪深 300 股指期货、沪深 300 股指期权和沪深 300 指数数据，对比了通过沪深 300 股指期货利用 Black 模型计算沪深 300 股指期权的隐含波动率，以及通过沪深 300 现货指数利用 B-S-M 模型计算沪深 300 股指期权的隐含波动率，发现沪深 300 成分股的卖空限制使得 B-S-M 模型下计算的隐含波动率存在负值，而在 Black 模型下计算的隐含波动率更能准确反映市场的真实情况。

4. 案例总结

从 Black 模型与 Black-Scholes 模型的比较和研讨中我们可以看到，研究的创新并不一定必须是理论的原始创新，现实中有很多问题在一般理论的情况下需要给出更简便的解决方案和更直观的解释。Black 模型可以看作是 Black-Scholes 模型的简单延展，仅仅是视角的改变，但也给予了现实中一些复杂期权和业界习惯的投资方式更适合应用的模型工具。通过理论联系实际，创新对问题思考的维度，大家也可以用已有的理论解决很多看似复杂的问题，这也是辩证法的重要价值。

5. 案例参考资料

［1］Fischer Black, Myron Scholes. The Pricing of Options and Corporate Liabilities. The Journal of Political Economy, 1973, 81(3): 637 – 654.

［2］Fischer Black. The Pricing of Commodity Contracts. Journal of Financial Economics, 1976(3): 167 – 179.

［3］Lieu D. Option Pricing with Future-Style Margining. Journal of Future Markets, 1990, 10(4): 327 – 338.

［4］Chen R-R, Scott L. Pricing Interest Rate Futures with Future-Style Margining. Journal of Future Markets, 1993, 13(1): 15 – 22.

［5］约翰·赫尔. 期权、期货及其他衍生产品（原书第 10 版）. 王勇，索吾林，译. 北京：机械工业出版社，2018.

［6］郑振龙，陈蓉. 金融工程. 5 版. 北京：高等教育出版社，2020.

---

① 郑振龙，陈蓉. 金融工程. 5 版. 北京：高等教育出版社，2020：222.

【案例 2】理论研讨——原油期货价格为负的期权定价问题

【案例摘要】

美国时间 2020 年 4 月 20 日，WTI 原油 5 月期货合约芝加哥商品交易所（CME）官方结算价 −37.63 美元/桶为有效价格，由此出现了自 1983 年以来首次期货价格为负数的情况。本案例探讨在标的资产价格为负时芝加哥商品交易所的解决方案以及 Black-Scholes 期权定价公式的使用局限性问题，启发学生对权威理论的辩证认知和专业知识的灵活应用。

【教学目标】

1. 价值目标

正确认识 Black 模型的价值和创新动机，培养学生的创新思维。

2. 知识目标

（1）掌握 Black 模型的基本假设和定价公式；

（2）理解 Black 模型与 Black-Scholes 模型的区别与联系。

3. 能力目标

提升学生多视角分析问题的逻辑思辨能力。

【案例知识点】

（1）Black 期货期权定价模型；

（2）Black-Scholes 期权定价模型；

（3）欧式期货期权；

（4）欧式现货期权。

【案例适用课程】

适用于金融工程课程。

【案例详情】

2020 年 4 月 20 日，WTI 原油 5 月期货合约价格跌破 0 值，收于 −37.63 美元/桶，历史首次出现“负油价”。4 月 21 日，为应对原油期货合约价格为负的情况，CME 将原油期货期权的定价模型切换为 Bachelier 模型，并上线“负行权价”的期权合约。其实早在 4 月 8 日，CME 便发布了一份公告以应对持续下跌并可能跌至负值的能源价格，公告声明“当任何月份的 WTI 原油期货结算价低于 8 美元/桶时，CME 将调整所有原油期货相关的期权合约定价模型，由原有的定价模型调整为 Bachelier 模型以应对可能跌至 0 甚至负值的标的价格”。

1. Black-Scholes 模型应对负油价的局限性

Black-Scholes 模型假设标的资产价格服从几何布朗运动，在此假设下，期货价格建模可以采取 Black（1976）的模型：

$$dF_t = \sigma F_t dW_t \tag{1}$$

求解上述微分方程可以发现 $F_t = F_0 e^{\left(\sigma W_t - \frac{1}{2}\sigma^2 t\right)}$，因此只要期初期货价格为正值，未来的期货价格就不可能为负值，因此 Black-Scholes 模型无法计算负油价下的期权价格。

2. Bachelier 模型简介

劳伦斯·巴舍利耶（Louis Bachelier）（1870—1946）是 20 世纪初的一位法国数学家，1900 年，巴舍利耶在他的博士论文《投机理论》中提出了最早的期权定价模型，开创性地用布朗运动来描述股票价格的变化，这是历史上第一篇运用高等数学来研究金融问题的论文，这也使他成为金融数学的奠基人。

巴舍利耶的模型应用于原油期权定价，由于原油期货在风险中性环境下仅考虑波动项，不需要考虑漂移项，因此原油期货的价格过程表示为

$$dF_t = \sigma dW_t \tag{2}$$

此时，通过随机积分求解可得

$$F_T = F_0 + \sigma W_T \tag{3}$$

其中，W_T 为 T 时刻标准布朗运动的随机变量，服从均值为 0、方差为 T 的正态分布。依据正态分布的性质，F_T 也是服从正态分布的随机变量，因此其取值可以是正值也可以是负值。因此，该模型可以用于油价可能为负的情况，进一步利用欧式期货期权到期日的损益公式可以计算出在巴舍利耶模型下，欧式看涨期货期权和欧式看跌期货期权的价值为

$$C_0 = e^{-rT}[F_0 N(d_1) - XN(d_1)] + e^{-rT}\sigma\sqrt{T}N'(d_1) \tag{4}$$

$$P_0 = e^{-rT}[XN(-d_1) - F_0 N(-d_1)] + e^{-rT}\sigma\sqrt{T}N'(d_1) \tag{5}$$

$$d_1 = \frac{F_0 - X}{\sigma\sqrt{T}}，\quad N'(d_1) = \frac{1}{\sqrt{2\pi}}e^{-\frac{d_1^2}{2}} \tag{6}$$

推导很简单，但如果我们在网络上搜索，就很容易看到巴舍利耶模型下给出这样的期权定价表达式[①]：

$$C(S,T) = SN\left(\frac{S-X}{\sigma\sqrt{T}}\right) - XN\left(\frac{S-X}{\sigma\sqrt{T}}\right) + \sigma\sqrt{T}\left(\frac{S-X}{\sigma\sqrt{T}}\right) \tag{7}$$

① 公式来源：https://blog.csdn.net/ziyi_gong/article/details/105826877。

$$P(S,T)=XN\left(\frac{X-S}{\sigma\sqrt{T}}\right)-SN\left(\frac{X-S}{\sigma\sqrt{T}}\right)+\sigma\sqrt{T}\left(\frac{S-X}{\sigma\sqrt{T}}\right) \tag{8}$$

这一表达式显然不是在式（3）的基础上计算获取的，因此我们有理由相信其存在笔误的可能。

3. 案例总结

从负油价的期权定价问题可以看出，虽然 Black 和 Scholes（1973）对于现代金融理论做出了里程碑式的贡献，但我们也不应迷信任何权威或者模型。所有理论都是在一定简化假设下获取的，当假设崩塌时，我们有理由怀疑任何结论的可用性。而网络上流传的公式如果无法确认其可信的来源就不要轻易使用。当然，要具备判断资料可信度的能力，扎实的专业理论基础和知识储备是必需的前提，而科学质疑精神和辩证看待问题的态度是追求科学真理的可贵品质。

4. 案例参考资料

[1] Fischer Black, Myron Scholes. The Pricing of Options and Corporate Liabilities. The Journal of Political Economy, 1973, 81(3): 637 – 654.

[2] Fischer Black. The Pricing of Commodity Contracts. Journal of Financial Economics, 1976(3): 167 – 179.

[3] Bachelier L. The Theory of Speculation. Annales Scientifiques De I'Ecole Normale Supérieure, 1900, 17(5): 21 – 86.

第十三章

期权的套期保值策略

第一节　教 学 设 计

一、总体设计

1. 基本信息

课程名称：金融工程

知 识 点：期权的套期保值策略

授课时间：第 15 周（线下 135 分钟，线上 45 分钟）

2. 学情分析

（1）学生在数学分析或者高等数学中已经掌握了求导、求偏导的知识；

（2）学生已经掌握了期权的二叉树数值定价方法和 Black-Scholes 期权定价方法；

（3）学生已学习过 C++、Matlab 编程软件，具备一定的实现数值计算算法的计算机编程技能；

（4）学生已经了解了期货套期保值的原则和技术。

3. 教学思路

本章内容主要分为两大部分：期权在风险管理中的应用和期权希腊字母计算及应用。其中，第一节将采取线上线下相结合的方法。先在线上通过慕课介绍期货与期权的风险管理差异，讲授不同情景下期权的保险作用和投机策略，后通过线下的提问进一步引导学生了解其差别；通过线上学习掌握期货与期权组合的风险管理，掌握风险逆转组合的构造、牛市价差和熊市价差的区别、风险管理优势和不足；第二节线下讲解希腊字母的定义，要求学生掌握期权常见的希腊字母的含义和计算，并介绍套期保值中性技术，为本章后续重点内容的学习做铺垫。具体到每个希腊字母，首先讲述期权的 Delta 动态套期保值技术，了解 Delta 在我国期权风险管理中的重要作用。其次讲解 Gamma 的动态套期保值技术，对比分析 Gamma 中性和非 Gamma 中性套保的偏差，最后介绍 Vega、Theta、Rho 的含义和影响。

4. 主要内容

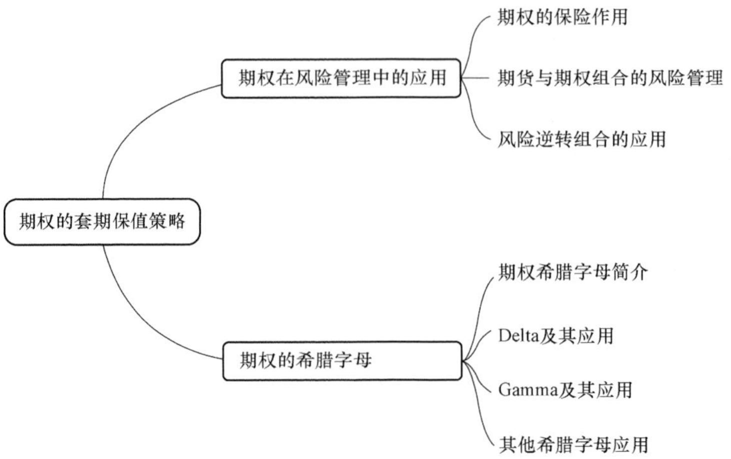

二、教学目标

1. 思政目标

（1）了解我国期权在实体经济应用中的最新进展，培养学生经世济民的职业素养；

（2）了解 Delta 在我国期权风险管理中的重要作用，知国情民情；

（3）了解相关专业和行业领域的国家战略、法律法规和相关政策牢固树立法治观念；

（4）通过小组协作的方式完成希腊字母实验，在小组内实现民主协商、和谐相处、合理分工、优化配置，培养团队协作精神；

（5）在小组分工中充分体现敬业、诚信、友善的社会主义核心价值观。

2. 知识目标

要求记忆的内容：

（1）期货和期权组合的买期保值、卖期保值的含义；

（2）风险逆转组合的概念：看涨组合、看跌组合；

（3）常见希腊字母的含义：Delta、Gamma、Theta、Rho、Vega；

（4）普通期权的希腊字母公式；

（5）套期保值中性策略的概念；

（6）我国外汇期权风险逆转组合的情况。

需要理解的内容：

（1）理解希腊字母与各影响因素之间的相关关系；

（2）理解期权非线性特征带来的期权风险管理的复杂性；

（3）理解 Gamma 中性对 Delta 套期保值的影响；

（4）理解期货与期权风险管理的差异；

（5）区分期权的保险作用和投机风险；

（6）理解风险逆转组合广受欢迎的原因；
（7）认识风险逆转组合进行风险管理存在的安全隐患；
（8）理解机构投资者为何乐意卖出看涨期权调整 Delta。

能够应用的内容：

（1）结合风险管理需求，选择合适的策略和工具设计风险管理方案；
（2）应用组合希腊字母的计算原理，能够动态度量资产组合的风险敞口；
（3）根据组合希腊字母的数值，可以设计组合风险管理的重点监控和调控措施。

3. 能力目标

（1）通过金融数据库提供的希腊字母计算工具，了解不同期权产品的希腊字母特征，并能够结合数学理论分析希腊字母计算可能存在的问题和改进方式；
（2）能够根据中性策略的要求，使用期货、现货、期权等工具动态调整组合的希腊字母；
（3）能够使用先修数学工具和数值方法计算常见金融产品的希腊字母；
（4）针对影响因素的变动，能够通过希腊字母预估资产价值的变化。

三、教学重点和难点

1. 教学重点

（1）期权的保险作用；
（2）风险逆转组合的应用；
（3）期货、期权组合策略的应用；
（4）希腊字母的计算；
（5）希腊字母中性策略的设计和实施；
（6）组合 Delta 的动态调整。

2. 教学重点突出方法

在线学习与课下研讨相结合，实验操作与课下讲授结合，学生自主逻辑推演，案例教学，情景分析，借助金融资讯平台摆事实讲道理。

3. 教学难点

（1）Gamma 对 Delta 动态套保的影响；
（2）Delta 动态调整；
（3）理解风险逆转组合与牛市价差、熊市价差的区别；
（4）理解使用期权进行保护和进行期权投资的区别。

4. 教学难点的解决方法

案例教学，情景分析，数值实验，对比分析。

四、课程思政实施过程

（1）在第一节中，结合 2015 年铁矿石的波动行情，解析钢铁企业如何利用期权管理铁矿石生产过程中的价格波动风险；结合企业仓单质押融资案例，解析看跌期权如何提高仓单质押融资效率，结合含权贸易在我国的应用案例，引导学生了解期权产品在我国实体企业中的最新应用进展；在风险逆转组合应用方面，结合东方航空公司 2008 年的案例分析风险逆转组合受欢迎的原因及风险点的管理问题，让学生了解国情民情，拓宽学生就业视野，提升责任感。

（2）在第二节中，结合《国家外汇管理局关于人民币对外汇期权交易有关问题的通知》和大连商品交易所的豆粕期权交易手册，让学生了解 Delta 的重要性；通过数值计算，进一步解读“保险+期货”帮扶模式中期货公司如何使用希腊字母管理期权风险，理解场外期权的买卖价差远高于场内期权的现象，提升学生理论与实践的结合能力。

（3）布置“希腊字母实验任务”，指导学生对欧式期权和美式期权的希腊字母特征进行实验检验，该任务以小组为单位完成实验操作、实验结果记录和实验报告撰写，要求学生结合课堂理论知识分析实验结果。在小组作业中要求学生写明小组分工，帮助学生学会民主协商、和谐相处、合理分工、优化配置，提升团队协作能力。

五、具体教学过程

教学步骤	教学内容	学生活动	设计意图
（线下 20 分钟，线上 45 分钟） （1）线上学习：学习“金融工程概论”慕课期权的套期保值策略。 （2）线下研讨：逐步向学生抛出问题，利用 SPOC 投票进行情景实验	**期权的套期保值策略** 1 期权在风险管理中的应用 课前布置线上学习“金融工程概论”慕课的任务，课上自主完成线上教学视频的学习。 线下研讨： （1）如何区分期权的保护作用和期权投机，如何理解使用期权做保护与使用期货做保护的情景差异。 教师引导： ① 从是否持有现货，以及期权头寸和现货头寸的关系方面思考期权保险与期权投机。 ② 从风险管理者的心理、投资者购买保险的心理两方面思考何时使用期权、何时使用期货。 （2）如何区分风险逆转组合和牛市、熊市价差。引导学生从套期保值和投机的区别方面思考，分析投资者是否首先面临现货头寸的风险。 （3）为何我国在 2011 年底推出风险逆转组合期权。引导学生从期权空头的杠杆风险层面理解国家政策，思考产品如何做到：让投资者既实现了风险管理目标，又降低了风险管理成本；让国家既避免了投资者利用卖出期权进行投机的风险，又实现了退出外汇期权丰富投资者风险管理工具的目的	（1）聆听教师讲授，主动跟随思考。积极回答教师提出的问题。 （2）积极参与线上教学互动。 （3）积极参与情景分析，思考期权的保值策略和期权与期货的组合方式。 （4）学生需要根据教师给出的案例结合实际分析内在逻辑	（1）掌握期货与期权风险管理的差异。 （2）理解期货、期权组合的风险管理策略。 （3）掌握风险逆转组合的构造，风险管理的优势、不足和应用情况。 （4）**思政点：**了解我国外汇期权推出的历史，理解国家政策的合理性；引导学生换位思考理解产品应用合理性和金融问题的解决方案；结合案例，帮助学生了解国情民情，拓宽学生就业视野，提升专业责任感

续表

教学步骤	教学内容	学生活动	设计意图
（线下20分钟） （1）教师板书：手写套期保值中性需要满足的方程，学生可自行进行求解和推演。 （2）启发式教学：从引言开始，增强课程的趣味性，采取总分结构，使知识点逐步延伸。 （3）举例：通过具体数值例子，讲解组合的希腊字母计算。 （4）逻辑推演：通过数学求导法则推演组合希腊字母	2 期权的希腊字母 2.1 期权希腊字母简介 采取先总后分的方式进行本节内容的教学。 首先从总体上了解希腊字母的定义、了解希腊字母的意义、组合希腊字母与单个金融产品希腊字母的关系、套期保值中性的概念和调整技术，以及调整时的注意事项	（1）聆听教师讲授，并积极跟随教师讲解进行思考。 （2）复习上章知识点，并与本章知识点进行结合。 （3）完成教师布置的相应习题。 （4）动笔推导组合希腊字母公式和进行组合希腊字母的计算	（1）掌握希腊字母基本定义。 （2）掌握组合希腊字母计算。 （3）掌握套期保值中性的概念和调整技术以及注意事项。 （4）**思政点：**启发式翻转教学激发学生学习兴趣，提高学生的学习能力，有助于学生进一步主动探究期权希腊字母的套期保值中性的概念
（线下60分钟） （1）案例教学：结合Dyna Trade公司的数据例子，讲解Delta动态调整的过程、Delta套保的实际应用，并说明如何保持Delta中性。 （2）数值仿真：仿真Delta对标的资产、	2.2 Delta及其应用 本节是本章的重点内容 （1）结合Delta的定义解释其数学曲线的金融含义。 （2）结合《国家外汇管理局对人民币外汇期权交易问题的通知》以及大商所对于商品期权每日风险头寸的监控要求，说明Delta在实践应用中的重要性。 （3）结合学生已经学习的期货、期权定价知识，由学生推导普通欧式期权、标的资产、期货、远期的Delta计算公式。 （4）结合期权Delta的计算公式和与标的资产的关系曲线，与学生共同分析看涨期权和看跌期权Delta动态调整的过程，归纳总结其调整的共性——“追涨杀跌”。	（1）聆听教师讲授，并积极跟随教师讲解进行思考。 （2）学生需要根据教师给出的案例结合实际分析内在逻辑。 （3）结合资讯和官方网站，进一步了解我国《国家外汇管理局对人民币外汇期权交易问题的通知》，明晰Delta的重要性	（1）了解Delta在我国期权风险管理中的重要作用。 （2）理解Delta套期保值在实际中的应用方式。 （3）熟练掌握Delta的定义与计算。

续表

教学步骤	教学内容	学生活动	设计意图
到期期限的变动曲线，二值期权的Delta变动曲线。 （3）理论结合实践：结合我国国家政策，说明Delta在实践中的重要性。 （4）研讨教学：设置研讨问题，调动学生思考的积极性。 （5）情景分析：区分标的资产价格的上涨和下跌，结合Delta取值变动，分析期权套保“追涨杀跌”的规律	（5）结合Delta与到期期限的关系，说明每日监控Delta的必要性，以及Delta动态调整通常使用的监控准则。 （6）结合二值期权的Delta，通过数据分析，引导学生了解辩证看待Delta的动态调整问题，研讨如何处理极限情况下的Delta风险管理问题。 （7）通过案例教学等多角度学习Delta动态调整的过程，分析投资者实施选择动态调整工具的心理和标准	（4）积极推导普通欧式期权、标的资产、期货、远期的Delta计算公式	（4）了解Delta在我国期权风险管理中的重要作用。 （5）掌握Delta动态调整问题。 （6）**思政点：**了解相关专业和行业领域的国家战略、法律法规和相关政策具体实施情况；继续强化辩证思维的培养，纠正学生迷信权威、思考问题绝对化的错误学习方式；国家政策和理论知识点相结合，增强学生理论联系实际的能力
（线下30分钟） （1）逻辑推演，了解Gamma的定义和作用原理。 （2）介绍Vega、Theta、Rho的含义，了解希腊字母与各影响因素之间的相关关系。 （3）数值分析：通过欧式豆粕看跌期货期权的相关数据与波动率的实际数值，引导学生了解场外期权买卖价差相对较大的原因。	2.3　Gamma及其应用 （1）介绍Gamma的定义和Gamma的作用。 （2）通过数值实验和数学泰勒展开原理，对比分析Gamma中性和非Gamma中性，Delta套保的偏差。 （3）学习在实践中调整Gamma的手段。 （4）“保险＋期货”案例的持续研讨，结合中粮期货的案例分析和数值实验分析期货公司如何管理该模式中期权的空头风险。同时，让学生理解为何期权中介商说：“我们交易期权不是交易趋势，是在交易波动率！”	（1）聆听教师讲授，并积极跟随教师讲解进行思考。 （2）学生需要根据教师给出的案例结合实际分析内在逻辑。 （3）跟随教师进行相关期权价值的计算，加强对知识点的掌握。	（1）掌握如何通过Gamma中性设计期权的套期保值策略。 （2）掌握组合希腊字母的计算原理，能够动态度量资产组合的风险敞口。

续表

教学步骤	教学内容	学生活动	设计意图
(4)案例教学：结合学习过的“保险+期货”案例，引导学生掌握如何使用希腊字母管理期权风险。 (5)启发教学：结合金融资讯终端组合计算器的帮助文档，了解各期权产品希腊字母的计算	2.4 其他希腊字母应用 本部分对 Vega、Theta、Rho 的含义、计算公式、作用、标的资产和到期期限对它们的影响等做了简要介绍。 结合金融资讯终端组合计算器的帮助文档，了解各期权产品希腊字母的计算方式，讨论通过数值方法计算希腊字母存在的问题和解决方式	(4)阅读金融资讯终端组合计算器的帮助文档，并登录金融资讯终端进行实际操作	(3)**思政点：**“保险+期货”案例的持续性教学，让学生深入了解期货公司的期权风险管理实践，并借此理解业界对期权交易的观点。让学生了解国情民情，拓宽学生就业视野，提升专业责任感
(线下 5 分钟) (1)对本章进行总结。 (2)布置相关任务和作业	课堂小结： 总结本章内容； 布置个人纸质课后作业； 布置线上希腊字母学习实验任务； 布置小组实验报告撰写任务	(1)复习本章知识点并完成教师布置的课程作业。 (2)完成小组实验报告的撰写任务。 (3)预习下一章的知识点	(1)提高学生总结能力，检验学生学习成果。 (2)增进学生的实践经验与学习自主性。 (3)**思政点：**培养学生进行民主协商、和谐相处、合理分工、优化配置的能力，提升团队协作能力

本章参考资料：

(1)课程课件；

(2)约翰·赫尔. 期权、期货及其他衍生产品（原书第 10 版）. 王勇，索吾林，译. 北京：机械工业出版社，2018；

(3)“金融工程概论”慕课；

(4)金融资讯终端、希腊字母实验软件（自制）。

第二节 典型课程思政教学案例

【案例 1】期权在仓单质押融资中的应用

【案例摘要】本案例以仓单质押融资中由于质押货品价格变化带来银行的损失风险

为例，介绍如何应用场外期权为货品保值，让银行规避货品价格损失风险，让企业提升货品质押融资效率，启发学生开拓就业创业视野，提升服务实体经济的能力。

【教学目标】

1. 价值目标

正确认识 Black 模型的价值和创新动机，培养创新思维。

2. 知识目标

（1）掌握 Black 模型的基本假设和定价公式；

（2）理解 Black 模型与 Black-Scholes 模型的区别与联系。

3. 能力目标

提升学生多视角分析问题的逻辑思辨能力。

【案例知识点】

（1）Black 期货期权定价模型；

（2）Black-Scholes 期权定价模型；

（3）欧式期货期权；

（4）欧式现货期权。

【案例适用课程】

适用于金融工程课程。

【案例详情】

1. 案例背景——仓单质押

仓单质押是以仓单为标的物而成立的一种质权。它作为一种新型的服务项目，为仓储企业拓展服务项目以及开展多种经营提供了广阔的舞台，特别是在传统仓储企业向现代物流企业转型的过程中得到了广泛应用。货品的仓单分为非标准仓单和标准仓单。非标准仓单质押业务是金融机构向客户发放的，以仓储公司为货主出具的不可转让、不具有货权性质的仓库保管单、入库单为特定担保方式的授信业务。标准仓单是由期货交易所指定交割仓库按照交易所规定的程序签发的符合合约规定质量的实物提货凭证。由于标准仓单是一种流通工具，因此它可以用作借款的质押品，或用于金融衍生工具如期货合约的交割。

2. 场外期权在仓单质押融资保值中的应用

标准仓单质押融资也是我国目前开展的一种新的企业融资方式，但仓单的价值受仓储货品市场价格的影响，市场价格的剧烈波动可能会给银行带来贷款违约。比如，假设 2014 年 4 月初某铁矿石的贸易商向银行质押 10 万吨的铁矿石，仓单融资 1 年，当时铁矿石的价格是 800 元/吨，贸易商可以从银行获得 70%的资金即 5 600 万元。到了 2015 年 4 月时，铁矿石的价格已经从 800 元/吨降到了 400 元/吨，这时如果客户违约，银行就会出现 20%的亏损。这时候银行怎么办呢？

常见的方法是：其一，降低融资比例，比如融资率从 70%降低到 50%，但这样虽然降低了银行面临的信用风险和价格风险，企业却大大降低了仓单质押的融资效率；其二，增加保证金额度，这同样增加了企业的融资成本。

我国目前已经存在场外期权市场，此时还可以有第三种方案——使用看跌期权：在期初进行质押的时候，客户可以向场外期权交易商或者风险管理公司购买一份有效期为1年、标的资产规模为10万吨铁矿石的看跌期权，期权执行价是560元/吨，即如果未来铁矿石价格高于560元/吨，则期权作废，不进行赔付，若未来铁矿石价格低于560元/吨，则铁矿石企业可以通过执行看跌期权获赔“560－铁矿石参考价”的收益。这样，利用看跌期权，铁矿石企业可以保证抵押的铁矿石价值不会低于5 600万元，根据期权定价公式计算，该期权保费大约为10元/吨（1.25%）。

此时，企业在向银行做铁矿石质押融资时，就可以出具此期权合同，银行就可以放心地向客户发放70%的贷款。当铁矿石的价格跌到560元/吨时，银行不要求客户追加保证金，因为这时价格如果继续下跌，看跌期权可以赔付亏损。比如，2015年4月铁矿石价格跌至400元/吨，1年期满，执行看跌期权，银行可以获得赔付160元/吨，合计仍然可以保证收回本金。

而对企业而言，只需要支付一定金额的保险费（10元/吨，相当于年息1.25%），就可以保证铁矿石仓单可以获得较高的质押率，达到双赢的效果。

3. 结语

由此可见，期货市场的发展为企业融资提供了仓单质押融资的新渠道，而场外期权的简单应用就能够为企业仓单质押融资提供很好的保值效果。期权与保险类似，对于实体企业而言不需要多高深的期权交易技术也能够很好地利用期权达到规避不利风险、保留有利风险的目标。希望我国场外期权市场健康蓬勃发展，为实体企业提供多元化的风险管理方式。

4. 案例参考资料

［1］冯建芬，邓军，聂晶，余湄，周荣喜，谢海滨. 对外经济贸易大学“金融工程概论”慕课. https://www.icourse163.org/course/UIBE－1206446827?from＝searchPage, 2019.

［2］2016年5月26日，一德期货周猛在对外经济贸易大学金融学院的讲座——“如何使用期权管理高波动风险，提高企业核心竞争力”。

【案例2】期权的保险作用——含权贸易

【案例摘要】本案例首先介绍含权贸易的流程，了解贸易商如何通过保价合同稳货源保供货，如何通过场外期权转移保价合同风险，然后通过国泰君安期货2018年“基差＋含权”助产业链企业全面受益案例，介绍期权在我国贸易领域的前沿应用，启发学生拓展就业创业视野，了解我国期权服务实体经济的最新进展。

【教学目标】

1. 价值目标

（1）知国情民情，了解期权在我国实体经济中应用的最新进展；

（2）能够灵活使用期权管理企业经营和融资风险，提升实践能力，增强学生的社会服务意识。

2. 知识目标

（1）了解含权贸易的概念和基本原理；

（2）理解期权的保险作用。

3. 能力目标

（1）能够结合实体企业需求，利用场外期权设计合适的含权贸易策略；

（2）提升应用专业知识服务实体企业的实践能力。

【案例知识点】

（1）含权贸易；

（2）基差点价合同；

（3）看涨看跌期权综合应用。

【案例适用课程】

适用于金融工程和衍生金融工具课程。

【案例详情】

1. 引言

含权贸易是一种将期货衍生产品融入现货贸易的新型贸易模式，将期权以及期权组合转换成现货定价方式，并在现货购销合同中予以体现，帮助企业实现价格的风险管理。

2. 含权贸易的简化流程

假设一个贸易商需要从上游企业进货，再将货物出售给下游企业，这时候上游企业自然担心在出货的过程中如果未来的价格下跌，上游企业的利润会减少，所以为了稳定上游企业的货源，贸易商就可以与上游企业签订一个保价合同，也就是说如果未来的价格下跌超过了一定的水平，贸易商可以通过保价合同从上游企业按照固定的价格来进货；而如果未来的价格上升，贸易商会按照市价来进货。相当于贸易商向上游企业出售了一个看跌期权，当价格下跌时，上游企业通过执行看跌期权得到一个收益的保底。

相应的，当贸易商出售货物给下游企业时，如果未来的价格上涨，下游企业进货的成本会增加，也有可能会影响进货和下一步的销路。贸易商同样也可以与其下游企业来签订保价合同，当未来的价格上涨时贸易商向下游企业按照固定的价格出售，当未来的价格下跌时贸易商向下游企业按市价出售，保证下游企业的成本封顶。通过这种方式，贸易商就可以广开销路。

这时候，因为贸易商既出售了看跌期权又出售了看涨期权，这种无抵补的期权头寸风险非常大，贸易商可以通过跟期权的交易商进行相反的交易对冲掉空头风险。比如贸易商可以针对上游企业的保价合同购买一个看跌期权，同时针对下游企业的保价合同购买一个看涨期权，这样就可以把期权的风险规避掉，贸易商还可以获得稳定的价差盈利。

上述含权贸易的过程可以绘制成如图 13－1 所示的图形。

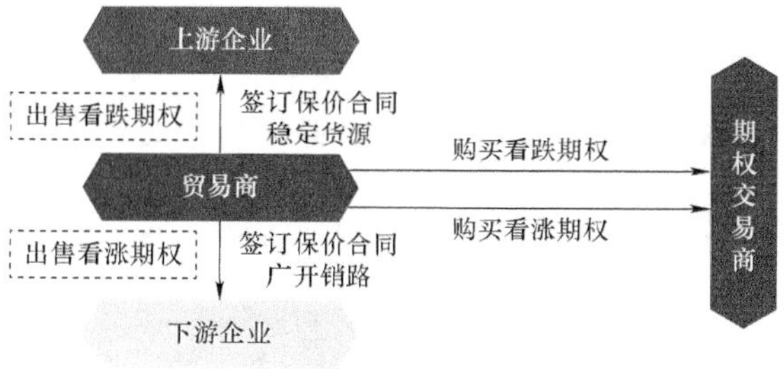

图 13－1　看涨看跌的综合应用

对于上述操作，我们可以通过情景分析进一步具象化。如 2016 年 2 月 18 日，螺纹钢期货 RB1605 价格为 1 862 元/吨，贸易商与上游约定：1 个月后购买 1 000 吨螺纹钢，若市价跌破 1 850 元/吨，贸易商以 1 800 元/吨进货，若市价超过 1 850 元/吨，贸易商以“市价－50 元”进货，然后从风险管理公司买入执行价为 1 850 元/吨的看跌期权，期权费 46.11 元/吨，共计 46 110 元，合成风险敞口见图 13－2 中的虚线。

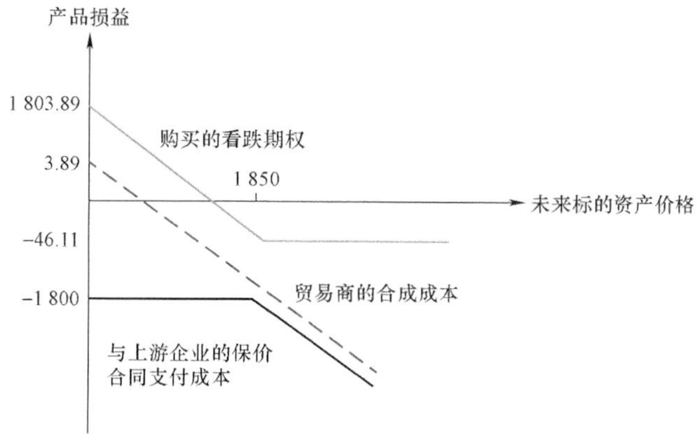

图 13－2　贸易商进货的合成成本（单位：元/吨）

若同日，贸易商与下游约定：1 个月后供货 1 000 吨螺纹钢，若市价高于 1 900 元/吨，以 1 950 元/吨出货，若市价低于 1 900 元/吨，以“市价＋50 元”出货。同时，贸易商从风险管理公司买入一个执行价为 1 900 元/吨的看涨期权。期权费 35 元/吨，共计 35 000 元，合成收入见图 13－3 中的虚线。

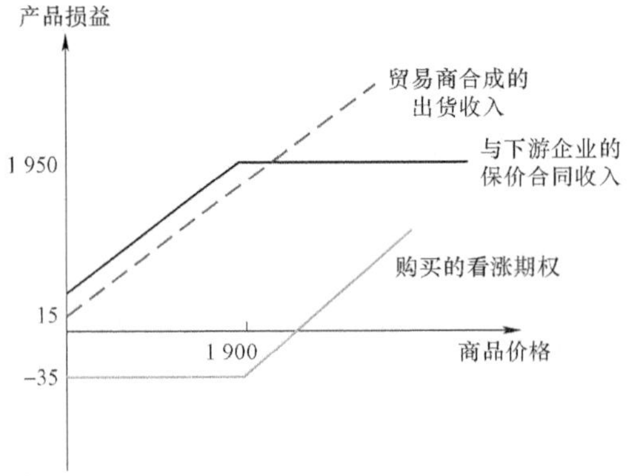

图 13－3　贸易商合成的出货收入（单位：元/吨）

这样，贸易商总的销售利润如图 13－4 所示，既可以稳货源、保供货，又可以稳定收益。

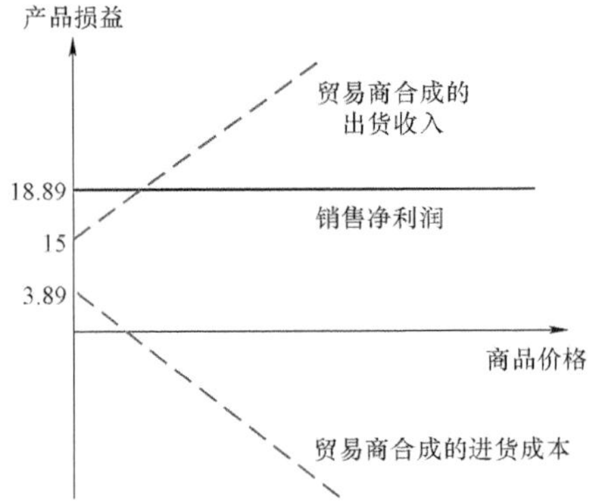

图 13－4　贸易商合成的销售净利润（单位：元/吨）

3.“基差＋含权”助产业链企业全面受益案例①

业界经常将“含权贸易”和基差点价合同结合使用，通过基差点价合同锁定未来的期现基差，将现货价格转换为期货价格，然后通过期货期权为期货价格保底，由此组合起来做到对现货价格的保底操作。国泰君安期货 2018 年就通过“基差＋含权”贸易模式将聚乙烯产业链的上中下游企业串联起来，在上下游各嵌入 1 个月的期权，最终结算价格根据 1 个月期权的行权结果来确定，实现了企业全面受益。

（1）案例背景

2018 年左右，原油价格的大起大落造成化工产品价格大幅波动，在传统的随行就市贸易模式下，化工行业经常出现“上游企业卖低、下游企业买贵”的尴尬情况。随着利润的压缩，价格风险已经威胁到企业的稳定经营。

线型低密度聚乙烯期货 2007 年在大商所上市，其价格波动对企业销售利润和采购

① 本案例来自中国期货业协会编制的《服务实体经济——期货经营机构优秀案例汇编（2017—2018）》中的国泰君安期货服务聚乙烯产业链案例：132－136 页。

成本的影响日益显现。本案例就是国泰君安期货公司针对塑化产业链的上中下游开展的基差＋含权贸易试点。上游为上海赛科石油化工有限责任公司（简称“赛科石化”），中游为浙江明日控股集团股份有限公司（简称“明日控股”），下游为包括杭州新光塑料有限公司、海宁市嘉华包装有限公司在内的七家塑料实体企业。

赛科石化是国内石化行业的龙头企业之一，其在销售中经常遇到下游客户远期订单难以合理定价以及下游消费变动导致供需错配问题。明日控股作为中游分销商，在采购端和销售端都存在敞口。终端下游企业作为最终服务对象，希望能够锁定利润。针对这些诉求，国泰君安设计了“基差＋含权”组合项目。

（2）“基差＋含权”项目构成

2018 年 8 月 30 日，赛科石化与明日控股签订 1 010 吨基于赛科 0220KJ 的 1 个月期的基差点价远期保价销售合同，每吨 LLDPE（线性低密度聚乙烯）合同销售协议价为：

$$K = \text{LL1901 期货当天收盘价} + 150\text{ 元（基差）} - 100\text{ 元（买入看涨期权费用）}$$

其中，150 元为基差合同约定的基差水平，100 元为赛科石化支付明日控股的期权费用。通过基差点价合同，赛科石化享受 1 个月内随时根据期货盘面价格点价结算的权利，并通过看涨期权形成销售收入保底，即：如果 1 个月内点价价格低于执行价格 K，则最终结算价格为执行价格 K，如果一个月内点价价格高于执行价格 K，则最终结算价格为点价价格。

同时，2018 年 8 月 31 日，明日控股与七家下游实体企业签订了 1 010 吨赛科 0220KJ 的基差点价远期保价销售合同。每吨 LLDPE（线性低密度聚乙烯）合同销售协议价：

$$K = \text{LL1901 期货当天收盘价} + 200\text{ 元（基差）} + 100\text{ 元（卖出看跌期权费用）}$$

其中，200 元为基差合同约定的基差水平，100 元为下游实体企业支付明日控股的期权费用。

通过基差点价合同，七家实体企业享受 1 个月内随时根据期货盘面价格点价结算的权利，并通过看跌期权形成购买成本封顶的效果，即：如果 1 个月内点价价格低于执行价格 K，则最终结算价格为点价价格；如果 1 个月内点价价格高于执行价格 K，则最终结算价格为执行价格 K。

通过这种方式，赛科石化达到了销售收入有保底的效果，七家实体企业达到了购买产品成本封顶的效果，而明日控股通过国泰君安转移自身集中的看涨期权空头和看跌期权空头风险，锁定了（200－150）＝50 元/吨的利润，实现了上中下游全面受益。

4. 结语

因此，在货源比较紧张时，通过与上游签订保价协议，企业就可以稳定贸易商的货源，维护和上游的良好关系。在下游拿货不积极时，通过与下游签订保价协议，企业就可以广开销路。同时，贸易商也可以借助场外期权为保价协议提供保护，来规避不利的价格变动引起的可能亏损。由此可见，学习期货期权、活用期货期权，无论在金融机构还是在实体企业都可以创新出新的经营方式来确保风险管理效果。目前，这种含权贸易方式正在我国贸易领域进行推广应用。

5. 案例参考资料

［1］冯建芬，邓军，聂晶，余湄，周荣喜，谢海滨. 对外经济贸易大学“金融工程概论”慕课. https://www.icourse163.org/course/UIBE－1206446827?from＝searchPage, 2019.

［2］中国期货业协会. 服务实体经济——期货经营机构优秀案例汇编（2017—2018）. 2019.

【案例 3】风险逆转组合应用——从外汇期权推出看我国审慎的风险管理

【案例摘要】

2005 年的人民币汇率制度改革为参考一揽子货币的汇率制度，汇率的市场化也给进出口企业带来了更多的汇率风险，为了更好地管理汇率风险，我国先后推出了外汇远期、人民币外币掉期、人民币外币货币掉期和外汇期权，虽然外汇期权推出比较晚，但仍然是我国金融市场上最早推出的期权产品。本案例将介绍我国外汇期权推出的详细过程，从中可以看到我国在审慎风险管理的框架下为丰富企业风险管理工具做出的努力。

【教学目标】

1. 价值目标

（1）从我国外汇期权交易规则发展的逻辑，理解我国产品创新的宏观审慎原则，提升制度自信；

（2）理解外汇期权风险逆转组合的推出意义，提升理论联系实际的职业素养；

（3）增强金融工程专业人才的社会责任感。

2. 知识目标

（1）了解什么是外汇期权风险逆转组合；

（2）了解外汇期权的多头风险和空头风险；

（3）了解什么是隐含波动率。

3. 能力目标

（1）能够利用期权多头风险和空头风险的不对称性理解我国外汇期权交易规则的发展；

（2）增强利用金融工程技术和创新思维解决实体经济问题的能力。

【案例知识点】

（1）外汇期权；

（2）风险逆转组合；
（3）看涨期权与看跌期权；
（4）期权的多头与空头；
（5）隐含波动率。

【案例适用课程】

适用于金融工程和衍生金融工具课程。

【案例详情】

1. 引言

根据我们在本课程中已经学习的知识，期权多头最大的亏损就是期权费，未来只有获益的权利，没有进一步损失的风险，而期权空头类似保险公司出售保险，虽然期初获得了期权费，但未来需要面临价格波动可能带来的巨额赔付，因此期权空头存在较大的亏损风险。针对期权这一特点，我国为进一步丰富外汇风险管理工具，既希望客户能够通过期权保留有利的风险，规避不利的风险，又希望能够控制客户在期权交易中可能存在的过度投机行为，而客户则希望能够在利用期权管理风险的同时，尽量降低风险管理成本。如何满足双方的动机和需求呢？我们结合我国外汇期权的推出历程了解一下。

2. 我国外汇期权的推出历程

为进一步发展外汇市场，为企业和银行提供更多的汇率避险保值工具，2011 年 2 月 16 日，国家外汇管理局发出《国家外汇管理局关于人民币对外汇期权交易有关问题的通知》，指出允许具备资格的银行自 2011 年 4 月 1 日为客户办理人民币外汇期权业务，交易币种包括美元/人民币、欧元/人民币、日元/人民币、港元/人民币、英镑/人民币，并采取隐含波动率报价，交易双方就波动率达成一致后，再根据即期汇率、执行价格、期限、金额、本外币利率等定价参数，就期权费进行双边询价并达成交易。

2011 年 12 月，我国又进一步推出人民币的外汇组合期权交易，这也是我国首推的一种将几个期权组合在一起进行交易的期权产品。具体包括以下两种类型。

（1）外汇看跌风险逆转期权组合

客户针对未来的实际结汇需求，买入一个执行价格较低的外汇看跌期权（X_1），同时卖出一个执行价格较高的外汇看涨期权（X_2），组合的损益情况如图 13 – 5 所示，其中 S 表示即期汇率。

（2）外汇看涨风险逆转期权组合

客户针对未来的实际购汇需求，卖出一个执行价格较低的外汇看跌期权（X_1），同时买入一个执行价格较高的外汇看涨期权（X_2），其到期损益如图 13 – 6 所示，其中 S 表示即期汇率。

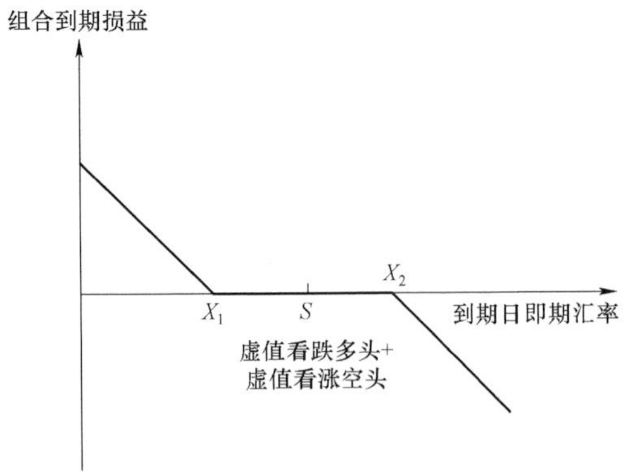

图 13－5 看跌风险逆转期权组合的到期损益图（单位：元/吨）

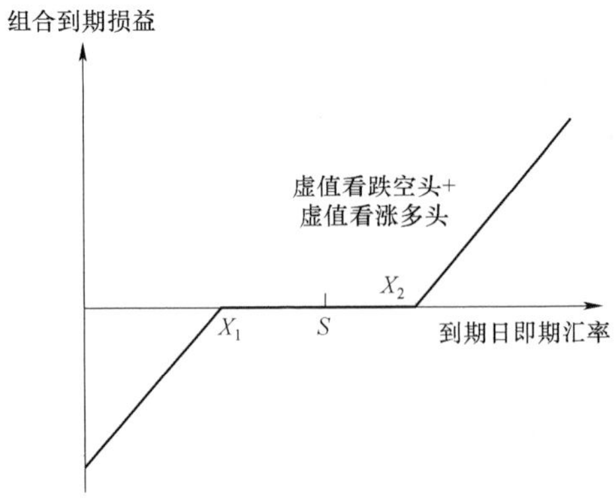

图 13－6 看涨风险逆转期权组合的到期损益图（单位：元/吨）

为何在外汇期权推出后，我国又推出外汇期权组合业务呢？原来，为了防止客户应用期权进行外汇投机，国家外汇管理局在 2011 年初推出外汇期权时要求：银行只能办理客户买入外汇看涨或看跌期权业务，除对已买入的期权进行反向平仓外，不得办理客户卖出期权业务[①]。即客户使用外汇期权进行风险管理，只能买入期权保护，不能卖出期权降低成本。这一规定体现了我国希望发挥期权的保险作用，同时希望完全杜绝卖出期权的投机行为，但这一规定也使得客户在使用外汇期权避险时需要支付更高的保护成本，在一定程度上打击了客户的积极性。

为了进一步降低客户风险管理成本，同时限制客户利用外汇期权进行纯粹投机交易，2011 年 11 月，国家外汇管理局下发了《关于银行办理人民币对外汇的期权组合业务有关问题的通知》，从 2011 年 12 月 1 日起，推出外汇风险逆转组合期权，使得客户在获得期权保护的同时，可以通过卖出不同执行价的反向期权抵补期权费成本，并要求出售的期权费不得高于购买的期权费，借此降低客户的风险管理费用。

我们知道，风险逆转组合由虚值期权构成，虚值期权的期权费本身就比较低，同时，该组合又通过期权的一买一卖进一步中和了期权成本，因此组合的期权费更低，这样既满足了客户降低风险管理成本的需求，又限制了客户利用期权空头投机导致的巨亏风险。

直到 2014 年 8 月客户对于外汇期权有了足够的了解和交易经验，我国才允许客户开展单独卖出期权头寸的业务，恢复为正常的外汇期权买卖交易。2014 年 6 月国家外汇管理局颁布的《银行对客户办理人民币与外汇衍生产品业务管理规定》中指出：“银行可以基于普通欧式期权基础，为客户办理买入或卖出期权业务，以及包含两个或多个期权的期权组合业务”。由此行文可见，新的规定不但允许客户单独卖出期权，还同时拓展了银行办理的期权组合的业务形式，不再局限于风险逆转组合期权，因此 2011 年 12

① 参见《国家外汇管理局关于人民币对外汇期权交易有关问题的通知》（汇发〔2011〕8 号），该通知由于后续外汇期权交易制度变更，目前已废止。

月颁布的文件也同时予以废止。即使如此，新的文件仍然要求银行在办理客户外汇期权业务时，“期权合约行权所产生的客户外汇收支，不得超出客户真实需求背景所支持的实际规模”，秉承了我国衍生产品应用的审慎监管原则。上述规范结合我国对外汇掉期、外汇远期等产品的交易规则修订，以及中国人民银行 2014 年 6 月发布的《银行办理结售汇业务管理办法》，最终汇总在了国家外汇管理局 2015 年 1 月 1 日开始实施的《银行办理结售汇业务管理办法实施细则》中。

3. 结语

由此可见，我国在应用衍生工具进行风险管理时，一直秉持积极推进工具创新、审慎管理衍生工具自身风险的原则，正是在这样的原则下，我国的衍生工具市场才得以稳步健康发展。但也由于这一审慎态度，我国期货、期权市场，尤其是商品类衍生工具虽然不断推陈出新，但活跃度和流动性还远远不够，究其原因，与我国实体企业衍生产品人才匮乏，缺乏对衍生产品的客观认知有关。截至 2021 年，根据大商所的统计，我国规模以上实体企业应用期货等衍生工具进行风险管理的尚不足 10%，说明我国衍生产品应用还有很大的提升空间，我国实体企业的衍生产品高级人才的需求空间还很大。

4. 案例参考资料

［1］国家外管局关于人民币对外汇期权交易有关问题的通知（汇发〔2011〕8 号），（已废止）2011.

［2］关于银行办理人民币对外汇的期权组合业务有关问题的通知》（汇发〔2011〕43 号）（已废止），2011.

［3］银行对客户办理人民币与外汇衍生产品业务管理规定（汇发〔2014〕34 号）（已废止），2014.

［4］银行办理结售汇业务管理办法（中国人民银行令〔2014〕第 2 号），2014.

［5］国家外汇管理局. 银行办理结售汇业务管理办法实施细则. 2015.

第十四章

期权的交易策略与结构化产品分析

第一节　教 学 设 计

一、总体设计

1. 基本信息

课程名称：金融工程

知 识 点：期权交易策略与结构化产品分析

授课时间：第 16 周（线下 135 分钟）

2. 学情分析

学生已经掌握了金融工程课程的核心定价理论，并学习了所有基础衍生工具的定价、套期保值技术等，需要进一步提升其综合应用能力。

3. 教学思路

本章内容涵盖积木分析法、期权与基础资产结合的交易策略、期权与期货结合的策略、期权的趋势交易策略、期权的波动率策略，以及结构化产品估值与风险分析。学生应掌握如何利用积木分析法分析常用的期权交易策略，并能够结合市场预期设计新的期权交易策略，提升创新能力；以结构化理财产品分析为例，学生能够掌握积木分析法在结构化产品估值与风险分析中的应用，提升综合应用金融工程知识创新金融产品、解决金融问题的能力。

4. 主要内容

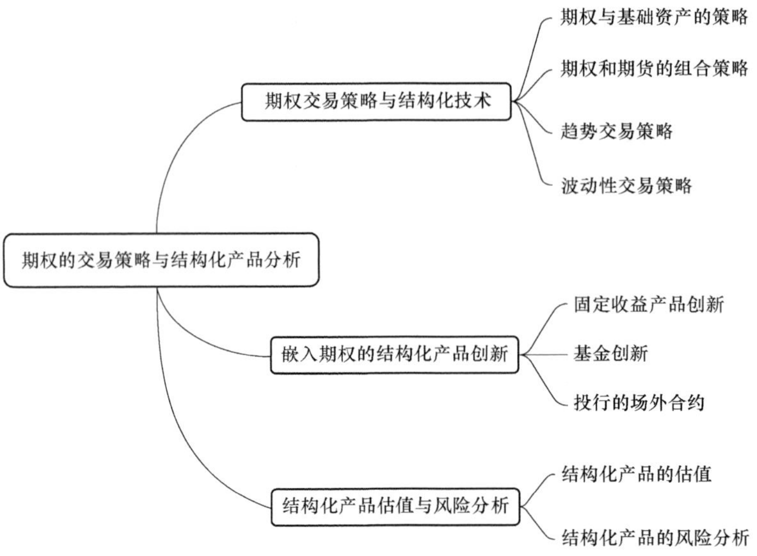

二、教学目标

1. 思政目标

（1）学习金融工程的结构化技术，培养学生的创新创业精神；

（2）引导学生了解结构化产品在我国实践中的应用，知国情民情；

（3）结合我国海升果汁企业的案例，引导学生理解具有金融市场话语权的重要性，加强金融工程人才的责任担当。

2. 知识目标

要求记忆的内容：

（1）什么是看涨备兑期权；

（2）转换套利和反向转换套利的策略构造；

（3）牛市价差期权的构成和损益结构；

（4）熊市价差期权的构成和损益结构；

（5）跨式组合与宽跨式组合的构成和损益结构；

（6）蝶式价差与鹰式价差的构成和损益结构。

需要理解的内容：

（1）理解备兑看涨期权策略受业界欢迎的原因；

（2）理解转换套利和非转换套利的理论依据和实施条件；

（3）理解牛市价差常被用于结构化产品设计的原因；

（4）理解跨式组合空头和蝶式价差多头同为小波动策略以及二者的差异；

（5）理解结构化产品量化分析的过程；

（6）理解进行结构化产品创新的目的。

能够应用的内容：

（1）能够应用转换套利或反向转换套利发现期货、期权市场的套利机会；

（2）能够根据投资者需求，利用积木分析法设计合适的期权组合产品；

（3）能够应用课程知识，理性分析实际应用中出现的结构化产品的损益特征和风险点，如结构化固定收益产品、结构化存款等理财产品；

（4）能够应用金融工程定价理论对结构化产品进行估值和风险分析。

3. 能力目标

（1）综合应用金融工程知识创新金融产品解决金融问题的能力；

（2）对已有结构化产品利用积木分析法进行分析和量化的能力；

（3）对结构化产品的风险点进行识别和管理的能力；

（4）对涉及结构化条款的企业对赌合约进行量化分析的能力。

三、教学重点和难点

1. 教学重点

（1）期权组合策略的分析；

（2）结构化产品的量化分析；

（3）金融工程相关案例的综合分析。

2. 教学重点突出方法：案例教学，课上研讨，理论与实践结合，数值分析

理论与实践结合：一方面，借助金融资讯终端的组合计算器，让学生根据喜好自行设计期权组合策略，查看组合的到期损益图以及希腊字母特征，结合课程知识了解策略的风险和适用环境。另一方面，指导学生课后阅读业界策略报告，了解策略的市场实践。

3. 教学难点

（1）根据产品组合构造，绘制到期损益图形，并进行量化分析；

（2）使用积木分析法进行结构化产品的结构拆解。

4. 教学难点的解决方法

启发式教学，强化训练，案例教学。

四、课程思政实施过程

结合我国银行结构化理财产品的数据、可转债等结构化固定收益产品数据，引导学生了解结构化产品在我国实践中的应用，通过对比外资银行和内资银行产品，了解我国结构化理财产品的市场情况；通过对比可转债、可交换债和可分离可转债的异同，结合我国 2017 年、2018 年的资管新规政策，让学生理解金融工程创新的价值和作用，提升学生的创新实践能力；在引导学生注重创新的同时，也结合我国海升果汁与摩根士丹利掉期合约亏损案例，讨论如何看待外国投资银行与我国企业签订的结构化场外合约，借此引导学生理解具有金融市场话语权的重要性，以及金融工程人才应有的责任担当。

五、具体教学过程

教学步骤	教学内容	学生活动	设计意图
（90 分钟） （1）介绍期权交易策略的分类形式； （2）讲解现货与期权组合的交易策略； （3）讲解期货与期权组合的交易策略； （4）讲解趋势交易策略中的牛市价差与熊市价差； （5）讲解波动性交易策略中跨式、蝶式等交易策略，利用案例分析引导学生理解不同策略的适用环境和风险； （6）市场实践：借金融资讯终端组合计算器，实践不同期权组合策略的损益与希腊字母特征等	**期权的交易策略与结构化产品分析** 1 期权交易策略与结构化技术 根据期权的组合形式不同和目的不同，本节内容分为如下四个方面：期权与基础资产的策略、期权与期货的组合策略、趋势交易策略、波动性交易策略。 1.1 期权与基础资产的策略 首先列举二者组合的四种形式，然后通过与市场应用结合的对比分析，讨论每个头寸在实践中的应用价值，指出备兑看涨期权策略是广受欢迎的策略。 对此论断，结合高盛的期权使用数据报告进行佐证对比，提出学生研讨的问题：为何从数据看备兑看涨期权策略和购买看跌期权的策略应用更广泛？ 引导学生结合资产管理公司、对冲基金等金融机构的资产构成来解释上述现象。 1.2 期权与期货的组合策略 首先基于积木分析法介绍转换套利的原理和实施条件。 其次通过高利贷案例，让学生基于积木分析法绘制案例中的损益图，分析案例收益率以及金融专家实施策略的本质。 1.3 趋势交易策略 首先，指导学生了解学习所有组合策略时需要掌握的内容。 其次，以牛市价差为例，说明根据组合如何通过单个期权头寸到期损益图的复合获得组合的损益结构，或者通过到期损益公式的分析获得组合的到期偿付公式，以及如何根据损益图判定组合的最大损失、最大收益、损益平衡点以及适合的市场环境等内容。 最后，结合标准石油公司债券、我国碳债券、深南电的对赌合约结构等案例说明牛市价差在结构化产品设计中应用的广泛性。 1.4 波动性交易策略 介绍跨式组合、宽跨式组合、蝶式价差、鹰式价差等期权组合。 配合巴林银行倒闭案例说明忽略产品风险点、过度自信带来的惨痛教训，引导学生认识到对衍生产品投资不能过度追逐利益，必须注意极端风险的防控。 内容学习结束，组织学生借助金融资讯终端的组合计算器，根据自己喜好设计期权组合策略，查看组合的到期损益图以及希腊字母特征，结合课程知识了解策略的风险和适用环境。 为学生推荐课下阅读业界期权交易策略报告的任务，更深入了解课程知识在实践中的应用	（1）聆听教师讲授，结合案例主动跟随思考交易策略的构建与技巧； （2）积极回答教师提出的“为何从数据看备兑看涨期权策略和购买看跌期权的策略应用更广泛”“为何偏好在结构化产品中嵌入牛市价差”等问题； （3）学生应跟随教师讲解，利用希腊字母实验软件和金融资讯终端计算期权交易策略的希腊字母	**思政点：** （1）继续强化学生对金融问题和理论结论的辩证理解； （2）培养学生换位思考看待问题的思维方式

续表

教学步骤	教学内容	学生活动	设计意图
（25分钟） （1）利用案例分析，让学生理解常见的产品构造类别； （2）线上互动：通过投票了解学生基于市场行情，对海升果汁盈亏的判断，通过SPOC“抢答”功能就研讨问题的观点向学生提问	2 嵌入期权的结构化产品创新 以我国金融市场的含权产品为例，通过诸多案例的学习，以及对结构化理财产品市场的数据统计分析等，让学生了解我国结构产品的应用现状和常见的产品构造类别。 以可转债和可交换债为例，分析类似产品结构不同交易机制带来的两种产品在市场上的不同作用。 在看到结构化产品增益的同时，课程引入“海升果汁与摩根士丹利”的货币互换案例，说明与国际投行签约要关注期权条款带来的风险性，同时引导学生认识到大力发展中国衍生产品市场、增强我国在商品定价权方面的重要性	课程中跟随教师的案例讲解，思考嵌入期权的结构化产品的损益与风险特征	**思政点：** 引导学生理解具有金融市场话语权的重要性，以及金融工程人才应有的责任担当
（15分钟） 讲解结构化产品估值与风险分析。其中，利用“农银汇理公司理财产品”案例，让学生通过数值实现的方式，理解结构化产品估值与风险分析的具体过程	3 结构化产品估值与风险分析 介绍结构化产品的估值过程和风险度量方法，并以农银汇理公司理财产品为例，展现结构化产品的估值和风险分析过程	（1）聆听教师讲授结构化产品的估值与风险，主动跟随思考； （2）针对结构化产品估值的影响因素，进行课堂交流	（1）让学生理解结构化产品在估值与风险分析中的方法与过程； （2）结合案例进行互动和分析，让学生更生动具体地理解“结构化产品”的风险特征
（5分钟） （1）对本章进行总结； （2）布置相关任务和作业	小结： 总结本章内容； 布置个人纸质课后作业； 布置课后结构化产品分析任务； 宣布下次课进行实验报告汇报的小组	（1）学生应按时完成课后作业； （2）学生应准备相关结构化产品分析任务，并完成实验报告，用于后续课程汇报	提高学生实操能力，加深学生对金融衍生工具中结构化产品的理解

本章参考资料

（1）课程课件；
（2）约翰·赫尔. 期权、期货及其他衍生产品（原书第10版）. 王勇，索吾林，译. 北京：机械工业出版社，2018；
（3）金融资讯终端。

第二节　典型课程思政教学案例

【案例 1】匪夷所思的海升果汁案例

【案例摘要】

结合衍生工具，我们可以创新出丰富的结构化产品和交易策略，更能够满足投资者定制化的投资需求，但值得注意的是，衍生工具具有双面性，在关注它带来的积极市场功能的同时，我们在投资时也需要关注结构化条款带来的隐含风险。本案例介绍了摩根士丹利国际集团（简称“摩根士丹利”）和中国海升果汁控股有限公司（简称“海升果汁”）签订的货币互换合约如何通过嵌入不平等期权条款导致在市场明明有利于海升果汁的情况下，海升果汁却产生了亏损，从而引导学生关注现实问题，认识到产品定价权的重要性，提高其利用专业知识识别风险条款、协助实体企业做好风险管控的社会责任感。

【教学目标】

1. 价值目标

（1）帮助学生了解通过嵌入期权进行产品创新的方法，培养创新创业精神；

（2）引导学生深入社会实践、关注现实问题，培养经世济民的职业素养；

（3）了解中国企业需求，进行科学思维方法训练，增强风险管理意识。

2. 知识目标

（1）了解国际投行进行产品创新设计的常用方法；

（2）认识嵌入期权在改变简单金融工具收益特征中的具体作用；

（3）了解专业术语——外汇互换和远期期权的概念。

3. 能力目标

（1）具备在实践中识别合约隐含不平等条款的分析能力；

（2）具备结合实际需求，在简单衍生工具的基础上，添加具体可行应用条款进行产品创新的创新能力。

【案例知识点】

（1）金融产品的结构化设计；

（2）外汇互换和远期期权的相关概念。

【案例适用课程】

适用于金融工程和衍生金融工具课程。

【案例详情】

1. 引言

21世纪以来，越来越多的中国企业使用衍生工具主动管理风险，这通常涉及与国际大投行之间的交易，它们使用的产品的共同特点是在普通合约中加入期权条款，这是金融产品创新常见的技巧。期权条款的加入丰富了金融产品的风险收益特征，同时，因为期权条款的隐蔽性，其带来的风险无法被普通投资者及时准确地识别，使得中国企业频频中招，不仅没有完成风险管理的目标，还给自身带来了巨人亏损。下面具体介绍海升果汁基于什么动机与摩根士丹利签订合约并针对合约双方争议点诉诸法律的过程，分析如何识别其涉及的结构化产品的风险收益特征。

2. 案例简介

根据海升果汁2009年4月14日发布的公告和《金融时报》的报道，海升果汁主要从事浓缩果汁及其相关产品的生产和销售。公司产品的市场分布于北美洲、欧洲、大洋洲和亚洲，出口销售的主要结算货币是美元。依据合约对手方于2009年4月10日计算的合约市值，双方争议涉及的金额约为1.38亿元人民币。海升果汁就相关争议在中国陕西省西安市中级人民法院对对方提起法律诉讼，涉及的合约是：

2008年7月和8月，海升果汁与摩根士丹利签订合约。根据合约，海升果汁有责任每月与摩根士丹利进行交易，按1美元兑6.828元人民币的固定汇率把500万美元兑换成人民币，并以1美元兑6.855 5元人民币的固定汇率把300万美元兑换成人民币，直到2013年止，同时，在该合约开始6个月后，对手有权选择在任一月份中止该合约。

2008年9月19日，评级顾问摩根士丹利通知海升果汁，要求海升果汁以现金形式支付保证金。支付的标准是，按评级顾问计算的该合约的市值减去给海升果汁的信用额度（1 000万美元）。

2008年10月17日，在评级顾问摩根士丹利的建议下，合约重新调整，把汇率调整为：2008年9月10日到2010年8月10日之间的汇率是1美元兑6.85元人民币，2010年9月10日到2012年8月10日之间的汇率是1美元兑6.78元人民币，2012年9月10日到2013年8月10日之间的汇率是1美元兑6.77元人民币。在这段时期，海升果汁每月按约定汇率将800万美元兑换为人民币。增加条款规定在2009年4月10日之前，海升果汁有权选择终止该合约，但需向摩根士丹利支付最多3 800万美元的终止罚金。

结果：

根据2008年海升果汁的年报，海升果汁在2008年确认了1.91亿元人民币的衍生金融工具公允价值变动亏损，并导致当年亏损5 914万元人民币。

2009年4月10日，海升果汁选择终止合约，并在此前对摩根士丹利向陕西省西安市中级人民法院提出法律诉讼。摩根士丹利在2009年4月17日就终止合约计算的索赔额是26 283 603美元（约等于1.8亿元人民币），双方对索赔额有异议。

2009年5月14日，摩根士丹利在英国商务法庭对海升果汁提出诉讼，索赔1.8亿元人民币。

2010 年 1 月 4 日，双方达成和解，海升果汁赔付摩根士丹利 700 万美元，双方撤诉。

3. 案例讨论

（1）你认为海升果汁出于什么原因与摩根士丹利签订合约？

海升果汁与摩根士丹利签订的是美元兑人民币的外汇掉期合约，双方以约定汇率在未来的一段期限内定期完成约定金额的美元兑人民币的交易。海升果汁的初衷是套期保值。根据公司产品的市场分布，海升果汁出口销售的主要结算货币是美元，海升果汁面临人民币兑美元的汇率风险，如果人民币升值，公司的销售收入按人民币计算会下降。如图 14－1 所示，2008 年之前，人民币兑美元汇率几年内连续升值。

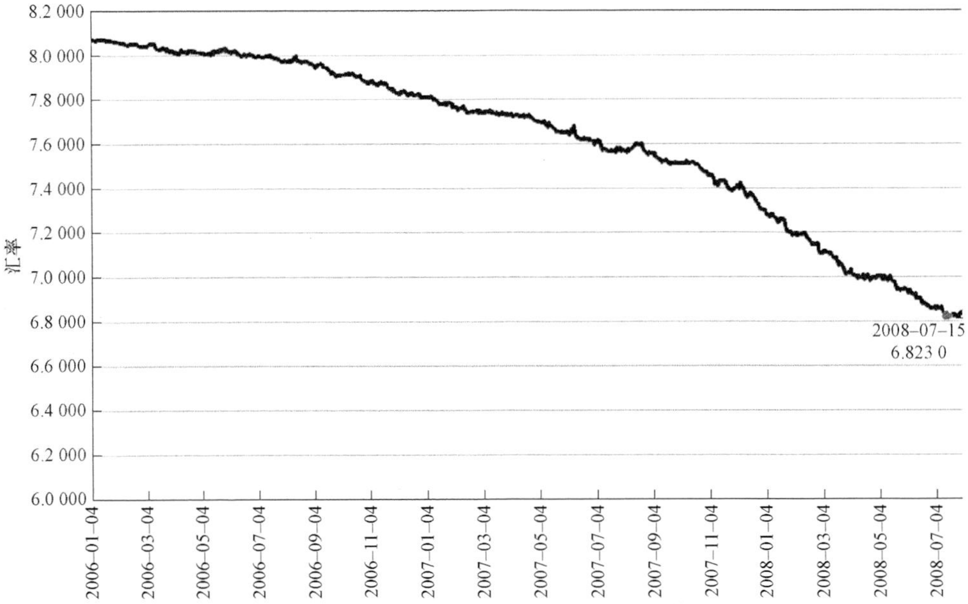

图 14－1　2006 年至 2008 年 7 月签约前美元兑人民币中间价

资料来源：国家外汇管理局网站。

如果人民币兑美元继续升值，将来出口销售得到的美元应收账款兑换成人民币后的金额会下降。为了对冲人民币升值的风险，海升果汁在评级顾问的建议下与摩根士丹利签订外汇掉期合约。与不签订合约相比，当人民币兑美元汇率升值超过约定汇率（见图 14－2）时，海升果汁在外汇掉期合约当期交易中获益；当人民币兑美元汇率贬值至低于约定汇率时，海升果汁在外汇掉期合约当期交易中亏损。套期保值的含义是控制价格上涨或下降的风险，通过期货、期权和掉期等衍生产品将成本或收益控制在一定范围内，起到风险规避的作用，这么看来，海升果汁的最初动机是套期保值。

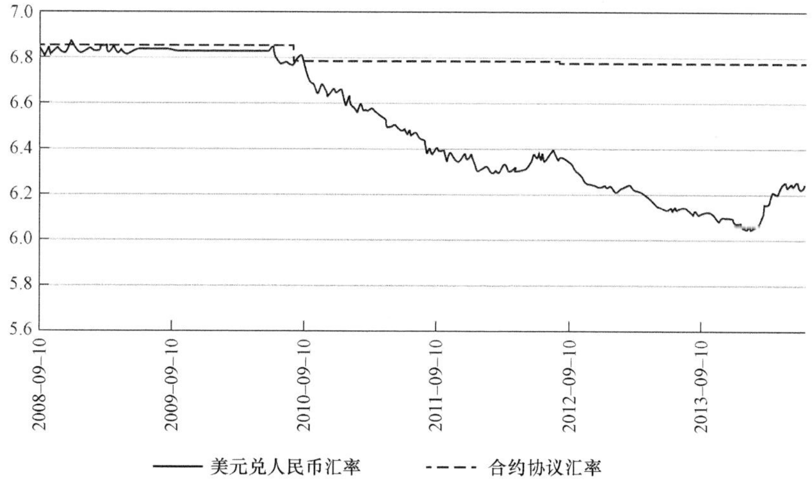

图 14-2 海升果汁协议汇率与实际市场汇率

从图 14-2 中也可以看出，海升果汁签订的合约确实起到了风险规避作用，图中虚线是调整后的合约协议汇率，即海升果汁将以此汇率出售美元，而实际美元汇率明显低于协议汇率，因此海升果汁是可以通过执行合约获益的，但最终却因为违约问题产生了违约损失，为何产生这一匪夷所思的后果呢？

（2）分析海升果汁和摩根士丹利签订的合约，该合约是否存在陷阱？

海升果汁和摩根士丹利在 2008 年 7 月和 8 月签订的合约中，除了在未来的五年中定期以约定汇率把美元兑换成人民币外，还增加了一个条款，这个条款保证摩根士丹利可以在任一月份选择终止合约，这就相当于在普通的外汇掉期合约基础上加了远期期权。如果未来人民币贬值，摩根士丹利就可以保持合约不动，从中获利，如果未来人民币升值，摩根士丹利可以选择终止合约，避免损失。而对于海升果汁而言，如果人民币贬值，海升果汁为签订合约付出代价；如果人民币升值，摩根士丹利可能终止合约，海升果汁无法享受到合约的益处。

尽管 2008 年 10 月调整的合约增加了一个条款，这个条款使得海升果汁也有权利在未来选择终止合约，但终止的权利截止到 2009 年 4 月，而且，如果海升果汁单方面终止合约，则需要支付最多 3 800 万美元的罚金，具体罚金的金额由摩根士丹利计算提出。而双方签订的外汇互换合约的总规模是 48 000 万美元，3 800 万美元的罚金相当于合约总规模的 8%，也就是说，如果选择终止合约，海升果汁可能面临人民币升值大约 8% 的损失。

这样，这一不公平的退出条款，使得对于海升果汁而言，合约变成了普通外汇掉期合约加远期期权空头，根据期权合约保证金的支付规则，只有海升果汁需要支付保证金，而摩根士丹利不需要支付保证金，从摩根士丹利的披露里可以证实这一点。同时，我们还应该注意到，期权合约是有价值的，摩根士丹利需要为拥有这份远期合约多头头寸付出期权费，但是实际上却没有。最终，这份外汇掉期合约完全丧失了套期保值功能。

（3）对于套期保值，你有什么认识和启发？

① 套期保值是为了控制风险，而非赚钱盈利，企业在套期保值过程中要加强风险控制。企业进行套期保值时应当时刻以规避风险为主要目的，企业应建立良好的风控体系，合理、准确评估资产的风险及收益。

② 尽量选择简单的衍生工具以及标准化的合约。套期保值的意义就在于规避风险，在汇率波动时锁定成本和收益。简单的和标准化的场内合约更加公平，义务和权利是平等的。复杂衍生产品中的风险和价值难以测量，企业容易判断不足导致损失。选择简单的衍生工具能够减少对合约及衍生工具认识不足造成的选择失误，从而更准确地把握风险和收益。

③ 企业在选择衍生工具进行套期保值时要充分考虑保证金条款，及时使用标准化合约进行风险管理，不然可能产生因价格发生不利变动需要缴纳巨额保证金的情况，使用衍生工具的时候很多都会面临这个问题，因此在选择合约规模时不仅要考虑原有的风险敞口，还要考虑企业的现金流，避免因选择合约规模过大超出自己的保证金支付能力。在本案例中，在评级顾问于 2008 年 8 月 11 日向海升果汁发出支付保证金的可能性通知之前，交易对手和评级顾问都没有向其披露任何该保证金的条款及任何有关损失的风险，海升果汁事先并不了解相关事宜。评级顾问对合约在 2009 年 4 月 10 日的估值是 1.38 亿元人民币，保证金的金额是 7 000 万元人民币，超过海升果汁在 2008 年底的银行结余与现金总额。

④ 要对产品拥有一定的定价权，即使没有定价能力，也需要把定价交给无利益相关的第三方机构，本案例中的评级顾问和交易对手同属摩根士丹利，合约的价值由评级顾问计算。海升果汁在这里是完全被动的。

4. 案例启示

期权的引进的确实现了产品的创新，复杂的场外衍生产品能满足多元化的风险收益需求。企业在选择这类产品时，首先要明白自己的需求是什么，其次要特别关注期权条款，明确这些条款对于合约双方权利和义务的分配及这些条款对未来收益的影响。签订合约后，如果认识到对方在签订合约中存在欺诈行为，要及时拿起法律武器保护自己的权益，在整个过程中尽量做到公开透明，及时披露信息。

5. 案例参考资料

［1］冯建芬，邓军，聂晶，余湄，周荣喜，谢海滨. 对外经济贸易大学“金融工程概论”慕课. https://www.icourse163.org/course/UIBE－1206446827?from＝searchPage，2019.

［2］张晓东. 起诉高盛：中国企业当直面金融欺诈. 北京：中国经济出版社，2011.

【案例 2】同途殊归——可转债与可交换债

【案例摘要】可转换债券（convertible bond）也称可转债，是典型的结构化产品，由于可转债兼有债性和股性，赋予了投资者债权转换为股权、获得股权收益的权利，也给予了企业由于投资者转股降低偿债压力的机会以及低息融资的好处，因此该产品受到市场参与者的欢迎。可转债 20 世纪 90 年代末在我国证券市场出现，2017 年 2 月再融资新规出台后，可转债的发行迎来了重要机遇期。巧合的是，同期，可交换债券（Exchangeable Bond，EB）也称可交换债，作为新生事物以私募方式在 2013 年开始在我国出现（简称“私募 EB”），2016 年之后股权质押受限带来了私募 EB 市场的井喷。可转债和可交换债同为嵌入转股权的债券，二者有什么区别和联系呢？本案例将对此问题进行讨论，借此让学生学习以可转债为代表的结构化产品的条款设计，达到运用金融工程理论和方法解决实际金融问题的目标，提升学生的科研创新能力和逻辑分析能力。

【教学目标】

1. 价值目标

（1）引导学生注重学思结合、知行统一，增强学生勇于探索的创新精神；

（2）引导学生深入社会实践、关注现实问题，培育学生经世济民、诚信服务、德法兼修的职业素养。

2. 知识目标

（1）了解我国结构化产品的发展情况；

（2）了解可转债与可交换债的作用和差异；

（3）了解金融工程创新产品的结构化方式；

（4）理解可转债含权的类别和每种期权的作用。

3. 能力目标

（1）具备综合利用所学专业理论解释金融市场现象的分析能力；

（2）具备利用金融工程技术和创新思维解决金融问题的能力。

【案例知识点】

（1）可转债；

（2）可交换债；

（3）转股权、赎回权、回售权；

（4）结构化产品创新技术。

【案例适用课程】

适用于金融工程课程。

【案例详情】

1. 引言

可转换债券是嵌入了转股权的债券，债券持有人可按照发行时约定的价格将债券转换成发行公司普通股票的债券。如果债券持有人不想转换，则可以继续持有债券，直到偿还期满时收取本金和利息，或者在流通市场出售变现。如果持有人看好发债公司股票的增值潜力，在宽限期之后可以行使转换权，按照预定转换价格将债券转换为股票。

我国的可转债历史始于 1992 年，国内首只可转债“宝信转债”发行成功，随后 1997 年公布的《可转换公司债券管理暂行办法》标志着可转换债券在中国市场步入正轨。而我国可交换债历史相对更短，2013 年才成功发行第一只可交换债（13 福星债）。二者都属于含有转股权的债券，它们之间有什么区别与联系呢？

2. 可转债基本情况

表 14 – 1 给出了 2017 年发行的宝信转债的详细条款。

表 14 – 1　　宝信转债详细条款

存续期	2017 年 11 月 17 日—2023 年 11 月 16 日	付息方式	每年付息一次
利率说明	第一年为 0.3%，第二年为 0.5%，第三年为 1.0%，第四年为 1.3%，第五年为 1.5%，第六年为 1.8%； 本次发行可转债到期后五个交易日内，公司将按债券面值的 106%（含最后一期利息）的价格赎回未转股的可转债		
初始转股价格	18.46 元	初始转股比例	每百元面值转换 5.417 股
转股期	2018 年 5 月 23 日—2023 年 11 月 16 日	转股代码	190039
初始转股价格的确定依据	本次发行可转债的初始转股价格为 18.46 元/股，不低于募集说明书公告日前 20 个交易日公司 A 股股票交易均价和前一个交易日公司 A 股股票交易均价； 前 20 个交易日公司 A 股股票交易均价 = 前 20 个交易日公司 A 股股票交易总额/该 20 个交易日公司 A 股股票交易总量；前 1 个交易日公司 A 股股票交易均价 = 前 1 个交易日公司 A 股股票交易总额/该日公司 A 股股票交易总量		
转股价格调整原则	本次发行之后，当公司发生派送股票股利、转增股本、增发新股（不包括因本次发行的可转债转股而增加的股本）、配股以及派发现金股利等情况时，公司将按上述条件出现的先后顺序，依次对转股价格进行累积调整，具体调整办法如下。派送股票股利或转增股本：$P1 = P0/(1 + n)$。增发新股或配股：$P1 = (P0 + A \times k)/(1 + k)$。上述两项同时进行：$P1 = (P0 + A \times k)/(1 + n + k)$。派发现金股利：$P1 = P0 - D$。上述三项同时进行：$P1 = (P0 - D + A \times k)/(1 + n + k)$。其中，P0 为调整前有效的转股价，n 为该次送股率或转增股本率，k 为该次增发新股率或配股率，A 为该次增发新股价或配股价，D 为该次每股派送现金股利，P1 为调整后有效的转股价。公司出现上述股份和/或股东权益变化时，将依次进行转股价格调整，并公告转股价格调整日、调整办法及暂停转股期间（如需）。当转股价格调整日为本次发行可转债持有人转股申请日或之后，转换股份登记日之前，则该持有人的转股申请按调整后的转股价格执行		

续表

特别向下修正条款说明	在可转债存续期间，当公司A股股票在任意30个连续交易日中至少15个交易日的收盘价格低于当期转股价格的85%时，董事会有权提出转股价格向下修正方案并提交股东大会表决，该方案须经出席会议股东所持表决权人数的2/3以上通过方可实施。股东大会表决时，持有公司本次发行可转债的股东应当回避。修正后的转股价格应不低于该次股东大会召开日前20个交易日公司A股股票交易均价和前1个交易日的公司A股股票交易均价。同时，修正后的转股价格不得低于最近一期经审计的每股净资产值和股票面值。若在前述30个交易日内发生过转股价格调整的情形，则调整前的交易日按调整前的转股价格和收盘价格计算，调整后的交易日按调整后的转股价格和收盘价格计算
赎回条款	（1）到期赎回：本次发行可转债到期后5个交易日内，公司将按债券面值106%（含最后一期利息）的价格赎回未转股的可转债；（2）有条件赎回：在转股期内，当下述任意一种情形出现时，公司有权决定按照以债券面值加当期应计利息的价格赎回全部或部分未转股的可转债：① 公司A股股票在任何连续30个交易日中至少15个交易日收盘价格不低于当期转股价格的130%；② 当本次发行可转债未转股余额不足3 000万元时
回售条款	有条件回售：在可转债最后2个计息年度内，如果公司A股股票任何连续30个交易日收盘价格低于当期转股价格的70%，可转债持有人有权将其持有的全部或部分可转债按面值加上当期应计利息的价格回售给公司。若在上述30个交易日内发生过转股价格调整的情形，则调整前的交易日按调整前的转股价格和收盘价格计算，调整后的交易日按调整后的转股价格和收盘价格计算。如果出现转股价格向下修正的情况，则上述连续30个交易日须从转股价格向下修正之后的第一个交易日起重新计算。在可转债最后两个计息年度内，可转债持有人在每年回售条件首次满足后可按上述约定条件行使一次回售权；若首次满足回售条件而可转债持有人未在公司届时公告的回售申报期内申报并实施回售的，该计息年度不应再行使回售权，可转债持有人不能多次行使部分回售权

宝信转债的条款是我国可转债条款的典型代表，总结表14－1中宝信转债的条款，可以看到，可转债除普通了债券条款如面值、息票率、付息频率、到期期限等，还有其他特点。

（1）股权性。可转换债券在转换成股票之前是纯粹的债券，但转换成股票之后，原债券持有人就由债权人变成了公司的股东，可参与企业的经营决策和红利分配，这会在一定程度上影响公司的股本结构。

（2）可转换性。可转换性是可转换债券的重要标志，债券持有人可以按约定的条件将债券转换成股票。转股权是投资者享有的、一般债券所没有的股票期权。可转换债券在发行时就明确约定，债券持有人可按照发行时约定的价格将债券转换成公司的普通股票。如果债券持有人不想转换，则可以继续持有债券，直到偿还期满时收取本金和利息，或者在流通市场出售变现。如果持有人看好发债公司股票增值潜力，在转股锁定期之后可以行使转换权，按照预定转换价格将债券转换为股票，发债公司不得拒绝。正因为具有可转股特性，可转换债券利率一般低于普通债券利率，企业发行可转换债券可以降低筹资成本。

（3）多重期权条款。除了转股权，可转债为了防止股价过高时债权人转股稀释普通股收益，特别增加了债券发行人的赎回权，即赎回条款，使得当股价较高时，债权人有权以一定的价格赎回债券。另外，考虑到当股价过低时，转债的转股权会丧失对投资者的吸引力，带来市场流动性的丧失，债券价格过度缩水，可转债还通常会设置回售条款，允许债权人在标的股价格较低时，以一定的价格将债券回售给发行人，提前获得本息。当然，回售权的行使会让发行人面临提前偿债的压力，为降低这一压力，可转债还增加了转股价格向下修正条款，通过修正转股价格降低回售条款触发的可能性。这些条款部分存在美式期权提前执行的特征，部分存在历史路径依赖的特征，且相互之间存在影响，增加了可转债定价的复杂性。

以宝信转债为例，其存续期限为 6 年，票面利率第一年为 0.3%、第二年为 0.5%、第三年为 1.0%、第四年为 1.3%、第五年为 1.5%、第六年为 1.8%，到期后 5 个交易日内，公司将按债券面值 106%（含最后一期利息）的价格赎回未转股的可转债。可以看到，息票率普遍偏低，甚至低于同期的国债息票率。由于可转债给予投资者转股权提升了自身价值，投资者也更注重转股权的价值，因此降低了对息票率的要求，也降低了息票率对债券价值的影响。此外，可转债的息票率随着到期时间临近不断提高，且最后一年通过固定赎回价格给予利息补偿，这种利率设置可以在发行初期降低发行人的利息支付压力，因此使用比较普遍。

可转债转股权的转股期一般为发行结束之日满 6 个月后的第一个交易日起至可转债到期日，因此对于债券持有者而言它属于以标的股为标的的百慕大式看涨期权，对于可转债有增值作用。

有条件赎回条款是指在可转债的转股期内，如果出现可转债对应股票多个交易日的收盘价不低于转股行情的某个百分比情况，发行人有权按约定的赎回价赎回可转债。如宝信转债规定，在转股期内，当公司 A 股股票在任何连续 30 个交易日中至少 15 个交易日收盘价格不低于当期转股价格的 130%时，公司有权决定按照以债券面值加当期应计利息的价格赎回全部或部分未转股的可转债，这也是常见的有条件赎回条款，对于发行公司而言属于历史路径依赖的看涨期权多头。

可转债的回售条款是指，进入转股期以后如果可转债对应股票出现连续多个交易日的收盘价都低于当期的转股行情的某个百分比的情况，可转债持有人有权将其全部或部分债券以稍高于面值的行情回售给可转债发行人。如宝信转债的有条件回售条款为：在可转债最后两个计息年度内，如果公司 A 股股票（宝信软件）任何连续 30 个交易日收盘价格低于当期转股价格的 70%，可转债持有人有权将其持有的全部或部分可转债按面值加上当期应计利息的价格回售给公司。所以，回售条款是对债券持有人的一种保护条款，在可转债对应的股票出现连续暴跌甚至公司的基本分析面也出现恶化的情况下，可转债的持有人有机会行使回售权就可以避免遭受重大的损失，特别是在可转债的交易行情低于面值的情况下，行使回售权更为有利。

可转债的特殊转股修正条款是指，在可转债的存续期间，如果可转债对应股票多个交易日的收盘价都不高于当期转股行情的某个百分比，发行人可以修正转股价格。早期（20 世纪 90 年代）可转债的修正条款规定存续期间只能修正一次，后来变通为每年第一次触发修正条款时可修正一次，而目前市场上发行的可转债通常不再限制修正次数。如宝信转债规定，在可转债存续期间，当公司 A 股股票在任意 30 个连续交易日中至少 15 个交易日的收盘价格低于当期转股价格的 85% 时，董事会有权提出转股价格向下修正方案，修正后的转股价格应不低于该次股东大会召开日前 20 个交易日公司 A 股股票交易均价和前 1 个交易日的公司 A 股股票交易均价，同时，修正后的转股价格不得低于最近一期经审计的每股净资产值和股票面值。

3. 可交换债情况

表 14－2 给出了 16 凤凰 EB 可交换债的详细条款。

表 14－2　　　　16 凤凰 EB 详细条款

存续期	2016 年 10 月 30 日—2021 年 10 月 30 日	付息方式	每年付息一次
利率说明	每年 1%； 在本次可交换公司债券期满后 5 个交易日内，发行人将以 105 元/张（不含最后一期利息）的价格向投资者赎回全部未换股的可交换债券		
初始转股价格	16 元	初始转股比例	每百元面值转换 6.25 股
转股期	2017 年 10 月 30 日—2021 年 10 月 30 日	转股代码	192007
初始转股价格的确定依据	本次发行可转债的初始转股价格为 18.46 元/股，不低于募集说明书公告日前 20 个交易日公司 A 股股票交易均价和前 1 个交易日公司 A 股股票交易均价。 前 20 个交易日公司 A 股股票交易均价＝前 20 个交易日公司 A 股股票交易总额/第 20 个交易日公司 A 股股票交易总额；前 1 个交易日公司 A 股股票交易均价＝前 1 个交易日公司 A 股股票交易总额/该日公司 A 股股票交易总额		
转股价格调整原则	在本次债券发行后，当凤凰传媒因派送股票股利、转增股本、配股、派送现金股利等情况使凤凰传媒股份和/或股东权益发生变化时，将按下述公式进行换股价格的调整（保留小数点后两位，最后一位四舍五入）。派送股票股利或转增股本：$P1=P0\times N/(N+n)$；配股：$P1=P0\times(N+k)/(N+n)$，$k=n\times A/M$；派送现金股利：$P1=P0\times(S-D)/S$。其中，$P0$ 为调整前的换股价格，$P1$ 为调整后的换股价格，N 为该次派送股票股利、转增股本、配股前公司普通股总股本数，n 为该次派送股票股利、转增股本、配股的新增股份数量，A 为配股价格，M 为配股的公告日（指已生效且不可撤销的配股条款的公告）前一交易日普通股收盘价，S 为该次派发现金股利的除息日前一交易日普通股收盘价，D 为该次派发现金股利每股派发股利金额		

续表

特别向下修正条款说明	在本次债券的换股期内，当标的股票在任意连续 20 个交易日中至少 10 个交易日的收盘价低于当期换股价格的 80% 时，发行人董事会（或董事会授权的人士或部门）有权决定本次债券的换股价格是否向下修正。若在前述 20 个交易日内发生过换股价格调整的情形，则在换股价格调整日前的交易日按调整前的换股价格和收盘价计算，在换股价格调整日及之后的交易日按调整后的换股价格和收盘价计算。修正后的换股价格应不低于公司做出决定前 30 个交易日、前 20 个交易日、前 1 个交易日凤凰传媒 A 股股票交易均价，同时，修正后的换股价格不低于凤凰传媒最近一期经审计的每股净资产和股票面值
赎回条款	在本次债券换股期内，如果标的股票价格任意连续 20 个交易日中至少有 10 个交易日的收盘价不低于当期换股价格的 130%（含 130%），发行人董事会（或由董事会授权的人士或部门）有权决定是否赎回全部或部分未换股的本次可交换债券，赎回价格为债券面值加当期应计利息。若在前述 20 个交易日内发生过换股价格调整的情形，则在调整前的交易日按调整前的换股价格和收盘价计算，在调整后的交易日按调整后的换股价格和收盘价计算。此外，在本次可交换债的换股期内，当本次发行的可交换债券未换股余额不足 3 000 万元人民币时，公司有权按照本期可交换债面值加应计利息的价格赎回全部未换股的本期可交换债
回售条款	在本次可交换债到期前 180 日内，如果凤凰传媒 A 股股票收盘价在任何连续 30 个交易日低于当期换股价格的 80%时，本次可交换债持有人有权将其持有的本次可交换债全部或部分以债券面值加上当期应计利息回售给本公司。若在上述交易日内发生过换股价格因发生送红股、转增股本或配股以及派发现金股利等情况而调整的情形，则在调整前的交易日按调整前的换股价格和收盘价格计算，在调整后的交易日按调整后的换股价格和收盘价格计算。如果出现换股价格向下修正的情况，则上述“连续 30 个交易日”须从换股价格调整之后的第 1 个交易日起按修正后的换股价格重新计算

从表 14－2 中的条款看，可交换债券和可转换债券除了条款细节数值有所差异，二者几乎具有完全类似的期权条款，如转股条款、回售条款、赎回条款、下修条款等，主要条款对比如表 14－3 所示。

表 14－3　　宝信转债和 16 凤凰 EB 主要条款

可转债条款		宝信转债	16 凤凰 EB
到期期限		6 年	5 年
条款锁定期	转股锁定期/年	0.5	1
	赎回锁定期/年	0.5	1
	回售锁定期/年	4	4.5
赎回条款	赎回监测时间/天	30	30
	赎回触发时间/天	15	10
	赎回触发比例/%	130	130
	到期赎回价格/元	106	105
	提前赎回	面值＋应计利息	面值＋应计利息

续表

可转债条款		宝信转债	16 凤凰 EB
回售条款	回售监测时间/天	30	30
	回售触发时间/天	30	30
	回售触发比例/%	70	80
	回售价格	面值+应计利息	面值+应计利息
下修条款	下修监测时间/天	30	20
	下修触发时间/天	15	10
	下修触发比例/%	85	80
	下修价格/元	最高（20 日均价，前收盘价，每股净值，股票面值）	最高（20 日均价，前收盘价，每股净值，股票面值）
票面利率		第 1～6 年分别为 0.3%、0.5%、1.0%、1.3%、1.5%、1.8%	每年 1%

4. 案例讨论

（1）根据表 14－3 中的转债条款，从逻辑上分析可转债的条款设计如何实现了“实股名债”。

分析思路：此任务是考查学生对案例中转债条款的逻辑分析能力。实股名债，顾名思义是以债券形式发行，最终目的是让投资者转股，因此一切条款的设计都会与转股有关，虽然表面上称之为“赎回权”和“回售权”，但如何设计能达到这一目的呢？学生可以通过区分股价上涨和股价下跌来分析：股价上涨时会触发赎回条款和转股条款，可以仔细分析赎回条款中的触发条款什么时候会满足，满足时，理性投资者的最优选择是什么（即被赎回和转股哪个最优的问题）；股价下跌时会触发回售条款，可分析比较转股修正条款的触发条件和回售条款的触发条件，比较哪个条件会先被触发，在允许修正多次的情况下，回售条款的触发可能性会发生什么样的变化。

参考解析：

当股价上涨时，可能带来投资者转股，或触发赎回条款。宝信转债的赎回条款设置如下：在可转债转股期内，如果公司 A 股股票（宝信软件）在任何连续 30 个交易日中至少 15 个交易日收盘价格不低于当期转股价格的 130%，公司有权决定按照以债券面值加当期应计利息的价格赎回全部或部分未转股的可转债。当符合强制赎回条件时，如果发行人发出赎回转债的公告，那么投资者要么转股，要么直接卖出转债，要么等待公司赎回，由于提前赎回价格为面值+应计利息，可转债息票率较低，因此赎回价格也比较低，从宝信转债的息票率看不会超过 102 元，但投资者此时转股，可以获得 130 元左右的回报，因此理性投资者会选择转股或者卖出可转债。由此可以看出，赎回条款设置的主要目的是促使投资者提前债转股，而并非为了提前赎回债券。历史上上市公司发布赎回公告以后大部分可转债都会实现转股，可以看出赎回条款的设置与促使转股关系密切。

当股价下跌时可能触发回售条款，导致发行公司需要提前偿债，但从宝信转债的回售锁定期和转股向下修订条款可以看到，转债被回售的可能性较低。首先，宝信转债的回售锁定期是 4 年，在回售锁定期结束前，有可能大部分可转债已提前转股。其次，宝信转债的特殊修正条款约定：在可转债存续期间，当公司 A 股股票（宝信软件）在任意 30 个连续交易日中至少 15 个交易日的收盘价格低于当期转股价格的 85% 时，董事会有权提出转股价格向下修正方案并提交股东大会表决。而回售条款要求：如果公司 A 股股票任何连续 30 个交易日收盘价格低于当期转股价格的 70% 才会触发，85%＞70%，且回售条款的监测条件更严格。因此，在触发回售前，已经触发了向下修正条款，通过修正，回售将重新监测，也就降低了回售概率，并且特殊向下修正条款的设置使得在股票价格下跌时仍然有转股的可能性，一方面可以增大转股概率，另一方面也能降低回售概率，对债券持有人和发行人都能产生有利影响。

综上，通过向下修正条款、提前赎回条款的设定，可转债强化了转股功能，体现了“实股名债”的初衷。

（2）我国同时存在可转换债券和可交换债券，思考二者有什么区别，这种区别带来的二者的作用有何差异。

分析思路：此任务考察学生的自主学习和思考能力。首先，需要了解可转换债券和可交换债券各自的定义和转股机制，结合定义和转股机制对二者的区别进行分析，可以从到期期限、发行主体、转股机制、期权条款设定等方面进行讨论。其次，二者作用的差异主要依赖转股机制，可转换债券通过新股增发完成转股，因此约束了债券发行人范围必须为标的股发行公司；而可交换债券转换的是第三方流通股，由此联系上市公司股票增发、大股东解禁、股权质押融资等存在的问题，可以探讨二者的作用以及二者作用的差异。

参考解析：

可交换债券（Exchangeable Bond，EB）全称为“可交换他公司股票的债券”，是指上市公司股份的持有者通过抵押其持有的股票给托管机构进而发行的公司债券，该债券的持有人在将来的某个时期内，能按照债券发行时约定的条件用持有的债券换取发债人抵押的上市公司股权。可交换债券是一种内嵌期权的金融衍生产品。

二者的联系是：可交换债券相比于可转换债券有相同之处，其要素与可转换债券类似，也包括票面利率、期限、换股价格和换股比率、换股期等；对投资者来说，可交换债券与持有标的上市公司的可转换债券相同，投资价值与上市公司业绩相关，且在约定期限内可以以约定的价格交换为标的股票。

二者的区别是：一是发债主体和偿债主体不同，可交换债券发行公司是上市公司的股东，可转换债券是上市公司本身；二是所转换股份的来源不同，可交换债券是发行人持有的其他公司的股份，可转换债券是发行人本身未来发行增发的新股；三是可转换债券转股会使发行人的总股本扩大，摊薄每股收益，稀释股价，而可交换债券换股不会导致标的公司的总股本发生变化，也无摊薄收益的影响，不会影响股价，因此可转换债券的转股权更类似认股权证，而可交换债券的转股权更类似备兑权证；四是从我国已经上市的可转换债券和可交换债券看，可转换债券发行期限以 5 到 6 年居多，期限较长，市场占比近 90%，而可交换债券的发行期限从 1 年到 6 年不等，且 2 年和 3 年的居多，市场占比达到 80% 以上（见图 14－3）。

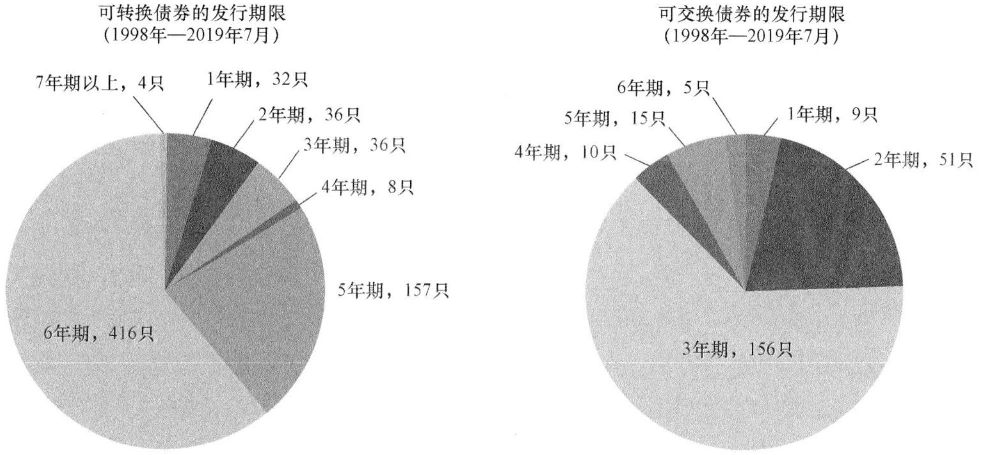

图 14－3　我国可转换债券和可交换债券的发行期限分布

资料来源：Wind 资讯终端。

二者的作用差异：

可转换债券可以降低上市公司的发债融资成本，同时通过转股权可以减少未来的偿债压力，由于可转换债券通过增发新股完成转股，因此可以在一定程度上起到增发新股的作用。同时，相对增发新股，由于投资者转股会持续一段时间，不会像增发新股一样一次性上市，因此对标的股的股价影响释放缓慢，也可降低增发新股带来的股市波动。但上述作用仅限上市公司本身。

2017 年 2 月 17 日，中国证监会发布《发行监管问答——关于引导规范上市公司融资行为的监管要求》，其中规定：“上市公司申请增发、配股、非公开发行股票的，本次发行董事会决议日距离前次募集资金到位日原则上不得少于 18 个月。……前次募集资金包括首发、增发、配股、非公开发行股票。上市公司发行可转债、优先股和创业板小额快速融资，不适用本条规定。”这一规定对上市公司影响较大，极大限制了公司的再融资行为，但其也特别提到可转换债券、优先股等的发行不受此期限限制。在此背景下，可转债市场迎来了集中发行的机遇。仅 2017 年，可转换债券就成功发行 53 只，超过了

2015 年和 2016 年发行的总和（14 只）（见图 14－4）。

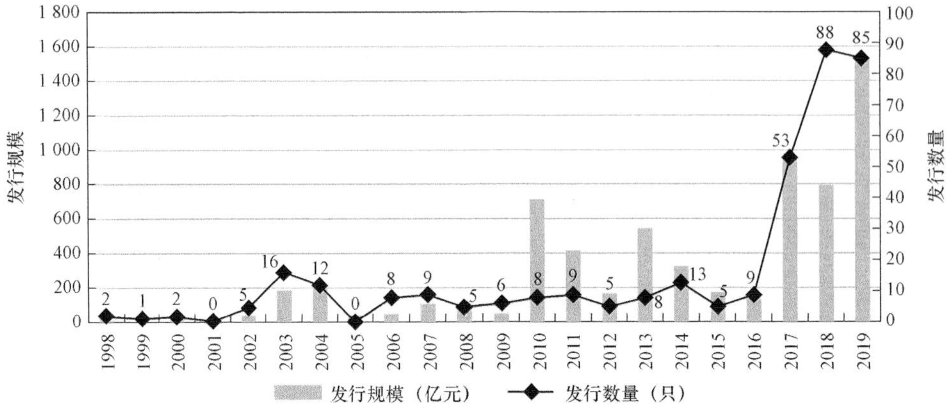

图 14－4　1998—2019 年我国可转债市场的发展情况

资料来源：Wind 资讯终端。

宝信转债的后期走势也印证了可转换债券的“实股名债”特点。2018 年 6 月 13 日，由于股价触发赎回条款，宝信软件发布可转换债券赎回的提示性公告：由于公司 A 股股票自 2018 年 5 月 23 日至 2018 年 6 月 12 日连续 30 个交易日内有 15 个交易日收盘价格不低于宝信转债当期转股价格（18.19 元/股）的 130%，已满足宝信转债的赎回条件。公司董事会决定行使公司可转换债券的提前赎回权，对赎回登记日（2018 年 7 月 6 日）登记在册的宝信转债以 100.19 元/张（债券面值加当期应计利息）的价格全部赎回。从 2018 年 7 月 9 日起，宝信转债停止交易和转股，本次提前赎回完成后，宝信转债将在上海证券交易所摘牌。最终 98.21% 的宝信转债通过提前转股了结，宝信转债也成为信用申购时代首只成功完成债转股的可转换债券。

可交换债券同样可以降低债券发行公司的融资成本，同时通过转股权可以降低未来的偿债压力。由于可交换债券通过抵押股票完成转股，属于已上市股票的应用，不会对股价有稀释作用，也不会达到增发新股的作用。不过，由于其可以由第三方发行，因此大股东解禁带来的股市剧烈波动可以通过这种方式得以缓解，使得大股东能够通过解禁股抵押获得低息融资，又能够通过逐步转股出售解禁股，这一点是可转换债券无法做到的。可交换债券的出现也正是与“大小非”解禁（持有非流通股比例高于 5%，称为“大非”，否则称为“小非”，解禁即非流通股转为流通股）有关。2008 年 10 月 17 日，中国证监会发布了《上市公司股东发行可交换公司债券试行规定》，当时意在借助可交换债券的特性解决“大小非”减持的问题，为“大小非”提供融资途径，并通过市场机制解决股权卖出的时机问题，从而减小对股市的冲击。2016 年，私募可交换债券进入不少大股东的视线，掀起了一轮私募可交换债券的发行浪潮，2016 年可交换债券发行规模达到 732 亿元（见图 14－5）。

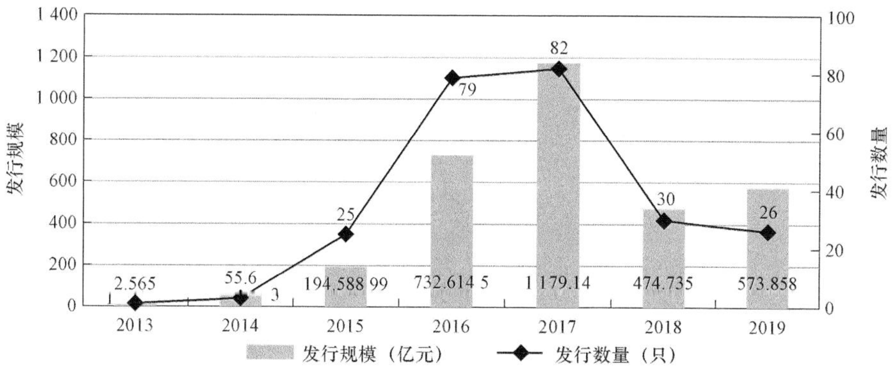

图 14－5　2013—2019 年我国可交换债券市场的发展情况

资料来源：Wind 资讯终端。

不但如此，可交换债券相对股权质押融资，还可以变相提高股权质押融资的效率，因为可交换债券按面值发行，其面值和质押股票是等值的，而一般股权质押融资率只有45%左右。

5. 案例总结

可转换债券和可交换债券，条款类似，差别仅仅在于发行方和执行方式不同，却可以在市场中发挥完全不用的功能。因此，金融工程通过改变机制、剥离风险等方式可以将传统的产品创新出新的用途，这种创新思维值得学习和深思。同时，通过本案例我们也可以看到结构化产品创新发展确实需要合适的时机，任何市场现象的发生都存在合理的原因，熟练掌握金融工程思维，奠定坚实的金融理论基础，才能灵活利用理论解决实际问题。

第十五章

金融工程综合应用的课程思政设计与实施

第一节　结构化产品案例分析任务设计与实施

本节内容是对金融工程知识的综合运用，首先通过对历史上三种典型的结构化理财产品的设计、估值与绩效进行完整的案例分析，指导学生了解金融工程案例分析的整体规范和过程，形成一套普适性的结构性产品分析框架，其次通过案例思考题激发学生对案例的进一步学习和分析，体现学生综合运用金融工程理论知识、量化技能解决金融问题的能力，提升学生主动学习的积极性。同时，本案例还对 2018 年资管新规出台对案例中产品类型存续的影响进行了分析，引导学生了解我国金融政策的背景和意义，提升学生作为金融人才的风险管控意识。

【教学目标】

1. 价值目标

（1）引导学生了解我国结构化理财产品市场的发展历史，知国情民情；

（2）培养学生勇于探索的创新精神、善于解决问题的实践能力；

（3）了解我国资管新规实施的背景与意义，提升学生的制度自信。

2. 知识目标

（1）理解结构化金融产品分析的过程、方法和技术；

（2）了解金融工程的数值算法和实现技术。

3. 能力目标

（1）提升学生自主学习能力和动手能力；

（2）提升学生的研究能力和写作分析能力。

【案例知识点】

（1）结构化产品的分析方法；

（2）蒙特卡洛模拟的应用；

（3）场外奇异期权的应用。

【案例适用课程】

适用于金融工程、金融计算以及金融工程应用分析等高年级本科课程或研究生课程。

一、相关理论与产品

（一）结构化理财产品介绍

结构化理财产品是指采用金融工程的理论方法，将存款、零息债券等固定收益产品与金融衍生产品（远期、期权等）组合在一起而形成的一种新型理财产品。与普通的理财产品相比，结构化理财产品的设计思路和产品结构较为特殊，该类产品将募集到的资金分别投资于两个迥然不同的市场：一部分投资于现货市场，获得稳定的固定收益证券的确定性收益；另一部分投资于衍生产品市场，额外收益来源于其所挂钩标的资产的价格波动。其产品有以下特征：

（1）复杂的产品结构。在进行结构化理财产品的设计时，需要对固定收益证券的选取、标的资产的选取、金融衍生产品的选取等因素进行权衡，因而产品具有较为复杂的结构，但这同时丰富了投资者的投资机会。

（2）承诺具有较高的收益。由于结构化理财产品通常挂钩走势较好的金融衍生产品，承诺在挂钩标的资产价格位于某一区间时，投资者将获取额外的较高收益。

（3）资金流动性较低。结构化理财产品不是在交易所进行交易的标准证券，无可流通的二级市场，通常情况下，投资者的资金很难提前赎回，流动性较低。

（4）属保本浮动收益型产品。在 2018 年之前，很多结构化理财产品属于保本浮动收益型产品。

结构化理财产品在 2010 年股指期货中推出，尤其在 2013 年场外期权推出后，市场发展非常迅速（见图 15－1）。

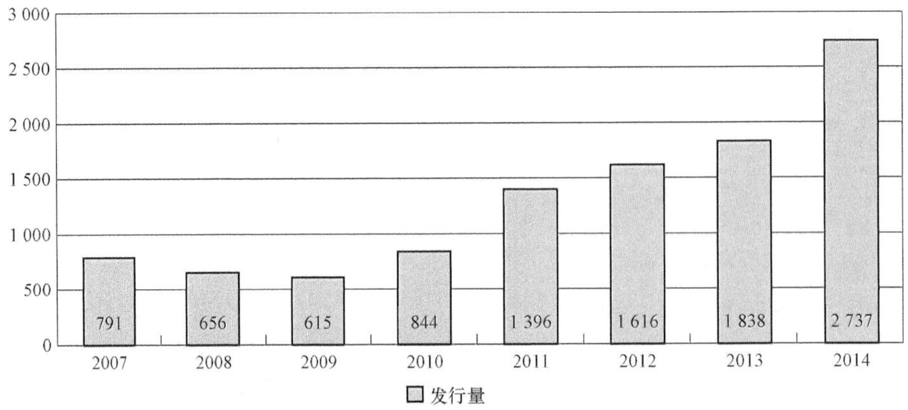

图 15－1　2007—2014 年国内结构化银行理财产品发行量（单位：款）

在 2018 年 4 月 27 日，国家四部门联合印发《关于规范金融机构资产管理业务的指导意见》（简称“资管新规”）。其中，打破刚性兑付是此次资管新规的一项重要内容。资管新规认为，刚性兑付弱化了市场纪律，导致一些投资者冒险投机，金融机构不尽职尽责，道德风险较为严重。对此，资管新规作出了一系列细化安排，其中在定义资管业务时，明确要求金融机构不得承诺保本保收益，产品出现兑付困难时不得以任何形式垫资兑付，此规定过渡期为三年，即 2021 年到期，因此，从 2022 年 1 月 1 日起，保本型银行理财产品退出我国历史舞台，保本浮动收益型结构化理财产品也就成为历史。由此可以看到我国宏观审慎的金融监管态度。对结构化理财产品的金融工程分析框架对我们进一步分析迅速发展起来的场外期权市场以及含有结构化条款的净值产品都具有深刻的启发意义。

（二）结构化理财产品涉及的期权衍生产品

通过对中国工商银行、中国农业银行、中国银行、中国建设银行、交通银行、平安银行、浦发银行、广发银行、花旗银行等内外资银行近三年来合计 70 余款境内公开发行的结构化理财产品进行分析，我们发现，标的资产集中在实物（黄金、原油）、外汇（美元、日元、欧元）、股指（沪深 300、中证 500、恒生指数）、利率、基金五个方面，内置期权种类较为单一，集中在二值（部分含敲出价）、鲨鱼鳍（看涨、看跌、双向）以及区间累计三种类型上。因此，这里重点介绍二值期权、障碍期权和累计期权。

1. 二值期权

二值期权又称数字期权或打赌期权。因为其简单的收益模式及其特性，二值期权在场外交易吸引了很多投资者。一般来说，二值期权的收益可以是固定数量的现金、资产或资产价格与一个不同于执行价格的预设价格水平之差。这些二值期权分别被认为是现金或无价值期权、资产或无价值期权和缺口期权。而最简单的二值期权是现金或无价值期权，该期权非常像赌博。如果标的资产超过（或跌破）一个预先设定的水平，那么一笔预先指定的现金就被支付给该看涨（或看跌）期权的购买者，否则该期权到期时一文不值。这种简单的二值期权的看涨（看跌）期权的收益模式，其损益情况如图 15－2 所示。

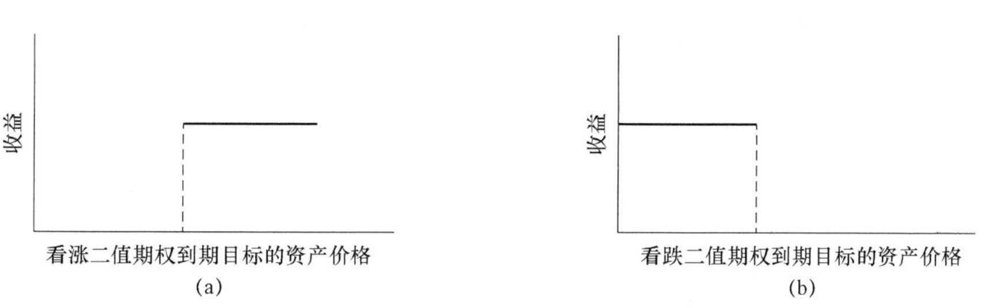

图 15－2　看涨二值期权和看跌二值期权损益情况

例如，一个二值看涨期权，其执行价格为 K，约定到期收益为 M 或 0，到期日的价格为 S_T，当 $S_T \geqslant K$ 时，收益为之前约定好的 M，当 $S_T < K$ 时，收益为 0。一个二值看跌期权则相反，当 $S_T \geqslant K$ 时，收益为 0，当 $S_T < K$ 时，收益为 M。

2. 障碍期权

障碍期权实际上是条件期权，它依赖于某些障碍或者触发价格在期权生命期内是否被达到，因此它是路径依赖期权，也被称为触发期权，它有两种类型——敲出障碍期权和敲入障碍期权。一个敲入障碍期权的持有者在敲入期权标的资产价格触发障碍价格时获得一个欧式期权，反之获得一定的退款。一个敲出障碍期权的持有者在敲出期权标的资产价格触发障碍价格时得到退款，反之则得到一个欧式期权。由于向上触发障碍价格还是向下触发障碍价格的情形不一样，因此根据障碍价格在标的资产当前价格之下还是之上，又有向下敲入期权和向下敲出期权以及向上敲入期权和向上敲出期权之分。因此，很容易想到一共有 8 种不同类型的障碍期权：向下敲入看涨期权、向上敲入看涨期权、向下敲出看涨期权、向上敲出看涨期权、向下敲入看跌期权、向上敲入看跌期权、向下敲出看跌期权、向上敲出看跌期权。

以向上敲入看涨期权为例，一个向上敲入看涨期权的障碍价格为 H，执行价格为 K，到期日价格为 S_T，其执行情况如图 15－3 所示。

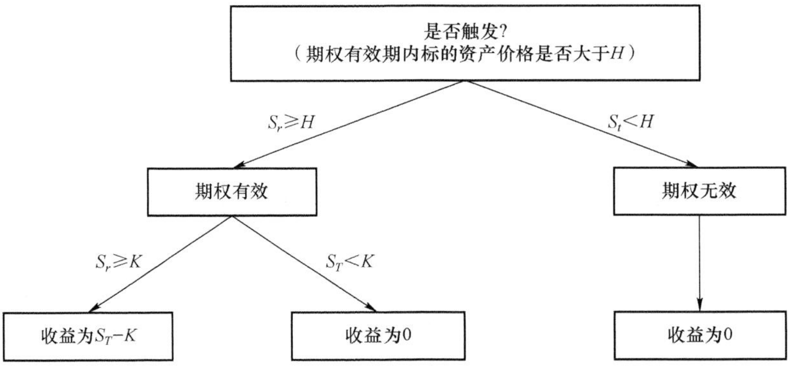

图 15－3　向上敲入看涨期权执行情况

3. 累计期权

累计期权，是投资者与金融机构签订的，以股票、外汇或其他商品为标的资产的期权合约，其到期收益取决于合约期内标的资产的路径，当处于某区间时，标的资产价格或收益率对应不同的到期收益率。

以收益率波动区间为两个区间的累计期权为例：

$$\text{累计期权到期收益率} = a \times \frac{M1}{N} + b \times \frac{M2}{N}$$

其中，N 为期权到期时间内的总天数，$M1$、$M2$ 分别对应每日标的资产价格小于等于 K、大于 K 的天数，并且 $M1+M2=N$。即若当天资产价格小于等于 K，则期权当天收益率为 a；若当天资产价格大于等于 K，则期权当天的收益率为 b。累计期权可以看作 N 个二值期权＋固定收益率的组合，每天累计期权的损益情况如图 15－4 所示.

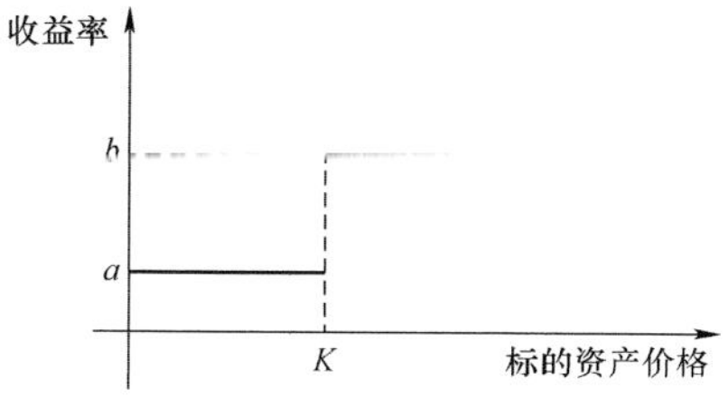

图 15－4　累计期权每日收益率

（三）蒙特卡洛模拟方法

本案例将运用蒙特卡洛模拟方法对产品进行量化分析。

蒙特卡洛模拟技术又称为随机抽样技术，是通过将问题转化为概率问题，然后对概率问题的随机过程或者随机变量的概率分布进行抽样获得研究样本，进而通过计算样本或样本函数的概率特征指标如频率或者样本均值给出问题近似结论的方法。由于结构化理财产品中嵌入的期权条款经常具有历史路径依赖特征，很难获得解析定价公式，因此蒙特卡洛模拟方法就成为解决其定价问题和进行风险分析的有效方法。

对结构化理财产品进行分析的蒙特卡洛模拟常使用 Black-Scholes 模型假设的标的资产价格过程，假设标的资产价格 S_t 的变动服从几何布朗运动：

$$dS_t=\mu S_t dt+\sigma S_t dZ_t$$

其中，Z_t 是标准布朗运动，μ 和 σ 分别是漂移率和波动率。

通过伊滕引理求解，我们可以得到标的资产价格的递推式：

$$\ln S(\Delta t)-\ln S(0)=\left(\mu-\frac{1}{2}\sigma^2\right)\Delta t+\sigma\sqrt{\Delta t}\varepsilon$$

其中，$\varepsilon \sim N(0,1)$。

（四）夏普比率

夏普比率（Sharp ratio），又被称为夏普指数，是如今常用的投资组合评价标准化指标，其依据资本资产定价模型而出现，是投资学中最为重要的指标之一。夏普比率表示的是，投资者每多承担一单位风险，就可以相应取得多少单位的收益。其数值越高，表示基金在同一风险下能够带来更高的超额回报，投资组合表现更佳。其与信息比率不同之处在于，它是从绝对收益和总风险角度来描述的。

夏普比率的计算公式如下：

$$夏普比率=\frac{R_p-R_f}{\sigma_p}$$

其中，R_p为投资组合收益，R_f为无风险收益，σ_p为总风险。

无风险收益是指投资于一个没有任何风险的对象所能得到的收益。我们通常说的无风险收益就是考虑了纯利率和通货膨胀补偿率两个部分。国际上的一般做法是用短期国债收益率作为无风险收益率。所以，夏普比率采用的是相对于无风险收益的超额收益，而信息比率则是相对于某个基准标的的超额收益。

二、结构化理财产品收益与风险分析

金融工程的积木分析法是分析结构化产品的有效方法。首先通过产品的偿付条款了解其偿付结构，转化为损益公式或者偿付损益图；其次结合公式或者图形，讨论是否可以分解为基础期权头寸的组合，根据分解结果对产品的每部分组合进行估值；最后对产品本身进行综合评估。当然，对于强路径依赖产品，一般就直接通过数值方法如蒙特卡洛模拟方法对其偿付公式进行估值和分析。

考虑到发行量、发行时间、产品代表性等因素，本案例最终选择了中国建设银行“乾元—赢来赢往”（黄金看涨凸式结构）、交通银行“得利宝·慧理财”（沪深 300 指数挂钩看涨鲨鱼鳍型结构）、中国建设银行“乾元—赢来赢往”（沪深300指数双层区间累计结构）三款产品，运用蒙特卡洛模拟方法，模拟其标的资产最终价格，分析其偿付收益，并与市场收益进行对比，了解这些产品的偿付与风险特征。

（一）“乾元—赢来赢往”（黄金看涨凸式结构）

1. 产品说明书

该产品为中国建设银行发行的一款结构性存款产品，产品名称为“‘乾元—赢来赢往’2019 年第 1 期（黄金看涨凸式结构）封闭式净值型人民币理财产品”，产品类型为非保本浮动收益型（固定收益类），募集方式为公募，适合收益型、稳健型、进取型、积极进取型个人客户。

该产品挂钩标的为黄金（AU1906），挂钩标的价格以上海期货交易所公布的数据为准。本产品业绩比较基准与观察期内挂钩标的的涨幅 r 挂钩。

r=（末观察日挂钩标的收盘价/首观察日挂钩标的收盘价－1）×100%

首观察日为产品成立日（2019 年 2 月 21 日），末观察日为产品到期日（2019 年 5 月 30 日）。收益具体如下：

（1）若 r<2.5%，业绩比较基准（年化）为 4.0%；

（2）若 2.5%≤r≤6%，业绩比较基准（年化）为 6.0%；

（3）若 r>6%，业绩比较基准（年化）为 4.0%。

2. 产品结构分析

该产品为内置二值期权和敲出期权的产品，挂钩标的为黄金（AU1906），产品年化收益率与挂钩标的涨幅 r 挂钩。涨幅 r 取决于产品成立日和产品到期日黄金收盘价。该产品的年化收益率计算方式如下：在 r<2.5%时，客户年化收益率为 4.0%；在 2.5%≤r≤6%时，客户年化收益率为 6.0%；r>6%时，客户年化收益率也为 4.0%。可以把产品年化收益率用图 15－5 来反映。

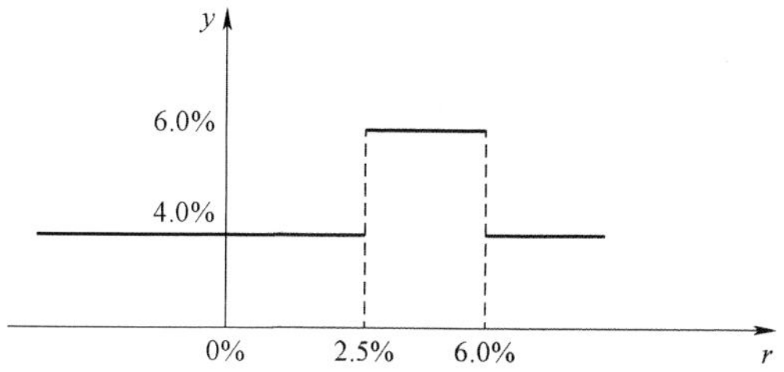

图 15－5　产品年化收益率

3. 蒙特卡洛模拟过程

首先抓取产品开始时点的参数：开始时资产价格黄金（AU1906）在 2019 年 2 月 21 日的收盘价为 291.5 元，无风险收益率为 2.612 25%，日波动率为 6.31%。

进行单次蒙特卡洛模拟，如图 15－6 所示，涨幅 r<2.5%，因此该产品最终年化收益率为 4%。

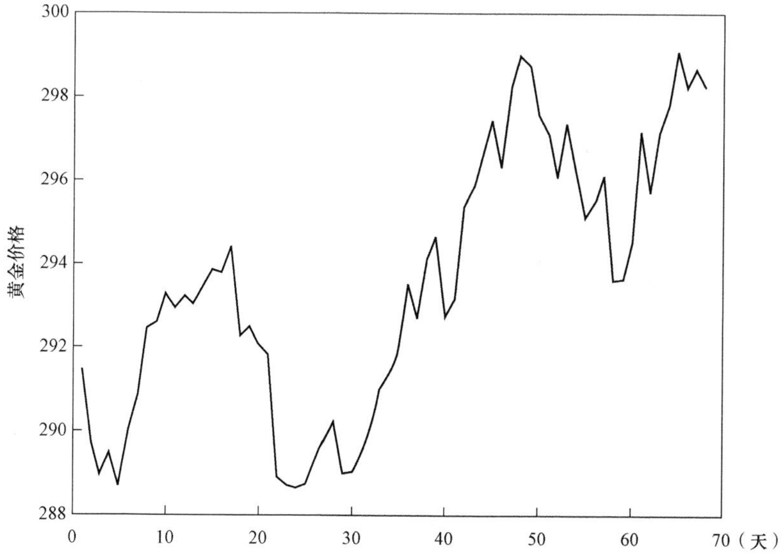

图 15－6　单次蒙特卡洛模拟路径（单位：元/克）

随后进行 10 000 次的蒙特卡洛模拟算法，对每条路径上的最终偿付进行计算，以得到 10 000 个偿付，将这些收益率视作一个样本，进行多个维度的统计。模拟路径和频度如图 15－7 所示。

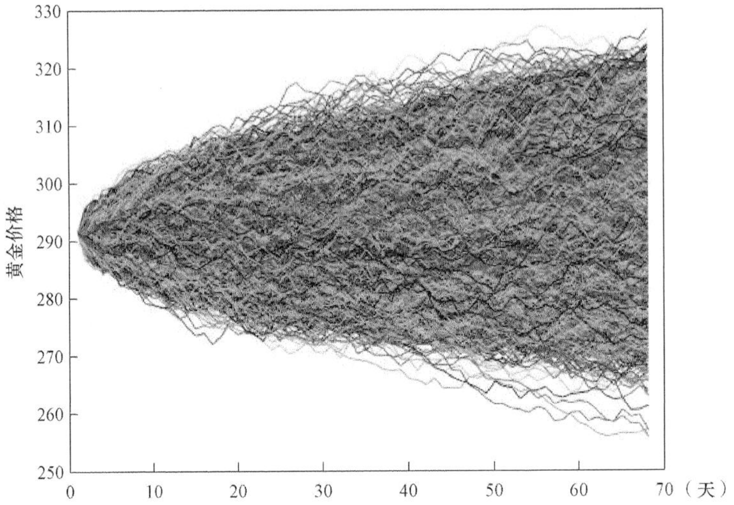

图 15－7　10 000 次蒙特卡洛模拟的路径（单位：元/克）

4. 损益分析

根据 10 000 次蒙特卡洛模拟计算出的标的资产（黄金 AU1906）路径，计算每条路径的收益率。

根据 10 000 次蒙特卡洛模拟出的资产价格路径，分别计算每条路径上的最终偿付值，得到最终偿付的样本均值为 4.104 6%，标准差为 0.445 29%，显而易见，最终偿付的结构化产品只有两个结果，收益率分别为 4%、6%，明显不服从正态分布。

5. 小结

以 2018 年 2 月 1 日至 2019 年 2 月 20 日（252 个交易日）沪深 300 指数为基准，可得市场组合的期望收益为－4.28%，标准差为 21.91%，市场组合的夏普比率为－0.314 7，说明此时正处于熊市，市场整体表现不佳。

该产品的夏普比率为 0.211 3，意味着承担相同的风险，该产品的预期风险溢价较低。该产品之所以卖得好，一方面是市场因素，产品上市前的 252 个交易日沪深 300 指数整体呈下降趋势，市场收益不高，反而存在亏钱的可能；另一方面是产品本身结构，投资者都是风险厌恶者，更倾向于稳定的收益，而产品有 4% 的保本收益，另外该产品提供 6% 的更高收益的机会，虽然概率很小，但给了投资者“意外之财”的希望，因而更能吸引投资者。

（二）“得利宝·慧理财”（沪深 300 指数挂钩看涨鲨鱼鳍型结构）

1. 产品说明书

分析对象为“交通银行‘得利宝·慧理财’1 个月结构性人民币理财产品（沪深 300

指数挂钩看涨鲨鱼鳍型结构)”，产品类型为非保本浮动收益型，银行内部参考评级为低风险产品，经银行个人客户投资风险承受能力评估体系评定适合于稳健型、平衡型、增长型、进取型和激进型的有投资经验的投资者。

产品成立日为 2018 年 4 月 12 日，单期产品投资期限为 34 天。该产品内置看涨鲨鱼鳍型期权，期权挂钩标的为上海证券交易所网站（http://www.sse.com.cn）公布的沪深 300 指数（000300）收盘价，该产品业绩衡量标的指数变动幅度 r 的计算方式如下：

$$r=\frac{\text{观察日沪深300指数收盘价}}{\text{单期产品投资起始日收盘价}}\times 100\%$$

观察期为产品成立日至产品到期日，观察日为每个沪深 300 指数交易日，该产品行权价为起始日沪深 300 指数的 99.00%，障碍价为初始指数的 104.00%，预期最低收益率为 2.50%，预期最高收益率为 7.50%，预期敲出收益率为 5.00%。

2. 产品结构分析

该产品的最终收益主要取决于内置期权的价值变动，具体的计息区间内收益计算方式如下，预期年化收益率如图 15－8 所示。

（1）若观察期内任意观察日 r 高于障碍价，投资者最终可得以预期敲出收益率计息的该计息区间的收益；

（2）若观察期内任意观察日 r 均低于障碍价且产品到期日 r 低于行权价，投资者最终可得以预期最低收益率计息的该计息区间的收益；

（3）若观察期内任意观察日 r 均低于障碍价且产品到期日 r 处于行权价与障碍价之间，投资者最终可得收益率计算方式如下：

$$\text{预期收益率}=\left[\text{预期最低收益率}+\frac{r-\text{行权价}}{\text{障碍价}-\text{行权价}}\times(\text{预期最高收益率}-\text{预期最低收益率})\right]\times 100\%$$

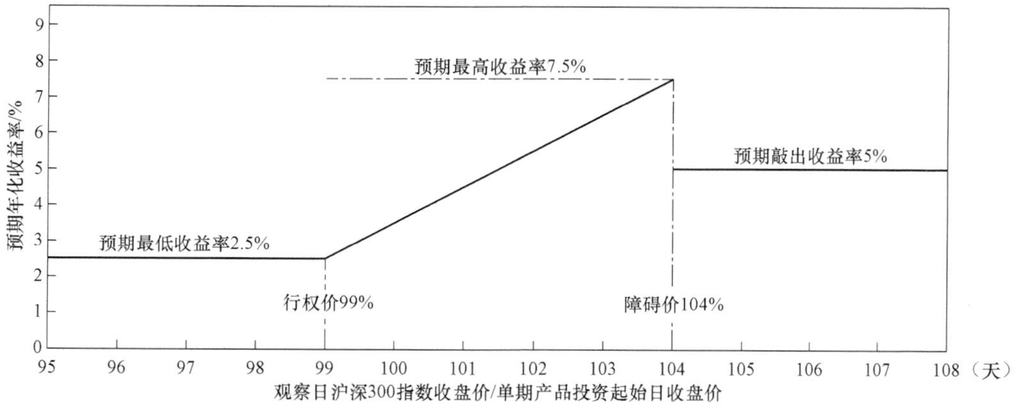

图 15－8 “得利宝・慧理财”预期年化收益率与内置期权关系

3. 蒙特卡洛模拟产品收益

抓取蒙特卡洛模拟所需参数，参考产品说明书以 2018 年 4 月 12 日的沪深 300 指数收盘价作为起始标的资产价格，以前 20 日平均单日国债回购利率作为无风险利率，经计算为 4.288 5%，以之前 252 个交易日的年化日收益率的样本标准差作为历史波动率，经计算为 13.216 3%。

首先进行单次蒙特卡洛模拟，其路径如图 15－9 所示，可得其在第 12 个观测日的变动幅度已高于障碍价的 104%，此次模拟所得最终预期年化收益率为 5%。

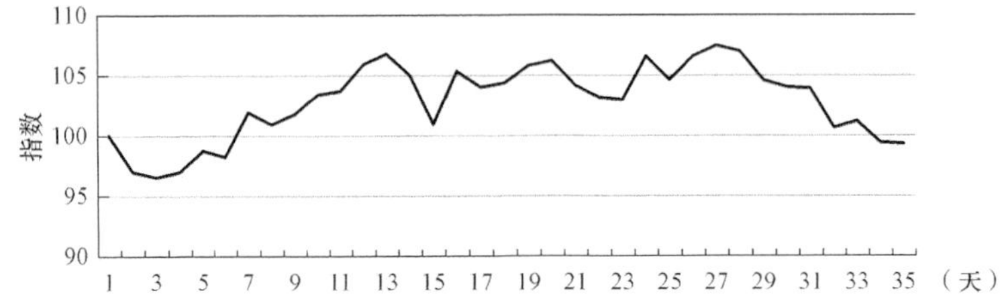

图 15－9　单次蒙特卡洛模拟路径

其次进行 10 000 次的蒙特卡洛模拟，其路径分布如图 15－10 所示，得出资产在整个区间内部的收益率服从正态分布，最终偿付的结构化产品收益率不服从正态分布，由于期权设置了特定的敲出价格，因而整体收益率相较于正态分布为左偏分布。

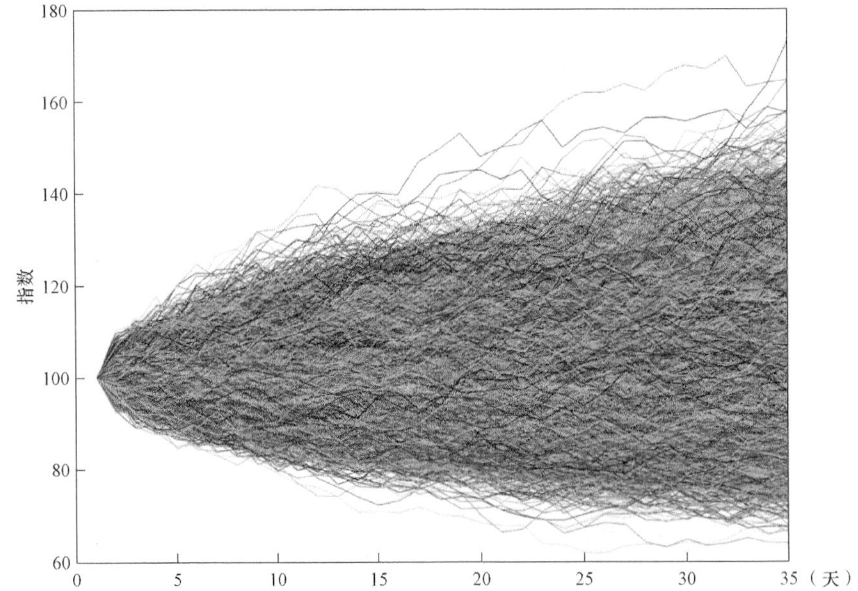

图 15－10　10 000 次蒙特卡洛模拟路径（单位：%）

4. 结果分析

偿付样本的均值为 5.497 9%，高于无风险收益率 4.288 5%，偿付样本的标准差为

3.035 9%，经计算得夏普比率为（5.497 9% − 4.288 5%）/3.035 9% = 0.398 4，以沪深 300 指数作为市场组合，其标准差为 0.832 5%，期望收益率为 0.050 0%，市场组合的夏普比率为（12.610 0% − 4.288 5%）/13.216 3% = 0.629 6，可得该结构化产品不考虑手续费等因素的夏普比率低于市场。

5. 小结

理论上虽不具有吸引力，但交通银行的产品说明书及发售情况证明该产品销量很好，可能一方面由于投资者仅考虑到该产品保本且收益率高于无风险利率，出于风险厌恶而选择购买，另一方面可能投资者未完全意识到设置敲出价对整体收益的影响，不清楚收益整体左偏分布。

（三）"乾元—赢来赢往"（沪深 300 指数双层区间累计结构）

1. 产品说明书

分析对象为中国建设银行发行的"'乾元—赢来赢往' 2019 年第 7 期（沪深 300 指数双层区间累计结构）封闭式净值型人民币理财产品"，产品类型为非保本浮动收益型（固定收益类），募集方式为公募，适合收益型、稳健型、进取型、积极进取型个人客户及机构类客户。

该产品挂钩标的为沪深 300 指数，挂钩标的价格以中证指数有限公司公布的数据为准，为沪深 300 指数场外期权双层区间累计结构。该产品成立日为 2019 年 9 月 3 日，到期日为 2019 年 12 月 27 日，产品期限为 115 天。该产品业绩比较基准与观察期内挂钩标的涨幅 r［r=（T 观察日挂钩标的收盘价/首观察日挂钩标的收盘价 − 1）× 100%］挂钩，首观察日为产品成立日，末观察日为产品到期日，观察期为产品成立日至产品到期日，波动区间 1 为［−3%，7%），波动区间 2 为［−5%，10%），业绩比较基准 1（年化）为 6%，业绩比较基准 2（年化）为 3%，业绩比较基准 3（年化）为 2%，具体如下：

（1）若 r 在观察期内位于波动区间 1，业绩比较基准 1（年化）为 6%；

（2）若 r 在观察期内位于波动区间 1 外且波动区间 2 内，业绩比较基准 2（年化）为 3%；

（3）若 r 在观察期内位于波动区间 2 外，业绩比较基准 3（年化）为 2%。

业绩比较基准（年化）= 6% × r 在波动区间 1 内的观察日天数/观察日总天数 + 3% × r 在波动区间 1 外且波动区间 2 内的观察日天数/观察日总天数 + 2% × r 在波动区间 2 外的观察日天数/观察日总天数。

2. 产品结构分析

该产品为内置期权为累计期权的产品，挂钩标的为沪深 300 指数，产品收益率与观察期内挂钩标的的涨幅 r 挂钩。设观察日总天数为 N 天，r 处于波动区间 1 内的观察日数为 M_1 天，r 处于波动区间 1 外且波动区间 2 内的观察日数为 M_2 天，r 处于波动区间 2 以外的观察日数为 M_3 天，则该产品的收益率计算方式如下：

$$\text{产品收益率（年化）}=6\%\times\frac{M_1}{N}+3\%\times\frac{M_2}{N}+2\%\times\frac{M_3}{N}$$

收益率如图 15－11 所示：

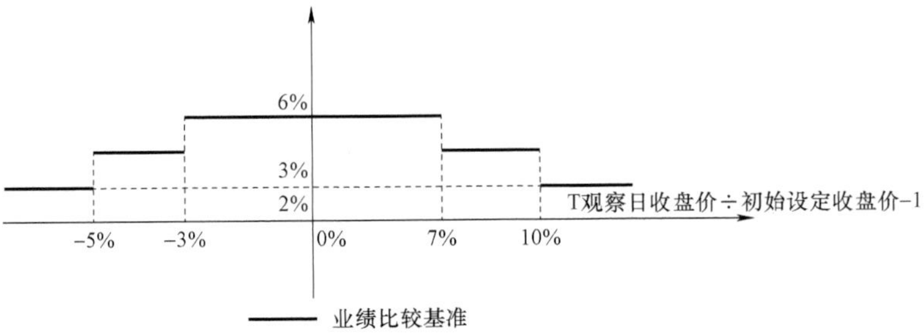

图 15－11　产品收益率

将累计期权以天为单位分解，可以分解为 N 个期限为 1 天的二值期权（N 为累计期权到期期限）。因此，该结构性存款分解为 N 个期限为 1 天的两只二值期权＋固定收益率的组合，具体收益率如下：

$$\text{二值期权1收益率（年化）}=\begin{cases}3\% & -3\%\leqslant r<7\% \\ 0 & r<-3\%\text{ 或 }r\geqslant 7\%\end{cases}$$

$$\text{二值期权2收益率（年化）}=\begin{cases}1\% & -5\%\leqslant r<10\% \\ 0 & r<-5\%\text{ 或 }r\geqslant 10\%\end{cases}$$

$$\text{固定收益率}=2\%$$

3. 蒙特卡洛模拟产品收益

抓取产品开始时点的参数：开始时资产价格为沪深 300 指数在 2019 年 9 月 3 日的收盘价 3 853.61，无风险收益率为 2.867%，年化波动率为 23.30%。

先进行单次蒙特卡洛模拟，其路径如图 15－12 所示，求出 r 在波动区间 1 内的天数为 44 天，在波动区间 2 内的天数为 17 天，在波动区间 3 内的天数为 54 天。因此，该产品最终年化收益率为：

$$6\%\times\frac{34}{115}+3\%\times\frac{6}{115}+2\%\times\frac{75}{115}=3.234\,8\%$$

随后进行 10 000 次的蒙特卡洛算法，对每条路径上的最终偿付进行计算，以得到 10 000 个偿付，将这些收益率视作一个样本，进行多个维度的统计。模拟路径和频度如图 15－13 所示。

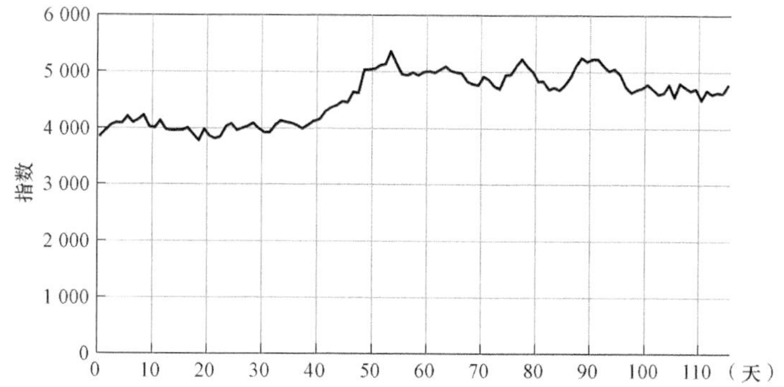

图 15－12 单次蒙特卡洛模拟资产价格路径

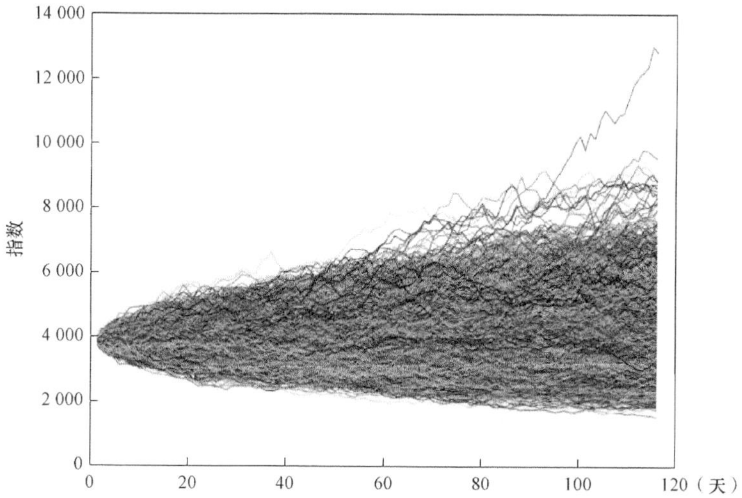

图 15－13 10 000 次蒙特卡洛模拟资产价格路径

4. 损益分析

根据 10 000 次蒙特卡洛模拟计算出的标的资产（沪深 300）路径，计算每条路径的收益率，标的资产收益率在区间内基本符合正态分布。分别计算每条路径上的最终偿付值，计算得到最终偿付的样本均值为 3.242 3%，方差为 0.006 1%（标准差：0.781 7%），中位数为 3.156 5%。由于标的资产波动率太大，标的资产收益率大多落在 2% 到 3% 的区间内，因此结构化产品收益率不服从正态分布。

经计算得到偿付样本均值为 3.242 3%，假定的无风险收益率为 2.867 0%，略高于无风险收益率。偿付样本方差为 0.006 1%，该产品的夏普比率为 0.480 1。

5. 小结

以沪深 300 指数的市场组合为基准，计算市场组合的夏普比率为 0.579 5，略高于该产品的夏普比率（0.480 1），因此该产品在理论上不具有吸引力。该产品受到欢迎，可能性之一是产品在小概率下会获得较高收益率，投资者关注到较高收益率，但忽视了高收益率发生的概率小；可能性之二是，观察到该产品的收益率和波动率都远小于市场组合，但夏普比率却和市场组合差不多，因此估计投资者为风险厌恶者，购买此产品的最低回报率为2%，然而购买市场组合可能会亏损。

（四）三种产品对比分析

汇总产品的基本信息（见表 15－1）可以发现，虽然产品的发行机构、产品标的、内置期权种类有所不同，但其理论最高收益均高于同期的无风险利率。

表 15－1　　三种产品基本信息对比

	黄金看涨凸式结构	沪深 300 指数看涨鲨鱼鳍型结构	沪深 300 指数双层区间累计结构
发行方	中国建设银行	交通银行	中国建设银行
产品存续期	98 个自然日	34 个自然日	115 个自然日
产品起始日	2019 年 2 月 21 日	2018 年 4 月 12 日	2019 年 9 月 3 日
产品标的	黄金（AU1906）	沪深 300 指数收盘价	沪深 300 指数收盘价
理论最高年化收益率	6.0%	7.5%	6.0%
理论最低年化收益率	4.0%	2.5%	2.0%
当期无风险年化利率	2.6%	4.3%	2.9%
内置期权	二值期权	看涨鲨鱼鳍期权	累计期权

依据蒙特卡洛模拟，我们将产品最终收益分布与沪深 300 指数的市场收益率进行对比，结果如表 15－2 所示，据此可得出以下结论：

（1）以黄金为标的的结构化理财产品承载了其标的黄金的避险资产能力，在市场动荡收益不佳阶段实现了正向收益，具有正的夏普比率，具有避险资产的投资价值；

（2）以市场指数为标的的结构化产品最终夏普比率低于市场，从收益性角度来说不具有较高的投资吸引力；

（3）几种结构化产品的标准差均小于市场组合，收益较为稳定且高于同期无风险资产，具有正的夏普比率。

表 15－2　　三种产品收益情况对比

	“乾元”黄金看涨凸式结构	历史沪深 300 指数	“得利宝”沪深 300 指数看涨鲨鱼鳍型结构	历史沪深 300 指数	“乾元”沪深 300 指数双层区间累计结构	历史沪深 300 指数
期望收益（年化）	0.041 0	－0.042 8	0.055 0	0.126 1	0.032 4	0.163 7
标准差	0.070 7	0.219 1	0.030 4	0.132 2	0.007 8	0.233 0
当期无风险利率	0.026 1	0.026 1	0.042 9	0.042 9	0.028 7	0.028 7
夏普比率	0.211 3	－0.314 7	0.398 4	0.629 6	0.480 1	0.579 5

三、案例总结

近年来，我国资管行业经历快速扩张、结构调整与严格监管三个阶段，但整体来说结构化产品仍处于有较大发展空间的机遇期。本案例关键在于通过蒙特卡洛模拟，利用计算机编程的方式使学生对结构性理财产品的风险和收益产生更深层次的理性认识，理清产品中蕴含的奇异期权特点，深化理解期权的定价方法，分析背后的理论逻辑，形成一套模式化的结构性理财产品分析方法。教学中的关键要点如下：

（1）结构性理财产品是什么，分析特定类型产品中蕴含着怎样的期权结构。

（2）Black-Scholes 公式中各指标在实际操作中该如何选择。

（3）如何利用计算机程序实现对产品收益的模拟。

（4）对比不同类型产品，形成一套普适性的分析框架。

（5）利用夏普比率、信息比率分析产品的收益性，若产品收益不及市场组合，分析背后蕴含的逻辑。

四、案例思考与讨论

（一）案例思考题

（1）结构性理财产品的定义是什么？结构性理财产品涉及哪些金融产品？

（2）分析中国建设银行“乾元—赢来赢往”（黄金看涨凸式结构）、交通银行“得利宝·慧理财”（沪深 300 指数挂钩看涨鲨鱼鳍型结构）、中国建设银行“乾元—赢来赢往”（沪深 300 指数双层区间累计结构）三种产品结构和到期偿付结构，说明产品内置了何种期权，该期权到期的偿付结构是什么。

（3）B-S-M 期权定价公式是什么？该模型的假设有哪些？

（4）三种产品的标的资产在整个区间内部的收益率是否服从正态分布？

（5）最终偿付的三种产品的收益率是否服从正态分布？

（6）三种产品的偿付样本均值是多少？方差是多少？夏普比率是多少？

（7）结构化理财产品是否具有吸引力？如没有吸引力，为什么该结构化产品在理论框架上不具有吸引力，而依然能够卖得很好？这显示了购买者的何种非理性误区？

（二）思考题分析思路

（1）结构性理财产品是指通过采用金融工程的理论方法，将存款、零息债券等固定收益产品与金融衍生产品（远期、期权等）组合在一起而形成的一种新型理财产品。

（2）了解常见的奇异期权，分析产品内置何种期权及其标的资产，该期权有怎样的偿付结构。

（3）布莱克与斯科尔斯在 20 世纪 70 年代提出期权定价模型，在一系列假定条件下，以合约期限、股票现价、无风险资产的利率水平、标的资产波动率以及交割价格等因素决定期权价格。

（4）进行 10 000 次的蒙特卡洛算法，对标的资产的每条路径进行计算，得到标的资产 10 000 种可能的到期价格，将这些价格作为样本，计算这段时间的收益率，画图分析是否服从正态分布。

（5）由标的资产 10 000 种到期价格的样本，获得产品最终偿付样本，计算这段时间收益率，画图分析是否服从正态分布。

（6）根据三种产品的偿付样本均值，方差和夏普比率与作为市场组合的沪深 300 指数进行比较，分析三种产品是不是“高收益低风险”，是否具有吸引力。从投资者认知偏差角度分析为什么这些产品卖得好。

五、建议课堂计划

本案例计划的课堂教学与讨论时间为 90 分钟，建议在为每个学生配有计算机的实验室开展教学活动，建议课堂时间安排如下：

（1）先在课堂上让学生在金融数据客户端自由查找一些银行结构性理财产品的条款，大约用 5 分钟时间对结构性理财产品的定义、特征、标的资产、收益率有大致的了解。将中国建设银行“乾元—赢来赢往”（黄金看涨凸式结构）、交通银行“得利宝·慧理财”（沪深 300 指数挂钩看涨鲨鱼鳍型结构）、中国建设银行“乾元—赢来赢往”（沪深 300 指数双层区间累计结构）三种产品的说明书发送给学生阅读，了解这三种产品的大致特征（10 分钟）。

（2）复习期权的定义以及种类。要求学生根据给出的三种结构性理财产品的偿付特征，画出产品收益率图，讨论其中内置了何种期权，并将其分解为基础期权的组合，即上述三种理财产品分别分解为二值期权、看涨鲨鱼鳍期权、累计期权。（15 分钟）

（3）介绍几何布朗运动的概念，介绍股价的随机游走模型，并且给出股价游走路径满足的随机方程。给出 Matlab 的蒙特卡洛模拟代码，指导学生自行修改参数进行蒙特卡洛模拟，观察模拟路径，并且计算不同路径下相应结构性理财产品的损益。（35 分钟）

（4）将三种产品的收益和风险进行对比分析，并与股票指数收益率、无风险收益率等进行对比，得出有关银行结构性理财产品特征的结论，对其提出创新和改进的建议。这部分可以就“为何投资者愿意购买此类理财产品”进行课堂讨论。（25 分钟）

六、案例参考资料

［1］Vladimir Anic, Martin Wallmeier. Perceived Attractiveness of Structured Financial Products:The Role of Presentation Format and Reference Instruments. Journal of Behavioral Finance, 2020, 21(1): 78 – 102.

［2］Alexis H Kunz, Claude Messner, Martin Wallmeier. Investors' Risk Perceptions of

Structured Financial Products with Worst-of Payout Characteristics. Journal of Behavioral and Experimental Finance, 2017, 15: 66－73.

［3］Pavel A Stoimenov, Sascha Wilkens. Are Structured Products Fairly Priced? An Analysis of the German Market for Equity-linked Instruments. Journal of Banking and Finance. 2005, 29(12): 2971－2993.

［4］Mark J Machina. Payoff Kinks in Preferences over Lotteries. Journal of Risk and Uncertainty. 2001, 23: 207－260.

［5］胡振，苏日乐. 消费者金融素养研究综述. 金融与经济，2019（10）：84－88.

［6］余湄，刘子建，冯建芬，陈展. 国内结构化理财产品的定价问题研究. 烟台大学学报（哲学社会科学版），2018，31（4）：104－114.

七、附录：案例代码（以 Matlab 为例）

附录一：黄金看涨凸式结构部分代码

1. 单次蒙特卡洛模拟路径（Matlab）

```
S0=291.5;
rf=0.0261225;
sigma=0.063101801;
 T=67/252;
M=67;
deltaT=T/M;
N=1;
 path=zeros(M+1,N);
path(1,:)=S0;
for i=1:M
path(i+1,:)=path(i,:)+rf*path(i,:)*deltaT+sigma*path(i,:)*sqrt(deltaT).*randn(1,N);
end;
plot(path);
```

2. 10 000 次蒙特卡洛模拟图像（Matlab）

```
S0=291.5;
rf=0.0261225;
sigma=0.063101801;
 T=67/252;
```

```
M=67;
deltaT=T/M;
N=10000;
 path=zeros(M+1,N);
path(1,:)=S0;
for i=1:M
path(i+1,:)=path(i,:)+rf*path(i,:)*deltaT+sigma*path(i,:)*sqrt(deltaT).*randn(1,N);
end;
plot(path);
```

3. 10 000 次蒙特卡洛模拟（Python）

```
import random
import math
s = 291.5
rf = 0.0261225
sigma = 0.063102
t = 1/252
file_handle=open('s0.txt',mode='w')
#data = open("E:\python_work\s0.txt")
for k in range(10000):
    mu = random.normalvariate(0, 1)
    for i in range(66):
        s = s * math.exp((rf-0.5*(sigma**2))*t+sigma*(t**0.5)*mu)
    s=str(s)
    file_handle.write(s)
    file_handle.write('\n')
    #print(s,file=data)
    s=291.5
file_handle.close()
```

附录二：沪深 300 指数看涨鲨鱼鳍型部分代码

1. 单次蒙特卡洛模拟路径（Matlab）

```
function price=underlyingpath(S0,mu,sigma,T,N)
S0 = 100
```

```
mu = 0.0429
sigma = 0.132
T = 1
N = 34
deltaT=T/N;
price=zeros(N+1,1);
price(1)=S0;
for i=2:N+1
   price(i)=price(i-1)*exp((mu-0.5*sigma^2)*deltaT+sigma*
sqrt(deltaT)*randn(1));
end
```

2. 10 000 次蒙特卡洛模拟图像（Matlab）

```
N=34;
M=10000;
S0=100;
mu=0.0429;
sigma=0.132;
T=1;
N=34;
price_matrix=zeros(N+1,M);
for i=1:M
price_matrix(:,i)= underlyingpath(S0,mu,sigma,T,N);
end
plot(price_matrix)
```

3. 10 000 次蒙特卡洛均值及标准差（Python）

```
import random
import math
s = 100
rf = 0.042885
t = 0.029411764705882353
sigma = 0.13216294
n = 10000
sum = float(0)
```

```
sum_2 = float(0)
for k in range(n):
    i = 0
    s = 100
    mu = random.normalvariate(0, 1)
    while i < 34:
        s = s * math.exp((rf-0.5*(sigma**2))*t + sigma*(t**0.5)*mu)
        if s > 104:
            rate = 0.05
            rate_2 = 0.0025
            break;
        i += 1
    if s < 99:
        rate = 0.025
        rate_2 = 0.000625
    else:
        rate = 0.025 + (s - 99) / 100
        rate_2 = (0.025 + (s-99)/100)**2
    sum += rate
    sum_2 += rate_2
aver = sum / n
aver_2 = sum_2 / n
print(aver)
var = (aver_2 - aver**2) ** 0.5
print(var)
```

附录三：沪深 300 指数双层区间累计结构部分代码

10 000 次蒙特卡洛模拟代码：

代码 1

```
N=115;
M=10000;
S0=3853.6106;
mu=0.02867;
sigma=0.233;
T=1;
N=115;
```

```
price_matrix=zeros(N+1,M);

%第一步,模拟出的价格矩阵,每一列为一个价格路径,总共 M 列,每列共 N+1 个价格
for i=1:M
    price_matrix(:,i)= underlyingpath(S0,mu,sigma,T,N);
end
plot(price_matrix)

asset = zeros(1,M);
%第二步，计算 10000 次模拟的资产在该区间的收益率
for j=1:M
    asset(j)=price_matrix(N+1,j)/price_matrix(1,j)-1;
end

xlswrite('asset.xlsx',asset)
```

代码 2

```
function price=underlyingpath(S0,mu,sigma,T,N)
%程序目的:给定随机过程，用蒙特卡洛模拟模拟标的资产的一条价格路径
%输入 1:初始价格 S0
%输入 2:几何布朗运动的均值 mu(在风险中性定价中，应该等于无风险利率)
%输入 3:标的物收益率的波动率 sigma
%输入 4:到期日               T
%输入 5:模拟时节点个数        N
%输出:  标的资产的价格轨道   pricepath
%第一步，给出节点间的步长
deltaT=T/N;
price=zeros(N+1,1);
%将价格轨道的第一个元素定为 S0
price(1)=S0;
%第二步，进行递归运算，模拟出标的资产的一条价格路径
for i=2:N+1
   price(i)=price(i-1)*exp((mu-0.5*sigma^2)*deltaT+sigma*sqrt
(deltaT)*randn(1)); %randn(1)产生一个标准正态分布的随机数
end
```

第二节　场外期权案例分析任务设计与实施

雪球期权是目前我国场外期权市场备受关注的结构化期权产品，本案例分析任务要求学生以小组为单位通过积木分析法和数值算法来探讨雪球期权的价格特征及影响因素，以加深学生对期权结构化创新的认识，同时引导学生自主探究算法收敛性优化与计算时间优化的答案，培养学生的自主学习能力、动手能力和研究精神。

【教学目标】

1. 价值目标

（1）加深学生对于我国场外期权市场的了解，知国情民情；

（2）培养学生进行民主协商、和谐相处、合理分工的团队协作精神；

（3）培养学生敬业、诚信、友善的社会主义核心价值观；

（4）增强学生勇于探索的创新精神。

2. 知识目标

（1）理解结构化期权产品分析的方法和技术；

（2）掌握希腊字母的概念及基础应用；

（3）了解金融工程的数值算法和实现技术；

（4）了解复杂的结构化金融工具。

3. 能力目标

（1）提升学生的自主学习能力和动手能力；

（2）提升学生的研究能力和写作分析能力。

【案例知识点】

（1）结构化期权的分析方法；

（2）障碍期权的敲入与敲出；

（3）希腊字母的定义与应用场景；

（4）蒙特卡洛方法数值近似的特点；

（5）蒙特卡洛模拟的算法改进。

【案例适用课程】

适用于金融工程和衍生金融工具课程。

一、背景知识介绍

（一）雪球产品简介

为了满足客户定制化的风险收益需求，场外期权总是会增加很多奇异的条款或者将多个期权头寸组合构建为结构化的期权产品，如常见的障碍期权、回望期权、亚式期权、巴黎期权等，其中障碍期权的类型和名目繁多，障碍水平的设置、触及障碍后的处理、障碍条款生效的条件等可以有千万种变化。我国从 2020 年起开始盛行的雪球期权产品就是融合了障碍条款、期权空头条款、路径依赖条款的结构化期权产品，其中障碍条款可能被描述为赎回或者触发事件。

若将赎回条款附加到结构化产品中，即在产品存续期间挂钩的标的资产满足提前赎回条件，投资者可以获得较高收益，具有这种特征的产品被称为自动赎回的结构化产品。由于赎回条款增加了产品的吸引力，自从法国巴黎银行在 2003 年 8 月 15 日发行了首个可赎回结构化产品后，自动赎回产品的数量和名义本金不断增加。目前，备受关注的雪球产品是一类典型的自动赎回结构化产品，当标的资产的价格在特定日期超过某约定的水平时，产品触发自动赎回。雪球结构属于路径依赖的产品，每一个产品都有挂钩的标的资产（可以是个股、股票指数或者指定的一篮子股票），且每个产品都有一定的观察期限，标的资产的价格变化路径以及最终表现决定了投资者的收益。

因为通常能提供较高的票息，雪球产品近年来得到了广大投资者的青睐，市场规模不断扩张。但是，雪球产品也频频受到监管窗口指导，这主要是因为在发展过程中逐渐暴露出问题与风险，这与雪球产品的结构有关。

（二）雪球产品的收益结构介绍

表 15－3 展示了市面上一个雪球结构收益凭证的条款。

表 15－3　　雪球结构的收益凭证案例

产品要素	要素性质（示例）
标的资产	中证 500 指数（000905.SH）
观察期限	360 天，从第 3 个月开始每月观察敲出＋每日观察敲入
期权结构	自动敲入敲出结构
名义本金	100 万元
敲出水平	期初价格×103%
敲入水平	期初价格×80%
敲出票息（同红利票息）	25%（年化）
敲出事件（每月观察）	在任一敲出观察日，挂钩标的收盘价格高于或等于敲出水平
敲入事件（每日观察）	在任一敲入观察日，挂钩标的收盘价格低于敲入水平
收益计算（不包括本金）	敲出（自动提前终止）：25%×名义本金×计息天数/365
	未敲入未敲出：25%×名义本金×计息天数/365（在此计息天数为 360 天）
	敲入未敲出（标的期末价格小于期初价格）：（期末价格/期初价格－1）×本金
	敲入未敲出（标的期末价格处于期初价格与敲出价格之间）：0

资料来源：兴业证券经济与金融研究院。

该产品的期限为 360 天，挂钩标的为中证 500 指数，根据产品的条款，敲出水平为标的资产期初价格的 103%，敲入水平为期初价格的 80%，雪球结构将从第 3 个月开始每月观察期权是否敲出并每日观察期权是否敲入：

若在任一敲出观察日，挂钩标的收盘价格高于或等于（标的指数的期初价格×103%），投资者可以获得（100%本金+敲出票息）；

若在观察期内既没发生敲出也没发生敲入，投资者获得 100%本金+红利票息；

若在观察期内敲入且未敲出，且标的资产的到期价格低于期初价格，投资者相当于将名义本金（100 万元）以期初价格买入标的并持有到期，此时投资者发生亏损；

若在观察期内敲入且未敲出，且标的资产的到期价格处于期初价格和敲出价格之间，则投资者全额收回本金，无额外收益。

上述条款解析汇总如表 15－4 所示。

表 15－4　　　　雪球结构的收益凭证到期收益分析

情况	具体分析	合约实际结束时间	投资者收益（不包括本金）	是否获得正收益
敲出	从第 3 个月开始，10 个敲出观察日中的任何一日标的资产价格高于或等于沪深 300 指数初始价格的 103%（T 日敲出）	T 日合约提前终止	25%×T/365×本金	是
未敲入未敲出	标的价格每日都不低于初始价格的 80%，且每个敲出观察日都低于初始价格的 103%	合约持有到期	25%×360/365×本金	是（此时收益最高）
敲入未敲出	任一交易日跌破初始价格的 80%，且 10 个敲出观察日都低于初始价格的 103%，标的资产的期末价格低于期初价格	合约持有到期	（期末价格/期初价格－1）×本金	否（发生亏损）
	任一交易日跌破初始价格的 80%，且 10 个敲出观察日都不高于初始价格的 103%，标的资产的期末价格处于期初价格与敲出价格之间	合约持有到期	0	否（保本）

资料来源：兴业证券经济与金融研究院。

（三）定价算法：蒙特卡洛模拟

对于简单的香草期权，我们通常使用 Black-Scholes 模型定价，但对于上述雪球期权，其强路径依赖特征很难找到解析解，因此经常尝试通过数值方法求解。蒙特卡洛模拟是一种通过模拟标的资产价格随机运动路径得到定价产品未来偿付的期望价值，并通过贴现来估计衍生产品价格的数值方法。蒙特卡洛模拟进行衍生产品定价的核心在于生成标的价格的随机过程，如股价运动服从的伊藤过程，只要给出具体表达式即可模拟。以股票价格为例进行说明，在风险中性环境下，通过蒙特卡洛模拟随机产生一组股价运动的路径，即模拟实验。在产生足够多样本路径后，通过期权的偿付公式可以基于标的资产价格的抽样样本计算期权未来的偿付价值，获得期权未来偿付价值的样本，用此样本可以估计期权的收益分布期望，进而通过无风险利率贴现得到衍生产品的价格。蒙特卡洛模拟的实质是对随机变量的概率分布进行有放回抽样，然后用样本的概率特征近似变量本身的概率特征，借此解决金融问题。

蒙特卡洛方法的优点在于可以对各种复杂衍生产品进行定价，尤其是对于历史路径依赖的期权如雪球期权，思想较为简单形象，但是蒙特卡洛方法有时收敛较慢，当设置的路径条数较多时会影响定价的效率。

对于雪球产品，在对价格路径进行模拟之后，根据产品的条款可以知道每一条路径下的收益情况，从而对雪球产品进行贴现，全部路径下的贴现价格均值就是期权的当前价值。

二、案例分析任务

（1）写出案例中雪球期权的到期损益公式，并分析其损益结构和风险特征；

（2）计算雪球期权价值，了解雪球期权敲入和敲出的情景并计算相应的收益；

（3）计算雪球期权的 Delta、Gamma 和 Vega 等希腊字母值，分析不同标的价格下这些希腊值的变化；

（4）分析蒙特卡洛模拟路径的增加对期权价值估计的精确度的影响，并尝试对算法在时间复杂度与收敛性方面进行改进。

三、案例分析方法

在表 15－3 的参数设置下，假设标的资产遵从 $r=0.03$，$q=0.06$ 的几何布朗运动，通过自主编程或某些软件提供的工具箱，实现：

（1）定价：基于蒙特卡洛模拟，考虑雪球产品在不同情景下的收益结构，实现对雪球期权的基本定价。

（2）希腊字母分析：根据课堂中对希腊字母的学习，计算雪球期权的 Delta、Gamma 和 Vega 值，并分别绘制 Delta、Vega 和 Gamma 与标的资产价格、波动率、到期时间的关系图。

（3）算法收敛性分析：增加模拟路径次数，观察雪球结构的定价结果是否随着模拟轨道数量的增加而收敛。尝试对算法进行调整以优化收敛性。

四、案例分析要求

（一）教师活动

教师需熟悉案例内容和计算软件的操作方式，以便组织和引导学生小组开展案例分析；

教师还应知悉案例分析可能出现的结果，对学生提交的案例分析报告进行评价和指导。

（二）学生活动

学生以小组形式开展任务，不超过 3 人一组并设置一名组长，通过分工协作和小组内部讨论的方式开展案例分析，在任务结束后，以小组形式形成最终案例分析报告提交给教师。

（三）案例分析任务布置

在课堂上布置案例分析任务，指导学生操作熟悉编程软件，学生在线下分组完成案例数据搜集、处理和程序优化任务，完成案例的定性和定量分析任务，撰写案例分析报告。

（四）小组分工及分工讨论内容

小组规模：以不超过 3 名学生为 1 组。

小组成员组合要求：知识和能力具有一定的互补性，包括理论知识储备、软件操作、文献阅读和数据分析能力，小组内部应共同决策并做好记录分工。

小组内部讨论内容包括：（1）雪球产品的收益特征和风险特征；（2）蒙特卡洛模拟数值近似的效果；（3）蒙特卡洛方法收敛的速度；（4）雪球产品可能对市场产生的影响，是否能够用数值方法估计。

五、报告评分标准

本项目以案例分析报告为准进行考核，需要说明小组成员的分工。考核评分表可参考表 15－5。

表 15－5　　分组完成实验报告的评分表

小组成员信息（每组不超过 3 人）			
姓名 1		学号 1	
姓名 2		学号 2	
姓名 3		学号 3	

案例评分					
项目名称	评分标准	满分	学生 1 得分	学生 2 得分	学生 3 得分
总得分		100			
成员分工情况	分工合理，每位成员工作量相当	10			
案例分析报告撰写	格式规范，条理清晰，文笔流畅，逻辑结构安排合理，体现创新意识和研究能力	50			

续表

项目名称	评分标准	满分	学生 1 得分	学生 2 得分	学生 3 得分
案例分析任务完成情况	完整地分析了雪球产品的收益和风险特征，准确计算并绘制了希腊字母的图像，并对其金融含义进行了分析。测试了不同方法的收敛速度	30			
	如果有多种方法进行比较或者有雪球产品对市场影响的分析，可以作为加分项	10			

六、案例参考资料

［1］约翰·赫尔. 期权、期货及其他衍生产品（原书第 10 版）. 王勇，索吾林，译. 北京：机械工业出版社，2018.

［2］徐寅，刘海洋，宫民. 场外期权系列之五：如何对雪球结构定价. 兴业证券，2021.

第三节　论文研讨任务设计与实施

本节主要通过阅读与金融工程相关的学术论文，提高学生发现问题、分析问题和解决问题的能力。论文的阅读方向包括资产定价、衍生产品与风险投资、数字货币等。资产定价是现代金融理论的起源，也是金融工程重要的研究领域，数字货币则是数字化经济发展背景下的创新金融产物，其相关市场和衍生产品市场的研究具有较强的前沿性，因此本节的论文研讨任务融传统和前沿领域于一体，给予学生充分的兴趣选择权。

【教学目标】

1. 价值目标

（1）扩展学生对于金融工程相关领域的了解，提升学生的专业学术素养；

（2）培养学生刻苦钻研、独立思考的学习能力；

（3）培养学生友善合作、民主协商、合理分工的团队协作精神；

（4）培养学生敬业、诚信、友善的社会主义核心价值观；

（5）培养学生勇于探索的科研创新精神。

2. 知识目标

（1）了解资产定价、资本市场和数字货币等相关研究成果；

（2）掌握金融工程的基本分析技术与方法；

（3）掌握文献阅读与分析的基本框架。

3. 能力目标

（1）提升学生的团队协作能力；

（2）提升学生自主学习能力和动手能力；

（3）提升学生的研究能力和写作分析能力。

【本节知识点】

（1）资产定价；

（2）衍生产品；

（3）风险投资；

（4）数字货币。

一、论文研讨目的

通过阅读一定的专业文献，了解相关研究领域的主要研究成果，学习相关研究方法与写作技巧，培养学生的研究兴趣与提升研究能力。

二、论文研讨要求

（1）2～3 人为一组进行研讨。

（2）选择一个研究方向的论文进行阅读，阅读量为 5～10 篇。

（3）完成选定方向的文献综述，同时完成相应的读书笔记，总结所阅读论文采用的研究方法与研究结论。学生可以从本节附录中寻找文献，也可以根据自己的兴趣与专长选择其他与金融工程密切相关的方向的文献。

三、论文研讨的评价标准

论文研讨的评价标准可以通过表 15－6 所示的评分表来体现。

表 15－6　分组论文研讨评分表

小组成员信息（每组不超过 3 人）					
姓名 1		学号 1			
姓名 2		学号 2			
姓名 3		学号 3			
实验评分					
项目名称	评分标准	满分	学生 1 得分	学生 2 得分	学生 3 得分
总得分		100			
成员分工情况	分工合理，每名成员工作量相当	15			
文献分析报告撰写	格式规范，条理清晰，文笔流畅，逻辑结构安排合理，文献综述完整	60			

续表

报告研讨情况	参与课堂文献研讨，可以逻辑清晰地概括文献内容和特点，简练回答提问者的问题，并清楚表达个人的学习观点，观点具有科学合理性	25			

四、论文研讨推荐目录

（一）资产定价

该模块了解经典的资产定价理论及相关的学术成果，并掌握基本的资产定价方法。

［1］ALTMAN E. Financial Ratios, Discriminant Analysis and the Prediction of Corporate Bankruptcy. Journal of Finance, 1968, 23(4): 589－609.

［2］ AMIHUD Y. Illiquidity and Stock Returns: Cross-section and Time-series Effects. Journal of Financial Markets, 2002(5): 31－56.

［3］ AMIHUD Y, ALLAUDEEN H, KANG W J, et al. The Illiquidity Premium: International Evidence. Journal of Financial Economics, 2015, 117: 350－368.

［4］ ANG A, HODRICK R J, XING Y H, et al. The Cross-Section of Volatility and Expected Returns. Journal Finance, 2006, 61(1): 1－41.

［5］ BAI H, HOU K W, KUNG H, et al. The CAPM Strikes Back? An Equilibrium Model with Disasters. Journal of Financial Economics, 2019, 131: 269－298.

［6］ CAMPBELL J Y, HILSCHER J, SZILAGYI J. In Search of Distress Risk. Journal of Finance, 2008, 63(6): 2899－2939.

［7］ CAMPBELL J Y, GIGLIO S, POLK C, et al. An Intertemporal CAPM with Stochastic volatility. Journal of Financial Economics, 2018, 128: 207－233.

［8］ CARHART M M. On Persistence in Mutual Fund Performance. Journal of Finance, 1997, 52(1): 57－82.

［9］ CHEN N F. Some Empirical Tests of the Theory of Arbitrage Pricing. Journal of Finance, 1983, 38(5): 1393－1414.

［10］ COX J C, Jr INGERSOLL J E, ROSS S A. An Intertemporal General Equilibrium Model of Asset Prices. Econometrica, 1985, 53: 363－384.

［11］ DHRYMES P J, FRIEND I, GULTEKIN N B. A Critical Reexamination of the Empirical Evidence on the Arbitrage Pricing Theory, 1984, 39(2): 323－346.

［12］ DICHEV I D. Is the Risk of Bankruptcy a Systematic Risk?. Journal of Finance, 1998, 53(3): 1131－1147.

［13］ FAMA E F, FRENCH K R. The Cross-Section of Expected Stock Returns. Journal of Finance, 1992, 47(2): 427－465.

［14］ FAMA E F, FRENCH K R. Common Risk Factors in the Returns on Stocks and Bonds. Journal of Financial Economics, 1993, (33): 3－56.

［15］ FAMA E F, FRENCH K R. Profitability, Investment and Average Returns. Journal of Financial Economics, 2006, 82: 491－518.

［16］ FAMA E F, FRENCH K R. Dissecting Anomalies. Journal of Finance, 2008, 63(4): 1653－1678.

［17］ FAMA E F, FRENCH K R. A Five-factor Asset Pricing Model. Journal of Financial Economics, 2015, 116: 1－22.

［18］ FAMA E F, FRENCH K R. International Tests of a Five-factor Asset Pricing Model. Journal of Financial Economics, 2017, 123: 441－463.

［19］ FAMA E F, FRENCH K R. Choosing Factors. Journal of Financial Economics, 2018, 128: 234－252.

［20］ GIBBONS M R, ROSS S A, SHANKEN J. A Test of the Efficiency of a Given Portfolio. Econometrica, 1989, 57(5): 1121－1152.

［21］ GU M, KANG W J, XU B. Limits of Arbitrage and Idiosyncratic Volatility: Evidence from China Stock Market. Journal of Banking and Finance, 2018, 86: 240－258.

［22］ HE Z G, KRISHNAMUTHY A. Intermediary Asset Pricing. American Economic Review, 2013, 103(2): 732－770.

［23］ HE Z G, KELLY B, MANELA A. Intermediary Asset Pricing: New Evidence from Many Asset Classes. Journal of Financial Economics, 2017, 126: 1－35.

［24］ HIRSHLEIFER D, HSU Po-Hsuan, LI D M. Innovative Efficiency and Stock Returns. Journal of Financial Economics, 2013, 107: 632－654.

［25］ HOU K W, XUE C, ZHANG L. Digesting Anomalies: An Investment Approach. Review of Financial Studies, 2015, 28: 650－705.

［26］ HOU K W, MO H, XUE C, ZHANG L. Which Factors?. Review of Finance, 2019, 23(1): 1－35.

［27］ JEGADEESH N, TITMAN S. Returns to Buying Winners and Selling Losers: Implications for Stock Market Efficiency. Journal of Finance, 1993, 48(1): 65－91.

［28］ LINTNER J. Security Prices, Risk, and Maximal Gains from Diversification. Journal of Finance, 1965, 20(4): 587－615.

［29］ LINTNER J. The Valuation of Risk Assets and the Selection of Risky Investment in Stock Portfolios and Capital Budgets. Review of Economics and Statistics, 1965, 40: 13－37.

[30] LIU W M, LUO D, ZHAO H N. Transaction Costs, Liquidity Risk, and the CCAPM. Journal of Banking & Finance, 2016, 63: 126 – 145.

[31] LIU J N, STAMBAUGH R F, YUAN Y. Size and Value in China. Journal of Financial Economics, 2019, 134: 48 – 69.

[32] LIN Q. Understanding Idiosyncratic Momentum in the Chinese Stock Market. Journal of International Financial Market, Institutions & Money, 2022, 76: 1 – 14.

[33] LUCAS R E. Asset Prices in an Exchange Economy. Econometrica, 1978, 46(6): 1429 – 1445.

[34] MARKOWITZ H. Portfolio Selection. Journal of Finance, 1952, 7: 77 – 91.

[35] MERTON R C. An Intertemporal Capital Asset Pricing Model. Econometrica, 1973, 41(5): 867 – 887.

[36] NARTEA G V, WU J, LIU Z T. Does Idiosyncratic Volatility Matter in Emerging Markets? Evidence from China. Journal of International Financial Market, Institutions & Money, 2013, 27: 137 – 160.

[37] NOVY-MARX R. The Other Side of Value: The Gross Profitability Premium. Journal of Financial Economics, 2013, 108: 1 – 28.

[38] OHLSON J A. Financial Ratios and the Probabilistic Prediction of Bankruptcy. Journal of Accounting Research, 1980, 18(1): 109 – 131.

[39] ROLL R, ROSS S A. An Empirical Investigation of the Arbitrage Pricing Theory. Journal of Finance, 1980, 35(5): 1073 – 1103.

[40] ROSS S A. The Arbitrage Theory of Capital Asset Pricing. Journal of Economic Theory, 1976, 13: 341 – 360.

[41] SHARPE W F. Capital Asset Prices: A Theory of Market Equilibrium Under Conditions of Risk. Journal of Finance, 1964, 19(3): 425 – 442.

[42] SLOAN R. Do Stock Prices Fully Reflect Information in Accruals and Cash Flows About Future Earnings?. Accounting Review, 1996, 71(3): 289 – 315.

[43] STAMBAUGH R F, YU J F, YUAN Y. The Short of It: Investor Sentiment and Anomalies. Journal of Financial Economics, 2012, 104: 288 – 302.

[44] STAMBAUGH R F, YU J F, YUAN Y. The Long of It: Odds That Investor Sentiment Spuriously Predicts Anomaly Returns. Journal of Financial Economics, 2014, 114: 613 – 619.

[45] STAMBAUGH R F, YU J F, YUAN Y. Arbitrage Asymmetry and the Idiosyncratic Volatility Puzzle. Journal Finance, 2015, 70(5): 1903 – 1948.

[46] STAMBAUGH R F, YUAN Y. Mispricing Factors. Review of Finance, 2017, 30(4): 1270 – 1315.

［47］TAM H, LAI L. Explaining the Equity Premium in Hong Kong with CCAPM: The Use of Emigration Growth as an Instrument. Journal of International Financial Markets, Institutions & Money, 2009, 19: 520－533.

［48］TITMAN S, WEI JOHN K C, XIE F X. Capital Investment and Stock Returns. Journal of Financial and Quantitative Analysis, 2004, 39(4): 677－700.

［49］YANG Y C, ZHANG B H, ZHANG C. Is Information Risk Priced? Evidence from Abnormal Idiosyncratic Volatility. Journal of Financial Economics, 2020, 135: 528－554.

（二）衍生产品

该模块主要探究衍生产品的定价及其风险管理功能在企业发展中的作用。

［1］BLACK F, SCHOLES M. The Pricing of Options and Corporate Liabilities. Journal of Political Economy, 1973, 81(3): 637－659.（Black-Scholes 期权定价模型）

［2］MERTON R C. Theory of Rational Option Pricing. Bell Journal of Economics and Managements Science, 1973, 4(1): 141－183.（Black-Scholes-Merton 期权定价模型）

［3］BLACK F, SCHOLES M. The Valuation of Option Contracts and a Test of Market Efficiency. The Journal of Finance, 1972, 27(2): 399－417.（Black-Scholes 模型市场检验）

［4］MERTON R C. On the Pricing of Corporate Debt: The Risk Structure of Interest Rates. The Journal of Finance, 1974, 29(2): 449－470.（公司债定价, KMV 模型基础）

［5］BLACK F. The Pricing of Commodity Contracts. Journal of Financial Economics, 1976, 3: 167－179.（Black 期货期权定价模型）

［6］COX J C, ROSS S A, RUBINSTEIN M. Option Pricing: A Simplified Approach. Journal of Financial Economics, 1976, 7(3): 229－264.（CRR 二叉树模型）

［7］MERTON R C. Option Pricing When the Underlying Process for Stock Returns is Discontinuous. Journal of Financial Economics, 1976, 3(1/2): 125－144.（跳扩散过程下的期权定价）ES Schwartz, FA Longstaft (Eduardo S, Schwartz, Francis A, Longstaft)

［8］SCHWARTZ E S, LONGSTAFF F A. Valuing American Options by Simulation: a Simple Least Squares Approach. The Review of Financial Studies, 2001, 14(1): 113－147.（最小二乘蒙特卡洛模拟下的美式期权定价）

［9］HULL J C,WHITE A D. Efficient Procedures for Valuing European and American Path-Dependent Options. Journal of Derivatives, 1993, 1(1): 21－31.（路径依赖期权的二叉树定价）

［10］崔明超，黄运成. 人民币远期汇率定价实证分析. 国际金融研究，2008（10）：6.

［11］宋军，凌若冰，吴冲锋. 期权加油卡的产品设计、定价和套期保值研究. 经济研究，2011，46（S1）：134－144.

［12］潘慧峰，班乘炜. 复杂衍生品定价是否公平——基于深南电案例的分析. 金融

研究，2013（9）：13.

［13］金淦. 面临跳跃性系统风险的消费金融市场中的衍生品估价模型及其闭式解. 经济研究，2012（S1）：11.

［14］周佰成，王建飞. 基于OU过程的中房指数期权定价. 管理世界，2013（4）：2.

［15］鲍建平，杨建明. 利率期货交易对债券现货市场价格发现的影响分析. 金融研究，2004（2）：9.

［16］许荣，刘成立. 限制交易政策如何影响期现关系？——对股指期货价格发现功能的实证检验. 金融研究，2019（2）：15.

［17］张劲帆，汤莹玮，刚健华，樊林立. 中国利率市场的价格发现——对国债现货、期货以及利率互换市场的研究. 金融研究，2019（1）：19－34.

［18］夏和平，周茂彬，王小明. 存贷款业务中的隐含期权对我国商业银行利率风险的影响. 金融研究，2007（09A）：13.

［19］蒋贤锋，史永东，李慕春. 期货市场保证金调整的市场风险控制作用及制度改革——来自大连商品交易所的实证分析. 金融研究，2007（02A）：15.

［20］张培，宋凌峰. 人民币外汇衍生品诱发的金融风险研究. 管理世界，2008（12）：2.

［21］郑振龙，刘杨树. 衍生品定价：模型风险及其影响. 金融研究，2010（2）：20.

［22］韩立岩，尹力博. 投机行为还是实际需求？——国际大宗商品价格影响因素的广义视角分析. 经济研究，2012（12）：14.

［23］涂志勇，郭明. 股指期货推出对现货市场价格影响的理论分析. 金融研究，2008（10）：104－116.

［24］田利辉，谭德凯，王冠英. 我国大宗商品期货市场存在羊群行为吗？. 金融研究，2015（6）：15.

［25］张金清，尹亦闻. 模糊厌恶下股指期货风险对冲策略设计及实证分析. 金融研究，2022（5）：19.

（三）数字货币

1. 央行数字货币：该模块主要为央行发行法定数字货币对宏观经济和货币政策的影响

［1］AGUR I, ARI A, DELL' ARICCIA G. Designing Central Bank Digital Currencies. Journal of Monetary Economics, 2022, 125: 62－79.

［2］ANDOLFATTO D. Assessing the Impact of Central Bank Digital Currency On Private Banks. The Economic Journal, 2021, 131(634): 525－540.

［3］BARRDEAR J, KUMHOF M. The Macroeconomics of Central Bank Digital Currencies. Journal of Economic Dynamics and Control, 2022, 142: 104－148.

［4］FERRARI M M, MEHL A, STRACCA L. Central Bank Digital Currency in an Open Economy. Journal of Monetary Economics, 2022, 127: 54－68.

［5］KEISTER T, SANCHES D. Should Central Banks Issue Digital Currency. The Review of Economic Studies. 2023, 90(1): 404－431.

［6］KIM Y S, KWON O. Central Bank Digital Currency, Credit Supply, and Financial Stability. Journal of Money, Credit and Banking, 2022, 55(1): 297－321.

［7］巴曙松，姚舜达. 央行数字货币体系构建对金融系统的影响. 金融论坛，2021，26（4）：3－10.

［8］吕江林，郭珺莹，张斓弘. 央行数字货币的宏观经济与金融效应研究. 金融经济学研究，2020，35（1）：3－19.

［9］王鹏，边文龙，纪洋. 中国央行数字货币的微观需求与金融脱媒风险. 经济学（季刊），2022，22（6）：1847－1868.

［10］姚前. 法定数字货币对现行货币体制的优化及其发行设计. 国际金融研究，2018（4）：3－11.

［11］姚前. 法定数字货币的经济效应分析：理论与实证. 国际金融研究，2019（1）：16－27.

［12］姚前，汤莹玮. 关于央行法定数字货币的若干思考. 金融研究，2017（7）：78－85.

［13］中国人民银行数字人民币研发工作组. 中国数字人民币的研发进展白皮书. 中国人民银行，2021.

2. 民间加密数字货币：该模块主要是民间加密数字货币市场的套利和风险特征，以及自动做市商机制的文献综述

［1］MOHAN V. Automated Market Makers and Decentralized Exchanges: a DeFi Primer. Financial Innovation, 2022, 8(1): 1－48.

［2］ADAMS H, ZINSMEISTER N, SALEM M, et al. Uniswap V3 Core. Https://Github.Com/ Uniswap/V3-Core, 2021.

［3］AOYAGI J. Liquidity Provision by Automated Market Makers. Available at SSRN: https://ssrn.com/abstract＝3674178, 2022.

［4］LIU Y K, TSYVINSKI A. Risks and Returns of Cryptocurrency. The Review of Financial Studies, 2021, 34(6): 2689－2727.

［5］LIU Y K, TSYVINSKI A, WU X. Common Risk Factors in Cryptocurrency. The Journal of Finance, 2022, 77(2): 1133－1177.

［6］MAKAROV I, SCHOAR A. Trading and Arbitrage in Cryptocurrency Markets. Journal of Financial Economics, 2020, 135(2): 293－319.